U0105531

一帶一路研究叢刊

中國和尼泊爾

的·故·事

曾序勇 主編

序

中尼兩國在喜馬拉雅山南麓毗鄰而居，高聳的珠穆朗瑪峰將兩國緊密地聯繫在一起。自古以來，中尼之間就流傳著許多友好交往的故事。相傳兩千多年前，文殊菩薩途經尼泊爾，劈山洩湖，造就了美麗的加德滿都河谷。晉代高僧法顯、唐代高僧玄奘曾先後到佛祖誕生地藍毗尼朝佛。唐朝時，尺尊公主跋山涉水來到西藏，與吐蕃贊普松贊乾布聯姻。元朝時，尼著名工匠阿尼哥來華，參與建造了北京妙應白塔寺等九座寺廟。

到了現代，兩國的傳統友誼進一步蓬勃發展、枝繁葉茂。自一九五五年建交以來，中尼關係歷經國際風雲和國內局勢變幻的考驗，歷久彌堅。雙方在和平共處五項原則的基礎上，建立了世代友好的全面合作夥伴關係，政治互信不斷提升，務實合作日益豐富，人民友誼不斷加深。兩國在涉及彼此核心利益的問題上始終互予堅定支持，成為彼此信賴和依靠的好朋友、好夥伴。

今年四月，尼泊爾遭遇了特大地震，中國政府和人民在自身也受災的情況下，第一時間向尼方伸出援手，提出了總額為數億美元的援尼重建一攬子方案，用於尼方最需要的領域。這場波及中尼兩國的災害使雙方的友誼進一步得到鞏固和昇華，為中尼友好續寫了新的篇章。

當前，中國政府致力於深化同周邊國家的互利合作和互聯互通，打造周邊命運共同體。尼泊爾是中國的重要鄰邦和周邊外交的優先方向，我們將在尼泊爾災後重建、共建「一帶一路」等框架下，同尼泊爾進一步深化合作，共享發展機遇，為兩國人民帶來更多福祉。相信在雙方共同努力下，中尼關係的發展前景一定會更加光明。

在中尼建交六十週年之際，中國五洲傳播出版社和外交筆

會聯合策劃出版《中國和尼泊爾的故事》一書，可謂恰逢其時。這對增進中尼兩國人民友誼、夯實兩國友好基礎具有重要意義。這本書由曾序勇前大使擔任主編，包括尼泊爾前首相比斯塔等尼政界友好人士，曾在尼泊爾工作的中方高級外交官，以及兩國新聞傳播、經貿合作、學術研究等各界人士參與撰稿，充分體現了中尼友好的廣度與深度。他們懷著真摯的感情，結合自身親身經歷，緬懷和讚頌中尼兩國人民的深厚情誼。相信中尼兩國讀者，特別是青年一代，能從本書中梳理出以睦鄰友好、互利合作為特徵的中尼友好歷史脈絡，深刻領會中尼命運共同體的深刻內涵，努力做中尼友誼的傳承者和建設者，推動中尼全面合作夥伴關係走得更好更遠。

王毅

中華人民共和國外交部長

二〇一五年九月於北京

　　在紀念尼中建交六十週年之際，《中國和尼泊爾的故事》一書向我們詳細地描述了尼泊爾和中國兩國人民和政府之間歷史悠久的關係。如此深厚、密切和全面的尼中關係，可追溯到遙遠的過去。自從一九五五年尼中建交以來，這種關係變得更加成熟和更加富有成果。我們相互支持、相互理解，尊重彼此的願望和敏感問題，使我們之間的親密關係如今變得更加深厚、更加友好。

　　這本書所彙編的三十篇文章由尼中兩國的外交官、學者和知識分子撰寫，全面描述了尼中關係的各個方面。這本書劃分為「睦鄰友好篇」、「互利合作篇」和「人文交流篇」三部分，我相信它將向讀者提供尼中兩國之間極其親密的友好關係的許多內幕信息和情況。

　　尼泊爾和中國都十分重視兩國關係，一旦需要，都會相互提供支持。兩國人民相互友好，相互尊重。正當我們全力以赴致力於進一步加強基於友好、相互支持和相互諒解的尼中關係時，這本書的主編、中國前駐尼泊爾大使曾序勇先生給我們提供了這部獨特的文集。這本書無疑會幫助我們進一步加深相互了解，並在友誼之路上一起攜手前行。

　　我祝願曾序勇先生的努力獲得成功。

尼泊爾聯邦民主共和國外交部長

馬亨德拉・巴哈杜爾・潘迪

二〇一五年九月十五日

在過去五十年裡，我以官方和非官方身分同中國領導人和中國人民的聯繫是富有成果的、建設性的。我在不同時期訪問過中國的不同地區。我知道，中國人民對他們的尼泊爾兄弟姐妹懷有極大的尊重和關愛之情。中國領導人隨時準備幫助尼泊爾，與我們風雨同舟。深深植根於和平共處五項原則的尼中關係始終是誠摯與和諧的關係，將不斷向前發展。即使我們各自國家的體制和執政方式發生重大變化，尼中之間極好的關係仍堅如珠穆朗瑪峰。由此，我堅信，尼中關係必將進一步發展，不斷增進了解，拓展相互友好。我高興地看到，中國和尼泊爾正在通過各種方式組織紀念建交六十週年慶祝活動，其中一些重要活動包括描述值得回憶的事件和撰寫關於為促進尼中關係作出貢獻的人士的文章。我想借此機會感謝兩國的領導人和人民，他們的遠見卓識賦予了尼中睦鄰關係以新的涵義。我也要感謝曾序勇大使和他的優秀團隊，他們編輯了這本圖文並茂的出版物，將在未來很長時間裡讓我們重新回憶起那些往事。

尼泊爾前首相

基爾提・尼迪・比斯塔

（曾序勇譯）

互利合作篇

人文交流篇

睦鄰友好 篇

老一輩領導人精心培育的
中尼友誼

曾序勇

（中國前駐尼泊爾、科威特大使）

二〇一五年八月一日，中國和尼泊爾正式建立外交關係六十週年。中尼兩國山水相連，毗鄰而居，長期以來結成了深厚的友誼。中尼建交六十年來，無論國際風雲和兩國國內形勢如何變化，中尼友好關係都穩定發展，互利合作不斷擴大，取得了豐碩成果。中尼是唇齒相依的親密友好鄰邦，是大小國家和平共處、互利合作的典範。中尼關係的順利發展，得益於雙方始終遵循和平共處五項原則，相互尊重，相互支持，平等相待，同時也是兩國幾代領導人高度重視和精心培育的結果。這裡，我願回顧老一代領導人精心培育中尼友好的幾件往事，與讀者共享。

毛主席拍板解決中尼邊界問題

中尼建交六十年來，始終以建交聯合公報中確定的五項原則作為指導兩國關係的基本原則，從而保證了中尼友好關係長期穩定地向前發展。一九五七年，周恩來總理對尼泊爾進行了正式友好訪問，

這是新中國成立後中國領導人首次訪尼。為加強兩國經濟合作，雙方簽訂了中尼經濟援助協定。在周總理直接領導下，中國代表團同尼方經過友好協商，簽署了《中華人民共和國和尼泊爾王國保持友好關係以及關於中國西藏地方和尼泊爾之間的通商和交通的協定》，確定了雙方在平等基礎上發展友好關係和藏尼貿易、往來朝聖等相關問題。一九六〇年三月，尼泊爾首相畢·普·柯伊拉臘應周總理邀請訪華，雙方簽訂了關於邊界問題的協定和新的經濟援助協定；中方應尼方請求，同意三年內提供一億印度盧比的不附帶任何政治條件的無償援助。四月，周恩來總理再次訪問尼泊爾，同尼首相簽訂了《中尼和平友好條約》。

根據中尼關於邊界問題的協定規定，雙方成立了邊界聯合委員會，負責商談解決中尼邊界的各項

具體問題，包括勘察、劃定邊界、樹立界椿、起草中尼邊界條約等工作。中尼邊界聯合委員會中方首席代表張世傑是我國首任常駐尼泊爾大使，一九六五年我在駐尼使館工作時他曾對我們說，中尼雙方在邊界談判中，對邊界東段和西段走向都存在一些分歧和爭議，但雙方本著平等互利、友好互讓的原則，同意進行調整，通過友好協商達成了一致。雙方在邊界問題上最大的爭議是珠穆朗瑪峰（尼方稱薩迦瑪塔峰）的歸屬問題。珠峰是世界第一高峰，兩國人民對珠峰都懷有深厚的感情。中尼邊界聯合委員會經多次磋商仍未能達成一致，珠峰歸屬成為解決中尼邊界問題的最大障礙。當時，尼泊爾和國際輿論都非常關注這個問題。周總理對柯伊拉臘首相說，「珠穆朗瑪峰，它在我們境內是有根據的，說這個峰屬於尼泊爾是沒有根據的，但是這個峰在全世界是有名的，它不僅涉及中國的民族感情，我們也應該照顧到尼泊爾的民族感情。」毛主席在接見柯伊拉臘首相時說，這個山峰「全給你們，我們感情上過不去；全給我們，你們感情上過不去」，可以「一半一半」。毛主席還建議，珠峰可改個名字，叫「中尼友誼峰」。考慮到中尼兩國人民的民族感情和中尼友好關係，毛主席親自拍板，讓邊界線經過珠穆朗瑪峰頂，中尼兩國共享珠峰。這一提議得到尼泊爾領導人的積極回應。

一九六一年十月五日，尼泊爾國王馬亨德拉訪華，在北京同劉少奇主席正式簽署了中尼邊界條

一九六○年三月，周
總理宴請來訪的尼泊
爾首相柯伊拉臘。

約。條約確定了中尼邊界從西向東的全部邊界線走
向。這樣，雙方根據和平共處五項原則，本著公平
合理和互諒互讓的精神，通過友好協商，順利而全
面地解決了兩國邊界問題。雙方對此都表示滿意。
兩國邊界的正式劃定，是中尼兩國友好關係進一步
發展的里程碑。從此，中尼邊界成為一條和平友好
的邊界，成為把兩國緊密聯繫在一起的紐帶。

毛主席與尼泊爾客人的一次重要談話

　　一九六○年，外交部遵照周總理的指示，抽調
了一批應屆畢業生去西藏學習尼泊爾文。我也是其
中一員，成為共和國第一批學習尼語的學生之一。
從此，我就同尼泊爾結下了半個多世紀的不解之
緣。一九六三年十一月，我在學習期間被借調到北
京，接待由比什瓦・班杜・塔帕率領的尼泊爾全國

評議會代表團。尼泊爾的全國評議會相當於我國的全國人大，所以由朱德委員長出面邀請、迎接和正式宴請。接待代表團主要用英語，但其中一些議員不懂英語，由我給他們作尼語翻譯。在北京訪問期間，代表團參觀了長城、故宮等重要名勝古蹟，外賓們大開眼界，讚嘆不已。他們說，中國真是名副其實的東方文明古國，寬闊的天安門廣場和長安街，以及宏偉的人民大會堂等建築，展現了中國的大國氣派和首都北京的現代風采。

由於這是尼泊爾第一個訪華的議會代表團，中央領導十分重視。在北京除朱德委員長會見、宴請外，劉少奇主席和周恩來總理都分別在人民大會堂會見了代表團全體成員。會見中，劉主席和周總理闡述了我睦鄰友好的方針政策、大小國家一律平等的主張和支持尼泊爾維護其獨立、主權和領土完整，讚賞尼泊爾奉行和平、中立的獨立外交政策和支持中國恢復在聯合國的合法席位等。塔帕議長介紹了尼泊爾的無黨派評議會制度，感謝中國對尼的支持和經濟援助。劉主席和周總理的領袖形象和偉人風範給客人留下了深刻的印象。代表團結束在北京的參觀訪問後，先是乘飛機去瀋陽，參觀鞍鋼，然後去南京、上海等地。

毛主席是在上海接見代表團的。我作為翻譯，隨同代表團被領進一間不太大的會議室，會議室中間是一張鋪著白布的長桌，兩邊放了十幾把靠背椅。工作人員安排外賓和翻譯就座。過了一會兒，

一九六〇年四月，周總理和陳毅副總理（左3）訪問尼泊爾期間，同畢‧普‧柯伊拉臘首相（左4）等在博克拉湖畔合影。

毛主席進來了，代表團和工作人員都站起來鼓掌歡迎。毛主席同客人握手後，走到長桌中間預留的座位處，先雙手示意請大家坐，然後自己坐下。他的右側是塔帕議長，另一側是英語翻譯和郭沫若副委員長（他負責全程陪同代表團），代表團成員都坐在長桌兩邊的椅子上。我在毛主席對面幾位不懂英語的議員座位後為他們用尼語翻譯，離毛主席的距離也就二米左右。

大家坐定後，毛主席請客人先講。塔帕議長轉達了馬亨德拉國王對毛主席的問候，然後說他本人和尼泊爾人民都很崇敬毛主席，毛主席不僅是中國革命的偉大領袖，而且是偉大的哲學家和詩人。聽到這裡，毛主席指著坐在旁邊的郭老說，我不是偉

大的詩人，我們偉大的詩人是他。郭老忙擺手說：
「哪裡哪裡，還是毛主席的詩好。」當塔帕議長說
到尼泊爾是個窮國，感謝毛主席和中國政府對尼泊
爾的慷慨援助時，毛主席說：「我們的援助很有
限，中國還不富裕，將來發展了，才能提供更多的
幫助。」毛主席說，你們的國王是個好國王，同中
國友好，順利地解決了邊界問題，還有珠穆朗瑪峰
問題。在談到對外關係時，毛主席對尼泊爾客人
說，你們也要搞好同南方鄰居的關係。這句意味深
長的話表明，毛主席十分同情和理解尼泊爾作為一
個地處中印兩大國之間的內陸小國在經濟、外貿等
方面都受制於印的艱難處境，凸顯了毛主席偉大領
袖的寬廣胸懷，對尼泊爾客人觸動很大。

　　會見後，不少尼泊爾客人表示，毛主席作為大
國領導人如此了解尼泊爾的處境，令他們十分感

一九六一年十月三十日，毛主席會見尼泊爾國王馬亨德拉和王后，劉少奇主席和夫人、朱德委員長、周恩來總理和夫人、賀龍副總理、陳毅副總理和夫人等陪同會見。

動。會見中談到的另一件重要事情是關於修建中尼公路。一九六三年中尼兩國政府已簽訂關於修建中尼公路的協定，由中國政府向尼泊爾提供無償經濟技術援助。但由於尼境內靠近中尼邊界的二十餘公里路段都是崇山峻嶺，即使中方提供經濟援助，尼方也沒有能力修建。塔帕議長談到尼方的困難，毛主席當即表示可以派工程兵部隊去修。這就是三個月之後中國派出「築路工程大隊」到尼泊爾修中尼公路的緣由，而我也再次被借調去做翻譯工作。在談到中尼公路時毛主席還說，我們還要修青藏鐵路，那時中尼兩國來往就更方便了。這是毛主席首次提出修青藏鐵路的構想，這是一個既關係到西藏的發展和穩定、也關係到加強中尼關係的戰略構想。令人欣慰的是，毛主席的這一構想在四十年後

終於變成了現實，它對西藏的加速發展和中尼之間的貿易與人員往來發揮了重要作用。

毛主席會見比蘭德拉國王和王后

一九七三年十二月，比蘭德拉國王和艾什瓦爾雅王后對中國進行正式友好訪問，我參加了在北京的接待工作。比蘭德拉一九六六年八月第一次訪華，毛主席在武漢接見了他，那時他的身分是尼泊爾王儲。一九七二年一月馬亨德拉國王病逝後，他繼承王位，年僅二十六歲。一九七三年這次訪問是比蘭德拉作為國王對中國的首次訪問，中方給予了熱情友好的接待。毛主席在中南海親切會見了國王和王后，周總理會見並宴請了國王一行。此外，還給國王一行安排了專場文藝演出和遊覽長城、故宮等。毛主席會見比蘭德拉國王是在十二月九日。那天下午，國王和周總理在人民大會堂舉行會談。王后不參加會談，就安排到北京友誼商店購物。王后要買一些中國絲綢和工藝品，正在挑選時突然接到毛主席要會見的通知，立即匆忙趕往中南海。

按慣例，毛主席會見外國元首，包括當年見過的美國總統尼克松、埃塞俄比亞皇帝海爾·塞拉西，都沒有接見他們的夫人。艾什瓦爾雅王后是多年來毛主席會見的第一位元首夫人。王后參加會見是一次非常特殊的安排，而且是應毛主席本人的要求臨時安排的。這裡還有一段故事。那天下午，毛

主席那裡通知要見國王，國王與周總理的會談中斷，立即前往中南海。毛主席在住所見到周總理陪同前來的比蘭德拉國王，與他握手之後環顧四周並問：「王后呢？」工作人員趕緊解釋，說沒有安排王后參加會見。毛主席要求馬上去把王后請來，並關照攝影記者和電影攝影師說都不要拍了，等王后來了再拍。禮賓司緊急派人趕往友誼商店，請王后立即去見毛主席。但王后說她必須回賓館換正裝，於是車隊由警車開道趕緊先從東往西回到釣魚台國賓館，再從西往東趕到中南海毛主席會見處。毛主席見到王后十分高興，與她親切握手。參加這次會見的還有尼泊爾外交大臣卡爾基等。

在會見中，比蘭德拉提出要加強兩國貿易關係的建議。毛主席表示，中國要把青藏鐵路修到拉薩，還要與尼泊爾接軌。周總理插話說，全國只有

西藏沒有鐵路，要從根本上改變西藏面貌，改善人民生活，就必須修鐵路。據報導，比蘭德拉會見後引述毛主席的話說，他們二人的會見是無神論者和神的化身相見，證明大家可以做朋友。毛主席還向國王表示不會輸出革命，勸國王不要害怕共產黨。比蘭德拉說，他見過毛主席後，對共產黨的恐懼程度大減。第二天，《人民日報》報導這次會見的標題是「毛主席會見比蘭德拉國王艾什瓦爾雅王后」，報導稱：「會見自始至終在親切友好的氣氛中進行。毛主席滿面笑容地迎接尼泊爾貴賓，同他們長時間握手。毛主席同貴賓進行了一小時四十分鐘的談話。」報導還配發了毛主席同國王握手和賓主坐在沙發上談話兩幅照片。

鄧小平對尼泊爾的歷史性訪問

在我的外交生涯中，曾有幸兩次為鄧小平同志當翻譯。第一次是在一九七三年六月尼泊爾肖芭公主（比蘭德拉國王之妹）夫婦訪華時，我作為尼語譯員參加接待，全程陪同。中方很重視這次訪問，由鄧小平副總理出面在人民大會堂會見，雙方進行了友好交談。這是鄧小平自一九六六年「文革」開始不久被打倒後首次復出會見外賓，在國內外都引起了廣泛的關注。

一九七八年二月，鄧小平副總理對尼泊爾進行了正式友好訪問。這次訪問是自一九六〇年周總理

一九七八年二月，比蘭德拉國王會見到訪的鄧小平副總理。

訪尼後，中國主要領導人首次訪問尼泊爾，在中尼友好關係史上具有里程碑式的重大意義，充分體現了中國注重睦鄰外交的一貫方針。

二月三日，鄧小平副總理乘專機飛越喜馬拉雅山抵達加德滿都，對尼泊爾進行正式友好訪問。這天，加德滿都陽光明媚，機場布置得像過節一樣，許多彩色鮮豔的旗幟隨風飄動。從機場到市中心的道路旁和市內主要街道懸掛著中尼兩國國旗和用尼中兩國文字寫的「尼中友好萬歲」橫幅。鄧小平乘坐的專機在特里布萬機場降落後，尼泊爾首相比斯塔同走下飛機舷梯的鄧小平緊緊握手，說「熱烈友好地歡迎你」。比斯塔陪同鄧小平走過長長的紅地毯，五名身穿紫紅色衣裳的尼泊爾小姑娘把用鮮花編成的花環獻給鄧小平，掛在他的脖子上（註：五女童獻花是尼泊爾歡迎貴賓的最高禮節）。

尼泊爾對這次訪問十分重視，給予了政府首腦級的高規格接待。當天下午，鄧小平副總理拜會了比蘭德拉國王和比斯塔首相，同他們舉行了誠摯友好的會談。晚上，比斯塔首相在政府大廈舉行國宴歡迎鄧小平，比蘭德拉國王和王后出席。宴會開始前，國王和首相同鄧小平進行了親切友好的交談。宴會廳裡燈火輝煌，主賓席上擺放著紅色蠟燭，樂隊演奏尼泊爾樂曲。雙方在宴會上發表了熱情洋溢的講話。比斯塔在講話中回顧了兩國建交以來的友好歷程，指出尼中兩國始終遵守和平共處五項原則，從而成為具有不同政治觀點的大國和小國之間關係的典範。鄧小平在講話中讚賞尼泊爾奉行和平、中立、不結盟政策，堅持不懈地維護民族獨立。他熱情頌揚中尼友好，稱讚中尼兩國人民一向是好朋友、好鄰居；兩國互相支持，互相幫助，平等相待，開誠相見，是經得起考驗的朋友。

　　在會見和會談中，鄧小平高度讚賞尼泊爾在比蘭德拉國王領導下奉行獨立和不結盟的對外政策，強調中國十分珍視同尼的友誼，將繼續加強中尼友好合作關係，堅決支持尼泊爾維護民族獨立和國家主權。為了消除「文革」的負面影響，鄧小平十分坦誠地對尼泊爾領導人說：「我來貴國訪問是還債性質的……『文革』期間發生過一些問題的話，那是由於我們方面的原因，是林彪、『四人幫』干擾造成的，責任不在尼方，尼泊爾沒有對不起我們的地方。」鄧小平推心置腹的談話讓尼方深為感動。

二月四日，加德滿都市評議會（相當於市政府）在市中心寬闊的通迪凱爾廣場的草坪上舉行群眾大會，熱烈歡迎鄧小平訪問尼泊爾。草坪上到處飄揚著中尼兩國國旗，主席台上懸掛著巨大的彩色燈籠。台前的地上用無數鮮花組成「尼泊爾」、「中國」、「歡迎」等字組。五彩繽紛的會場同北邊遠處白雪皚皚的喜馬拉雅山交相輝映。比斯塔首相和數千群眾出席了大會。當鄧小平到達時，全場起立熱烈鼓掌歡迎。市評議會議長給鄧小平副總理戴上花環，三十九位評議員每人給鄧小平獻上一束鮮花。鄧小平同他們一一握手致謝。議長敦加納致歡迎詞，代表加德滿都市民對鄧小平表示誠摯而熱烈的歡迎，稱鄧的訪問是兩國高級領導人互訪的繼續，必將促進相互信任和友誼，加強尼中友好合作。致辭後，議長把這份用硃砂寫在卷軸上的歡迎詞獻給了鄧小平，並贈送了尼泊爾手工藝品。

　　接著，鄧小平發表講話，由我擔任翻譯，我隨他走到主席台左前方的麥克風前，他念一段我翻譯一段。鄧小平在講話中讚賞尼泊爾景色壯麗，是一個具有悠久歷史和燦爛文化的國家。他高度讚揚尼泊爾奉行獨立和不結盟政策在國際事務中發揮的積極作用。他介紹了中國的國內形勢和對外政策，表示「中國永遠不稱霸，永遠不做超級大國」。他盛讚中尼兩國是山水相連的友好鄰邦，世世代代和睦相處，中尼友誼公路又把兩國人民更緊密地聯結在一起。他表示，中國政府和人民十分珍視同尼泊爾

的友誼，將繼續為加強兩國之間的友好合作關係作出不懈努力。他最後衷心祝願「中尼兩國人民的友誼像喜馬拉雅山一樣巍然屹立，萬古長存」。鄧小平的講話多次博得與會群眾的熱烈鼓掌。

二月五日，鄧小平訪問了帕坦和巴德崗市，受到當地人民極為熱烈的歡迎。鄧小平一行乘車來到帕坦，沿途街道掛著寫有「歡迎中國貴賓」等標語的橫幅。市中心的王宮廣場四周早已站滿了數以萬計的歡迎群眾。當車隊到達廣場時，群眾揮動小旗，熱烈鼓掌。鄧小平參觀了廣場四周建築風格獨特優美的古代宮殿、石塔、雕刻等。鄧小平走到哪裡，附近的歡迎群眾就微笑著使勁鼓掌，鄧小平不停地舉手向群眾揮手致意。隨後，鄧小平一行驅車前往風景秀麗的尼泊爾皇家植物園，種下了一棵「中尼友誼樹」（那是一棵珍貴的水杉），然後在比斯塔首相陪同下在植物園進行野餐。

巴德崗市人民也非常熱情友好。鄧小平在市中心王宮廣場一下車，整個廣場就一片歡呼。在幾千名市民的熱烈掌聲中，前來歡迎的市長和評議員給鄧小平戴上了尼泊爾帽和花環。鄧小平參觀了廣場上的國家藝術館、建於十五世紀的金門和五十五窗宮，然後步行穿過一條小巷，到附近的陶馬迪廣場觀看造型優美的五層塔。廣場和小巷兩邊，家家戶戶的門前甚至屋頂上都站滿了人，許多婦女從樓上的窗戶裡和陽台上探身出來歡迎中國貴賓。鄧小平向熱情的市民親切招手致意。

鄧小平副總理在尼教育和水利大臣拉納（左）的陪同下參觀帕坦市中心的王宮廣場，受到熱烈歡迎。

　　二月五日晚，鄧小平副總理在我駐尼泊爾使館舉行告別宴會，比斯塔首相和夫人及多位大臣等高級官員、各界友好人士出席。他在祝酒時表示，這次訪問受到國王「不止一次極其親切地會見和款待」，深深感到尼泊爾人民對中國人民的深情厚誼；同比斯塔首相的會談取得了令人滿意的結果，兩國在政治上的相互支持、經濟和文化上的相互合作必將日益加強。比斯塔在祝酒時說，鄧的訪問是中尼關係中的一個重要里程碑，是雙方友誼的見證。整個宴會洋溢著親切友好的氣氛。

　　二月六日，鄧小平圓滿地結束了對尼泊爾的訪

問，乘專機離開加德滿都回國。對鄧小平的這次訪問，尼泊爾報刊紛紛發表社論和文章，讚揚訪問對尼中友好關係的進一步發展具有重大意義，有助於加強尼中雙邊合作，為尼中兩國的親密友好關係增添了新的篇章。

中國國家主席首訪尼泊爾

一九八四年三月十九日至二十三日，中國國家主席李先念對尼泊爾進行了正式友好訪問。這是李先念擔任國家主席後的首次出訪，也是自建交以來中國國家主席首次訪問尼泊爾。當時我在外交部亞洲司六處主管尼泊爾事務。出訪前一個月，我們就開始準備一系列材料，包括會談方案、會談參考要點以及李先念主席在尼方歡迎宴會和市民歡迎會上的講話稿等。隨後，我作為翻譯隨李主席代表團出訪，並為李主席在宴會和市民歡迎會上的講話作現場尼語翻譯。

李主席於三月十九日乘專機抵達加德滿都，開始對尼泊爾的正式友好訪問，受到尼泊爾國王、政府和人民盛大隆重的歡迎和親切友好的接待。加德滿都市內主要道路旁掛著歡迎中國貴賓訪尼的橫幅。比蘭德拉國王和首相、議長等全體高級官員前往機場迎接並舉行了隆重的歡迎儀式。李主席和夫人被安排下榻在王宮的總統套間。國王同李主席進行了正式會談，並在各種場合進行了親切交談。李

主席還會見了比斯塔首相、議長等高級官員和許多友好人士。李主席向尼方全面闡述了國際形勢和我獨立自主的外交政策，並側重就對方關心的中美、中蘇、中印關係等重大問題談了我國的立場和觀點。尼方在許多重大國際問題上的觀點和看法同我國是一致或近似的。尼方高度評價我國在國際事務中的原則立場，稱讚我國一貫奉行大小國家一律平等的政策，認為中尼關係是大小國家之間睦鄰友好關係的典範。雙方都表示要繼續加強和發展雙邊友好合作。李主席還邀請比蘭德拉再次訪華，國王欣然表示同意。

三月二十一日，李主席出席了在加德滿都市政廳舉行的市民歡迎大會，發表了熱情的演說。當李主席戴著主人贈送的尼泊爾圓帽，按當地習俗雙手合十向大家致意時，七百多名市民爆發出熱烈的掌聲。李主席在講話中重申我反對霸權主義、維護世

界和平的立場。李主席表示，中國是一個發展中的社會主義國家，反對霸權主義、維護世界和平，是我國奉行的獨立自主的外交政策的總方針；加強同第三世界國家的團結合作，是我國對外政策的基本出發點；中國和尼泊爾都是發展中國家，都有遭受帝國主義、殖民主義侵略壓迫的共同經歷，今天又都面臨鞏固獨立、建設國家、發展經濟的共同任務，需要團結起來，堅決制止霸權主義者的侵略擴張，以維護亞洲和世界的和平與穩定。

三月二十二日，李主席參觀了尼泊爾皇家植物園，並在園內種下一棵像徵中尼友誼之花永遠怒放的合歡樹。李先念主席對尼泊爾的訪問獲得了圓滿成功，達到了「增進了解、相互學習、加深友誼、發展合作」的預期目的。雙方對訪問結果十分滿意。

中國是尼泊爾休戚與共的好朋友

基爾提・尼迪・比斯塔

（尼泊爾前首相）

曾序勇　譯

　　我第一次訪問中國是在一九六五年。我記得是在陳毅元帥訪問尼泊爾之後，他邀請我訪問中國。陳毅元帥是中國眾所周知的人物。我清楚地記得，他頭上有一塊戰時留下的槍傷。

　　今天，中國發展如此之快，快得難以用語言形容。而一九六五年的中國不像現在多數人所了解的中國。當時中國正處在艱難時期，甚至在首都北京，人民的日子也不好過。那正是在「文化大革命」開始前夕，那場革命向世界展示了群眾運動的力量，我還記得毛澤東主席第一次會見我時說：「我相信革命，我主張變革，我要為實現全體中國人民的平等權利和機會而鬥爭，所以我的革命甚至在我死後也不會停止……」

　　中國曾經歷了這場大運動和重新聯合的過程，而外國剝削造成的痛苦和苦難仍記憶猶新。在毛主席領導下，中國不斷前進；在他奠定的基礎上，周恩來、鄧小平等領導人加上團隊的努力，把中國改造成為今天的面貌。我還記得曾從廣州到過深圳，

深圳當時只是一片沼澤地。如今深圳已經很繁華。
不僅是深圳，無論你到哪裡，都會看到很大的發展
變化。如今的中國是一個全球性大國，它的 GDP
僅次於美國。中國正在前進，沒有任何人能阻擋它
的進步。這是由毛澤東開創，周恩來和鄧小平等其
他偉大領導人不斷向前推進的事業。是的，西方人
總是談到「文化大革命」的消極影響，但人們也應
該看到中國一直以來所取得的成就。

　　尼泊爾和中國的關係非常好，這也應歸功於已
故的馬亨德拉國王。現在，人們常把目光集中在消
極方面而忘記了王室在構建與鄰國良好關係上的歷
史性貢獻。可以理解的是，社會也要不斷變革，但
變革應該是為了更好。我們需要有遠見、有決心的
領袖來領導我們的國家。我們的鄰邦中國很幸運，
毛澤東、周恩來和鄧小平這樣的偉大領袖應運而
生。歷史見證了他們的領導才能。現在，中國領導

一九七二年，周總理
同比斯塔首相會談並
簽署協議後親切握手。

人又提出了新的創造性的理念，實施各種改革，而
且最重要的是開展反腐敗鬥爭。

我仍記得會見毛澤東主席的情景。儘管我只是
一個小國的代表，他還是極其重視與尼泊爾的關
係。有些事已永遠銘刻在我的記憶中。會見毛主席
並同他討論民族主義和愛國主義的情景在我的腦海
裡始終記憶猶新。會見結束後，他拉著我的手一直
送到外面，無論從國家或個人層面來說，這種尊重
和謙遜的表示都令我十分感動。在我的生活中，我
也努力這樣去做，尊重所有的人。

一九九七年我作為本地區唯一代表參加了一個
國際研討會，有許多名人參加，如亨利·福特、米
哈伊爾·戈爾巴喬夫和赫爾穆特·施密特。國際傳

媒記者前往報導並要找一個會見過毛澤東主席的人。後來他們找到我，採訪了一個小時。當時我告訴澳大利亞電視台，中國的成功是由於毛主席奠定了基礎，我們不應忘記這一點，抹殺他的功績。

中國在尼泊爾需要的時候始終儘力幫助尼泊爾，它從來沒有干涉過尼泊爾的國內政策，一貫遵循和平共處五項原則（潘查希拉）。就我們而言，只要需要，我們也同中國並肩站在一起，尼泊爾始終堅持「一個中國」政策。即使二十世紀六〇年代中國經濟上還不那麼強大的時候，它也一直以一切可能的方式支持尼泊爾。遺憾的是，當時（中國）援建的許多企業被後來的政府私有化了。

馬亨德拉國王對尼中關係的貢獻是眾所周知的，特別是在存在外國影響和壓力的背景下——某些國際勢力不是正面地看待尼泊爾同中國的關係，當時有來自印度、美國甚至英國的干涉。但中國從不干涉尼的內政，總是在需要的時候幫助我們，我們兩國有著特殊的友誼。如前所述，在那些日子裡，其他國家不希望看到我們同中國保持良好關係。但是馬亨德拉國王不這樣想。我清楚地記得，當時我們的一位首相認為，就尼泊爾的外交關係而言，在新德里有一個尼泊爾使館就夠了——人們現在可以想像上世紀五〇年代國王在同中國建交的問題上起到了多麼關鍵的作用。統一尼泊爾的普里特維（國王）說過，「尼泊爾是夾在兩塊石頭中間的山藥」。他的遠見至今仍有重要意義，它揭示了一

個小國如何能在兩個大國之間生存。

我已記不清自一九六五年以來，我訪問過中國多少次。最後一次訪問是在二〇一四年，我訪問了西安，參觀了兵馬俑，那是一次美好的經歷。人們應該讚賞中國政府在保護其文化遺產方面發揮的突出作用，這反映出政府的領導水平。我還記得很多年前訪問過四川成都，而近年來又有機會再次往訪。二十世紀六〇年代的成都，人們甚至沒有足夠的食物，這聽起來令人難以置信。如今成都的發展之快也同樣令人驚嘆。四川是鄧小平的家鄉，我還記得一九七八年鄧小平訪問尼泊爾時，我親自到機場迎接他，可是當時卻有人批評我的行動，說鄧小平並不是總理──儘管他已經成為一位傑出的領導人。

尼中關係具有悠久的歷史，而現代的外交關係是在六十年前建立的。現在我們應該向著我們真正想要的目標前進，坦率地說，我們不應只考慮尼泊爾的利益，還要看到更大的利益，為南亞地區著想。尼中關係不再僅僅是兩國之間的關係，而是中國與南亞的關係。尼泊爾人所期望的是看到中國的穩定和繁榮，也希望為整個（南亞）地區的利益發揮作用。

是的，中國和印度之間有邊界爭議需要解決，幸運的是尼泊爾和中國之間從來未有過邊界爭端。我記得鄧小平對我說過，「假如在我的任期內，中印在解決邊界爭端中能夠互諒互讓就好了，印度和

此斯塔首相閣下惠存

周恩來

一九七二年十一月二十六日于北京

一九七二年十一月周總理送給比斯塔首相的親筆簽名照片

中國不能總是相互敵視。」記得後來我對英迪拉·甘地夫人說過:「你不能總是同中國交戰,儘管存在(邊界)爭端,但總是可以通過討論和相互諒解解決的。應該有辦法結束敵對,開創友好。」這一點甘地夫人也承認。我不能忘記統一尼泊爾的普里特維國王說過的話,「如果中國和印度交戰,那麼尼泊爾將被摧毀」,尼泊爾的利益有賴於我們兩個鄰國的友好。中國強調它沒有入侵過任何國家,它只是堅持屬於它的領土要求。我希望尼泊爾能夠從

二〇〇五年四月二十三日，博鰲亞洲論壇二〇〇五年年會開幕，尼泊爾國家部長會議副主席、前首相比斯塔發表主旨演講。（供圖：中新社）

已經改善的中印關係中獲益。

　　我非常高興的是，不久的將來中國至尼泊爾邊界的鐵路將建成通車。這條鐵路加上其他共同發展項目，將極大地增進我們兩國的友誼，推動我們兩國人民走向繁榮昌盛。

出使尼泊爾

楊公素

（中國前駐尼泊爾、越南、希臘大使）

一九六五年我被派往尼泊爾當大使，這是我第一次出國任大使，卻不是第一次去尼泊爾。早在一九五六年，我曾作為中國政府代表團成員去尼泊爾參加協定談判。我在西藏負責外事工作時，同尼泊爾打交道最多；後來在外交部工作，也負責處理有關對尼事務，所以，我對尼泊爾及中尼關係並不生疏，在當時也算是一個尼泊爾問題的專家。中央和外交部可能考慮到這些因素，才派我去尼當大使。

精明的馬亨德拉國王

尼泊爾是一個內陸國家，歷史上曾受英國的侵略和控制，英國在尼享有許多特權。印度獨立後，它要繼承英國在尼的一切權利，並且進一步擴張其在尼的特權，使其在尼政治、經濟、貿易、交通等方面都保持特殊權利。

馬亨德拉國王較為英明，他對印度採取團結與鬥爭的策略，設法爭取到美國及一些西方國家的援助，但其重點放在中國方面。他看到自一九六二年

中印邊境戰爭之後，中國對印度不再遷就，於是他在同印度保持友好的同時，大力爭取中國，想在中印兩大國之間保持平衡，以維護國家的獨立與主權。尼泊爾國王的政策是有效的。他在同印度鬥爭受到威脅時，中國就支持他。我國外交部長陳毅曾發表公開聲明，表明支持尼泊爾反抗外來壓力的立場，起到積極的作用，贏得尼國上下的好感。

當時，尼泊爾最關心的是邊界問題，受到外界關於中國要擴張領土的謠言影響，尼泊爾擔心中國在將來藏尼邊界衝突中搶占土地。後來中尼邊界正式劃定並簽署了邊界條約，樹立邊界界樁，尼泊爾就大大安心了。我在解決中尼邊界問題的過程中主持了雙方勘察隊劃定邊界走向並樹立界樁的事務。我作為中方勘界負責人，對尼泊爾上界人員多方照顧，不僅在技術上（樹界樁所需一切技術、材料多由我方提供）提供支持，而且在生活上提供食宿幫助。在中尼邊界沿喜馬拉雅山脈勘界是一種困難並危險的工作，凡是困難、危險的地方，多是我國勘界人員前去完成。我們遵照兩國簽訂的條約辦事，沒有占尼方絲毫便宜。所以，邊界問題的解決使尼泊爾認識到中國支持弱小國家的真誠態度。

為了幫助尼泊爾建設，我國根據對外援助八項原則，向尼泊爾提供無償援助，派出專家幫助尼泊爾修建小型工廠，如製革、磚瓦等能立即見效的工廠，同時還為尼修建其他國家不願承建的公路項目。

宮廷外交傳友誼

加德滿都有不少不帶兵、不服兵役卻穿著軍服的將軍，他們出身拉納家族，同國王關係密切，喜歡同各國大使交往。其中有一位將軍常來我館做客，我同他交了朋友。他常在他宮殿式的別墅裡設家庭小宴會，請一些王室顯貴、王宮秘書等。我在他家中結識了王宮的主要秘書，這些人有時透露一點國王的想法和意圖，暗示我們可以對尼做些什麼工作。我也結識了國王的二弟、三弟，人們稱為「二王」、「三王」。國王和王后有時也參加這種聚會，因為是私人聚會，就不講究王室禮節，完全以私人身分同我們交往，氣氛輕鬆活躍，談話內容自由廣泛。國王很關心我國內部情況，對於共產黨和共產主義國際活動的情況也非常關心，對中國在一些重大國際問題上的態度更有興趣。這是我解釋我國對外和平友好、支持弱小民族和國家的政策的最好機會。我們的談話不是國王同大使的談話，而是朋友間的談話，很自然地交流了觀點，也促進了友誼。

在這個場合，我還認識了在英國讀書的王儲（太子）、後來的國王比蘭德拉。我見他對中國有興趣，即向國內建議邀請他訪華。他從中國訪問回來後，特別設宴招待我使館的外交官，大談他訪華的觀感。所以，比蘭德拉國王早在登基以前就同中國有來往了。

我也專門請國王、王后及王室重要成員來使館做客，品嚐中國風味的飲食。他們對中國菜很有興趣。在這種場合不便談正事，但國王有時也問一些中國對國際大事的態度，特別是關於西藏的情況。自然，我也常宴請尼首相及副首相兼外交大臣比斯塔。比斯塔告訴我，有重要的事可以不經過外交部直接找他，這是一種極為友好的表示，事實上有幾件較大的事我就是直接找他解決的。

中尼友好公路的修建

尼泊爾是山國，因大山阻隔，國內交通十分不便。印度人修了一條公路，從加德滿都通向尼泊爾南部平原，公路只有二百來公里，彎道卻有一百多處，路窄彎多，又不平坦，常常出車禍。當時這條路是尼泊爾唯一通往外國的交通要道。因此，尼泊爾國王急於想打開另一條通往中國的公路。

此事兩國政府一談即成，由中國出資出人（專家），修建中尼公路。中國承修這條公路，遭到許多人反對，特別是印度，再就是美國，他們認為這是一條中國向南亞擴張的戰略公路——一旦有事，中國軍隊可由西藏經此公路直插印度半島，威脅印度洋。反對之聲雖高，並不能壓下國王的決心。

這條公路在我去當大使之前早已動工，中國專家約有二百餘人，設有中國專家辦公室。中國對尼援助不附帶任何條件，援外專家不干涉受援國內

政。公路分段修築，中國專家與尼方人員同吃同住，共同勞動。特別是招來的尼泊爾民工，中國專家對其平等相待，還教他們技術，因此關係處得非常好。按規定，尼泊爾民工的工資由尼官員發，但經常被剋扣，民工還要負擔自己的伙食，大大影響了他們的情緒。後來經我們與尼方多次商討，雙方協議，每修築若干公里給尼方監工官員若干監工費，民工的工資由中國專家按其修路進度發給，這才使民工得到應得的收入。

這樣一來，公路修築進度加快，一九六七年春天完工。按雙方協議，原來是要修一條碎石面公路，後來尼方要求改為柏油路面，這樣就增加了經費又延長了竣工日期。這條公路按照國際標準修建，在完工前已轟動尼首都各界，外國使團及記者、旅遊者都去參觀。尼交通大臣由我陪同去視察了好幾次。

通車典禮定在一九六七年六月。我向國內報告這次通車典禮的重要性，要求西藏自治區及外交部派負責人參加，建議在樟木友誼橋頭修建一座大廳（後定名為「友誼廳」），由我方舉行一次招待會，接待參加典禮的客人。尼方也極為重視，國王派他的二弟喜馬拉雅親王代表他參加。尼政府各部大臣、各國駐尼大使、外國記者、尼知名人士約二百餘人參加了中方在友誼廳舉辦的冷餐招待會。通車典禮在尼國內引起很大反響，尼方認為這是中尼友好的表現。尼泊爾青年學生和民眾都很高興，特別

是尼泊爾窮苦民工因參加修路得到工資、改善了生活，他們對中國和中國專家都很友好。

中尼公路通車後，西藏自治區派了三個歌舞團來尼泊爾表示祝賀。我們先在使館內舉行了一次試演，請尼外交、文化部門有關負責人來觀看。他們看了很高興，說節目很好。後來歌舞團在加德滿都廣場舉行了公開演出。

見證尼中友好六十年

巴蘇德烏・夏爾瑪・大鵬
（尼泊爾駐中國拉薩原總領事）
曾序勇 譯

　　科學家稱，尼泊爾和中國之間的喜馬拉雅山在二點四億年前就已經產生。由此看來，我們兩國在地理上的聯繫早在史前時期就已存在。從歷史上看，尼中關係也有一千六七百年之久。

　　兩國的學者和佛教徒的往來從西元五世紀初已經開始。尼泊爾的著名學者佛馱跋陀羅訪華和中國的偉大比丘法顯訪尼開啟了兩國互訪的進程。佛馱跋陀羅一生都致力於將佛經從梵文翻譯成漢文的事業，讓佛教廣為傳播，他最後死於南京。中國的高僧則用了很長時間朝拜藍毗尼等佛教聖地，並訪問了加德滿都谷地，從印度和尼泊爾蒐集了大量佛經帶回中國。

　　此後，這種來往一直保持。除佛教高僧外，其他方面的人員也開始交往。尼泊爾的尺尊公主嫁給了吐蕃王松贊乾布。中國的文成公主與松贊乾布結婚後，兩位公主一起為在拉薩推廣佛教作出了巨大貢獻。

　　在尼中關係史上不能不提到的一個人物是尼泊

爾工藝師阿尼哥。西元一二六〇年，年僅十七歲的他就帶領八十名尼泊爾工匠前往西藏修建了幾座廟宇。由於才能出眾，他後來被帶到北京。他在北京修復了許多藝術品，得到皇帝的賞識。在北京他修建了許多佛塔，培養了眾多徒弟。他在北京修建的著名的白塔寺十分壯觀。他擔任了很多受人尊崇的職位，並成了家，在中國度過了一生。我們從中國史書中才得知這位能幹的尼泊爾人——中國元代的史書記載了他傑出的才幹。而讓整個歐洲了解中國的馬可‧波羅的名字，在中國歷史上並無記載，由此可知中國對阿尼哥的重視。

尼中關係全面發展

萬隆會議為尼泊爾與中華人民共和國建立外交關係鋪平了道路。兩國官員在這次會議上會見和磋商之後，一九五五年八月一日，我們兩國在和平共處五項原則基礎上建立了外交關係。此後兩國的領導人開始互訪。一九五六年，中國副總理烏蘭夫來尼泊爾出席了佛祖釋迦牟尼誕辰二千五百週年紀念活動。同年，尼泊爾首相坦卡‧普拉薩德‧阿查裡雅訪問了中國。根據訪問期間雙方簽署的一項協定，尼泊爾在拉薩設立了總領事館，中國開始向尼泊爾提供無償援助。

這個時期，中國總理周恩來兩次訪問尼泊爾。尼泊爾首相畢‧普‧柯伊拉臘和馬亨德拉國王也先

一九五六年九月，毛主席親切會見訪華的尼泊爾首相阿查裡雅和夫人。

後訪問中國。雙方解決了歷史遺留的邊界問題，劃定了兩國邊界。在劃界中，中國展現了大國風度。中國還援助尼泊爾修建了中尼公路，而之前美國工程師曾斷言這個地區不可能修建公路。的確，由於不得不在極其艱險的地區修築這條公路，一些中國青年付出了他們的生命。

現在，我們兩國關係順利發展並日益深化。兩國之間從國家元首到政治、經濟、文化等各個領域，政府和非政府機構的代表團互訪迅速增加。數以百計的尼泊爾留學生在中國接受高等教育，中國的教師和學生也來尼泊爾進修，雙方在文化領域的交流不斷發展。中國在體育方面一直向尼泊爾提供援助，經常進行體育交流和比賽。只要尼泊爾需要，中國立即伸出援手，幫助尼泊爾解決問題。中國在尼泊爾各地修建了公路、水電站以及紡織廠、紙廠、糖廠等許多工廠。二〇一五年，在向尼泊爾

提供經濟援助的國家中，中國提供了一百四十五億盧比援助而名列第一。除援助之外，合作的形式變得更加多樣廣泛，其中有承包、合資、優惠貸款等。總之，中國的無償援助項目最多，也最實用。

我們兩國之間的貿易增長迅速。為了減小貿易逆差，中國對從尼泊爾進口的商品全部免徵關稅。尼泊爾市場上的中國商品價廉物美，很受歡迎，給尼泊爾人民帶來實惠。現在，大批中國遊客來尼泊爾旅遊，極大地幫助了尼泊爾的旅遊業。

中國自實行改革開放以來，經濟飛速發展，面貌日新月異，已成為世界強國之一。不僅如此，中國在世界經濟大國中已經位居第二。尼泊爾人民對此十分欣喜，並且相信中國在短時間內將成為世界第一經濟大國。

一九七八年二月鄧小平副總理來尼泊爾訪問時，比斯塔首相在會談中請求中方以贈予方式援建藍毗尼糖廠等項目。鄧小平說：「無償援助效果並不好，今後中國將以優惠貸款代替贈予方式。」比斯塔首相希望這次仍以贈予方式援建這些項目，鄧同意繼續提供無償援助。就在那一年，鄧小平宣布實行開放的經濟政策。

我們兩國高層領導保持著經常性的會晤和磋商。兩國之間不存在任何爭議和問題，這些會晤和磋商主要是為增進友誼和了解。尼泊爾始終向中國保證堅持「一個中國」政策，不允許在尼泊爾從事任何反華活動。尼泊爾希望中國在其急需的項目上

提供援助，中方大都會給予同情和積極的考慮。有些東西尼泊爾曾表示願意購買，中方也答應贈予。近些年，中國向尼泊爾提供援款的數額逐年增加。

我為尼中友好作貢獻

一九六八年比斯塔副首相率領四人代表團訪華時，我也參加了該代表團。訪問期間，除舉行高級別的會談外，毛主席還接見了代表團。毛主席向馬亨德拉國王表示問候，同我們進行了親切友好的交談。周恩來總理向毛主席介紹我說，他懂中文，是在北京大學念的中文。毛主席問我什麼時候在北大唸書，學了幾年，我用中文回答了毛主席。當時，比斯塔他們在旁邊好奇地看著我們用中文對話。

第二天，中國報紙報導了毛主席會見我們的消息和照片。之後，在我們參觀遊覽過程中，許多年輕人見到我，都熱情地同我握手，因為他們都沒有機會同毛主席握手，能握一下同毛主席握過的手也感到欣喜不已。

一九七八年四月，我被任命為尼泊爾駐拉薩總領館的總領事，任期兩年。我曾隨比蘭德拉國王訪問西藏，沒有高原反應，所以這次去拉薩任職，身體也沒有什麼問題。由於尼泊爾在西藏的商人逐漸減少，已所剩無幾，我的主要工作是將總領館搬遷到新館，以及解決（在西藏）尼泊爾人的國籍等問題。

巴蘇德烏・夏爾瑪・大鵬（右）在中國駐尼使館招待會上同曾序勇大使交談。

　　我到拉薩以後，察覺到當地人與尼泊爾人之間關係不太和睦，當地人把尼泊爾人稱為「老闆」，尼泊爾商人則把一些當地人視為不講道義的剝削者。另外還有人告訴我，從內地到西藏工作的（漢族）領導幹部聽人說起加德滿都，就去邊境樟木的山上看加德滿都。由此，我感到有必要請西藏派代表團去訪問尼泊爾，以便增進兩國和兩國人民之間的了解和情誼。

　　於是我向政府報告了我的想法，尼政府就向西藏自治區政府發出了訪問尼泊爾的邀請。西藏派了兩個代表團來尼泊爾訪問。第一個代表團是由西藏自治區政府負責人天寶率領，十餘個部門的負責人組成。天寶雖然是藏族人，但參加過長征，是毛主席給他取的漢族名字。代表團遊覽了加德滿都，會見了許多尼泊爾人士，然後訪問了博克拉、比拉特納加、比爾干則等地，還參觀了那裡的一些工廠，

了解了尼泊爾的真實情況。通過訪問，他們對尼泊爾留下了很深的印象。幾個月後，西藏自治區政協主席也率代表團訪問了尼泊爾。通過訪問，他們完全改變了對尼泊爾的看法。代表團返回拉薩後，西藏自治區政府舉行了盛大的宴請和文藝演出，邀請我們出席以表示感謝。

之後，尼泊爾政府代表團也訪問了西藏。所有這些互訪使尼泊爾與中國西藏自治區之間的關係變得越來越密切、友好，也增進了相互的了解。我圓滿完成了在總領館的工作後返回加德滿都。

十年後，尼中兩國首腦在北京會晤時，決定派遣考察組調查了解尼中邊境大小二十來個山口的情況，以便確定哪些山口適合作為貿易口岸。根據這項決定，尼泊爾派遣了一個小組到中國，我有幸參加了該小組，從而有機會考察了尼中邊界中國一側。

經過四十天的考察，我們向政府提交了考察報告，但後來尼政府並未採取什麼行動。一九九三年，柯伊拉臘首相要訪問西藏，那時我已退休，但還是參加了代表團。這時，我利用上次去西藏邊境考察所了解的情況，從尼中邊境口岸中選出了兩個對兩國都適合、大體上一年四季都能通行的口岸，即中國的吉隆和尼泊爾的拉蘇瓦。這兩地之間是傳統的貿易通道，如果在兩地之間開通公路，將是最便捷、對兩國最有益的。於是我向首相提出了建議，他採納了我的意見，在會談中向中方提出了這

項建議。後來中方也認為這項建議是恰當的，於是雙方簽署了修建沙拉公路（沙夫魯比西──拉蘇瓦加蒂）的協定。但實地勘察花了很長時間。現在這條公路已經建成投入使用，使雙邊貿易有了很大增長。不久的將來，鐵路將修到這裡，這條鐵路將沿著河岸直達尼泊爾南部邊境。我對開通這條通道多少也作了點貢獻，對此我感到十分欣慰。

中國從不干涉尼泊爾內政，它一直主張尼泊爾的問題應由尼泊爾人自己協商解決。現在，中國唯一的願望是希望尼泊爾儘快制定出憲法，實現和平、穩定和發展。如果任何外部勢力幹涉尼泊爾內政的話，中國絕不會坐視不管，而會作出適當的反應。早在一九六二年尼泊爾受到外來威脅時，中國外交部長陳毅元帥公開發表聲明支持尼泊爾就說明了這一點。

在過去的六十年裡，尼中兩國之間的友好關係不斷發展和鞏固。毫無疑問，在未來的日子裡這種友好關係還將進一步拓展、更加密切。尼泊爾能有中國這樣的無私合作的朋友，我們深感幸運和自豪。回顧過去，尼泊爾人民確信，尼中兩國的關係在未來的歲月裡必將更加親密無間，更加全面發展，更加富有成果。

比蘭德拉國王是中國人民的真誠朋友

曾序勇

（中國前駐尼泊爾、科威特大使）

比蘭德拉國王是在尼泊爾享有崇高威望的政治家，為維護國家獨立和主權、促進經濟社會發展付出了畢生精力。他在位數十年，對中國十分友好，為中尼友好合作關係作出了重要貢獻，是中國人民真誠的朋友。我同他的接觸和交往長達三十餘年，我出使尼泊爾期間，更同他保持了非常密切的關係。

果斷剿滅西藏叛匪，頻繁訪華凸顯友好

比蘭德拉一九四五年十二月生於加德滿都。一九七二年一月馬亨德拉國王逝世後，比蘭德拉繼承王位，並於一九七五年二月正式加冕尼泊爾國王。而早在一九六六年七到八月，他就以王儲身分首次訪華，受到毛澤東主席的親切接見。

我第一次見到比蘭德拉，正是在他作為王儲訪華回國後宴請中國駐尼大使和外交官表示答謝，我作為翻譯參加。那時他很年輕，才二十一歲，興致很高，談了很多訪華觀感。

比蘭德拉國王和王后

　　他繼位後的第二年（一九七三年）就對中國進行了正式訪問，也是他作為國王首次訪華。周總理同他舉行會談並宴請了他，安排了專場文藝演出、遊覽長城和故宮等，我作為翻譯參加了接待工作。毛主席在中南海親切會見了比蘭德拉國王和王后。在會見中，國王提出加強兩國貿易關係的建議。毛主席表示，中國將修建青藏鐵路到拉薩，而且還要與尼泊爾接軌。

　　比蘭德拉國王繼位後為中尼友好做了一件大事，那就是果斷解決在尼泊爾的西藏叛匪的問題。一九五九年，達賴集團叛亂失敗後，數千名西藏叛匪逃到尼泊爾北部，盤踞在木斯塘地區，不時襲擾西藏邊境。由於該地區交通不便，地勢險要，叛匪

問題長期未能解決。一九七四年，比蘭德拉國王調
動皇家軍隊進行圍剿，擊斃叛匪頭目，一舉解除了
這股西藏叛匪的武裝，恢復了尼中邊境地區的和平
與安寧。在西藏問題上，比蘭德拉國王態度鮮明，
多次向中方表示：西藏是中國的一部分，絕不允許
「藏獨」分子在尼泊爾從事反華活動。

　　二十世紀七〇年代後半期，比蘭德拉接連於一
九七六年、一九七八年和一九七九年三次訪華。如
此頻繁訪華，是為了在中國老一輩領導人相繼去世
後，儘快結識中國新的領導人，繼續保持同中國的
密切友好關係。這一時期我在駐尼泊爾使館工作，
曾多次在大使會見、宴請國王時做翻譯，也在許多
外交場合見過他。

　　一九七八年鄧小平訪問尼泊爾時，比蘭德拉兩
次親切會見並破例出席比斯塔首相歡迎鄧小平的國
宴。一九八二年比蘭德拉訪問甘肅蘭州，我作為外
交部主管尼泊爾的工作人員參加了接待工作。一九
八四年我隨同李先念主席訪問尼泊爾，曾有幸出席
國王為李主席舉行的國宴並為李主席講話作翻譯。

我同國王的密切交往

　　我在擔任駐尼泊爾大使期間，同比蘭德拉國王
保持了密切的交往。一九九八年五月，我上任後不
久，就應約去王宮會見國王。國王的辦公兼會客廳
布置簡單，毫不奢華。比蘭德拉國王同我握手後問

「是否已安頓好了」，我說「是的」。國王說，你原先就在這裡工作過，對尼泊爾是熟悉的。然後，他向江主席表示問候。寒暄之後，國王首先問及對印巴核試驗後南亞形勢的看法，我按國內有關表態精神說明了我的看法和立場，批駁了印度以「中國威脅」為藉口搞核試驗的說法。國王又問及克林頓訪華的情況，我簡要通報了克訪華和中美關係的近況。

我向國王談了中尼雙邊關係的新進展，讚賞國王對發展中尼關係的重要貢獻，相信江主席訪尼時同國王確定的建立中尼世代友好的睦鄰夥伴關係的目標將得以實現。我重申了中方重視發展中尼睦鄰友好合作關係，支持尼獨立、主權和發展經濟的既定政策。國王強調兩國經濟合作有很大潛力，特別是在開發水利資源和旅遊合作方面雙方應進一步加強合作。國王談及他對當時尼國內政治經濟形勢的擔憂，並說尼陸軍參謀長訪問了中國，也希望中國總參謀長訪尼，這將是對尼的支持。國王最後說，如我有事可通過新聞秘書正式找他，也可通過他任命的兩位議員非正式傳話。

一九九九年六月，我陪同來尼訪問的總裝備部政委李繼耐去王宮禮節性會見比蘭德拉國王。國王說：尼政府和人民感謝中國政府和人民給予的支持和援助。希望在新世紀兩國一如既往，繼續加強兩國友好合作關係，兩軍繼續交往。尼泊爾也非常感謝中國對尼捍衛國家主權的理解。尼中兩國必須保

持警惕，防止有人離間兩國關係。國王最後說，世界上發生了很多事情，譬如科索沃、克什米爾等，表示願意同我討論這些問題。

　　一週之後，我應約來到王宮會見比蘭德拉國王，就兩國關係、尼政局、印巴衝突、科索沃局勢等進行了深入交談。國王首先問及我對中尼雙邊關係的看法，我介紹了近年來中尼友好合作關係繼續穩定發展，兩國經濟合作富有成效，雙邊貿易、承包工程和投資項目都取得了重大進展，在國際事務中中尼相互支持與合作的情況，並表示中方感謝國王陛下和尼政府在西藏、人權等問題上對中國的支持。國王說：我們感謝中國對尼的卓有成效的經濟援助，希望兩國經濟合作繼續擴大。國際上一些勢力特別是西方國家總想利用西藏、達賴問題整中國，對此尼泊爾是警惕的。我總是要（尼）政府重視中國所關切的問題。如果這方面出現什麼問題，大使可直接找我。我表示感謝，並說：多年來中尼兩國領導人頻繁互訪，但近年來因尼政府多次更迭，兩國高層往來比較少。國王陛下九次訪華，對推動中尼關係全面發展作出了重大貢獻，但上次訪華已經是三年前的事了。希望兩國領導人繼續保持互訪和接觸。國王表示很願意在適當的時候再次訪華。

　　我向國王詳細介紹了巴基斯坦和印度外長最近訪華的情況和我對印巴克什米爾衝突的立場。國王表示，尼泊爾願同印搞好關係。印度要求尼控制反

印武裝分子，尼給予了合作。尼也希望印巴和平解決爭端，南亞保持穩定。國王再次主動談到尼國內形勢，表示對現政府和執政黨的不滿。我還應詢向國王介紹了中方對科索沃問題的基本立場和看法以及中美關係近況。談話進行了一個多小時。

每年，比蘭德拉國王總要在王宮單獨會見我一兩次，而許多國家駐尼使節並無此殊榮。每次國王都認真詢問兩國關係的發展現狀、提出增進雙方友好合作的看法和建議，了解中方對重大國際問題的看法，最後總是說，在工作中遇到任何問題都可以隨時找他解決。比蘭德拉國王對中國真誠友好的態度，他那溫文爾雅的氣質和彬彬有禮的風度給我留下終生難忘的印象。

我還多次出席國王和王儲的生日招待會。有一次，我應邀去王宮出席王儲迪潘德拉生日招待會。招待會大廳裡擠滿了王親國戚、高級官員和外國使節。我同賈南德拉親王等握手問候，進行了簡短交談。王宮典禮長引導各國大使按禮賓順序同比蘭德拉國王、拉特娜母后、艾什瓦爾雅王后和迪潘德拉王儲一一握手，然後國王同大使們分別交談。

每年十月是尼泊爾最大的傳統節日——德賽節，尼泊爾全國放假一週。國王和王后按慣例送給我節日賀禮——兩隻山雞。山雞內臟已掏空，但羽毛未褪，身體裡還有鉛彈，是從山林打來的獵物。節日前，我也按慣例給國王和王后、王儲和賈南德拉親王送了茅台酒作為德賽節賀禮。

一九九九年十一月，王宮秘書處在哈努曼多卡宮舉行慶祝艾什瓦爾雅王后五十歲生日招待會。尼泊爾首相、內閣大臣等高級官員和駐尼使節應邀出席。比蘭德拉國王和王后來到老王宮院內，軍樂隊奏尼泊爾國歌后，國王和王后到裡院就座，使節輪流上前同國王、王后握手祝賀。之後，國王和王后到客人中走一圈，同大家交談。到我跟前，我再次祝賀王后生日，並說，王后陛下慶祝五十大壽，中華人民共和國也剛慶祝建國五十週年，在同一年慶祝五十華誕，我感到高興和榮幸，也再次感謝陛下（們）出席我館國慶招待會。賈南德拉親王對我說，國王考慮明年訪華，我說「非常期待國王再次訪華」。我又對王儲說，感謝他不久前出席觀看我甘肅雜技團的演出，祝賀尼泊爾成功舉辦南亞運動會（他是南亞運動會的實際負責人）。

國王破例出席中國使館國慶五十週年招待會

一九九九年九月二十八日，為慶祝中華人民共和國成立五十週年，中國使館舉行了盛大的國慶招待會，比蘭德拉國王攜王后、王儲和二王子應邀前來使館出席，令招待會蓬蓽生輝，成為加德滿都轟動一時的新聞。按慣例，國王一般不出席外國使館舉行的國慶招待會。往年中國國慶前，國王會指派王宮大管家和新聞秘書作為代表前來使館送花籃並當面祝賀。這次建國五十週年，按國內指示精神要

IN CELEBRATION OF
50TH
ANNIVERSARY OF THE FOUNDING
THE PEOPLE'S REPUBLIC OF CHI

比蘭德拉國王（右2）
和王后（右3）出席曾
序勇大使（右1）在中
國駐尼使館舉行的慶
祝國慶五十週年招待
會。

隆重慶祝。於是我提前於九月上旬給國王寫了一封
邀請信，扼要陳述中華人民共和國建國五十年、特
別是改革開放二十年來取得的巨大成就和中尼建交
以來友好合作關係的發展，懇切邀請他及王室成員
作為主賓蒞臨使館出席中國國慶招待會。九月中
旬，國王首席新聞秘書莫漢‧潘迪打電話給我，說
國王將作為主賓出席中國國慶招待會，擬於下午六
時抵館，最長待四十五分鐘。

　　為搞好國慶招待會，使館進行了近一個月的認
真準備。使館前院清理得乾淨整潔，樓前花壇上擺
滿了預先培植好的色澤豔麗的鮮花，主樓底層走廊
掛上了一排大紅燈籠，增添了節日的喜慶氣氛。我

事先還同秘書、公務員詳細交代了國王在貴賓室和大廳的禮賓安排，包括座位安排、茶几布置、食品飲料種類等。

二十八日下午五時三十分，國慶招待會正式開始，來賓的車輛一輛接一輛魚貫駛進使館，我和夫人站在使館主樓門前迎接客人。尼代理首相（首相巴特拉依正出席聯合國大會）、首席大法官、議長、國務會議常務主席和內政、通訊、水利、文化、科技等七八位大臣，多位前首相、陸軍參謀長、警察總監、各政黨領導人、前大臣、各界友好人士及外國使節等五百餘人應邀出席。來賓們熱烈祝賀中國國慶五十週年，盛讚中國所取得的偉大成就，招待會大廳充滿歡聲笑語，氣氛熱烈友好。

六時整，比蘭德拉國王、艾什瓦爾雅王后、迪潘德拉王儲和尼拉真二王子來到使館。我和夫人出主樓大門迎接，並引導他們到貴賓室就座。事先得到允許的尼電視台、報刊攝影記者拍照一分鐘後離去。招待員按事先布置，給國王和王后端來他們各自喜歡的法國葡萄酒。

國王首先請我轉達他對江主席的親切問候和對中華人民共和國成立五十週年的熱烈祝賀。他說：尼泊爾人民高興地看到過去五十年中國經濟發展取得的巨大成就。中尼兩國保持了非常友好的關係。尼泊爾感謝中國政府對尼社會經濟發展提供的援助，包括對尼最近舉辦南亞運動會提供的援助（指我國提供一點三億人民幣擴、改建體育場等）。希

望中國更加發展強大，中尼經貿關係得到進一步加強。

我對國王和王后陛下親自蒞臨使館五十週年國慶招待會表示由衷的感謝，高度讚賞國王多次訪華，同我國三代領導人都有過友好交往，為推動中尼睦鄰友好作出了寶貴貢獻；感謝國王和尼政府一貫支持中國的統一大業，在台灣、西藏問題上堅持「一個中國」的原則立場。我還簡要介紹了十月一日國慶時北京將舉行五十萬人集會、閱兵等。國王很認真、仔細地聽取我的介紹。

在貴賓室坐了約二十五分鐘之後，我們請國王一行去招待會大廳。我陪同國王、王后一行進入大廳，沿著一條紅地毯走到設在大廳前面的主賓席，轉身面對大廳門站定。這時軍樂隊奏響了尼、中兩國國歌，全場賓客肅立。國歌奏畢，我請國王和王后坐中間長沙發，我和夫人分坐兩邊，王儲和二王子坐在我的左邊，代理首相夫婦坐在我夫人的右邊。主賓席前，一些尼方高官上前雙手合十向國王致意，還有些賓客不斷拍照。

國王坐了約半小時，我陪同國王和王后離開貴賓席，走到大廳來賓中間，同大家見面交談。所到之處，來賓都主動讓開並躬身合十致敬。國王在大廳走了一圈，同一些高官和外國使節簡短交談，還走到大廳外的後花園看了看。我看大廳裡人太擁擠，又熱，時間早已超過原定的四十五分鐘，於是再次感謝國王光臨招待會，陪同國王一行從主賓席

穿過大廳，一直送到大門外上車。

　　第二天，尼泊爾報刊、電台和電視台都突出報導了國王出席中國使館招待會的消息，官方報紙還發表社論熱烈祝賀中國五十週年國慶，高度評價中國五十年來取得的偉大成就和中尼友好合作。

訪華日程幾經反覆，出訪之前再次會見

　　比蘭德拉國王曾十次訪問中國。他第十次訪華（也是他生前最後一次出國訪問），是在二〇〇一年二月二十六日至三月四日。此前幾個月，我按國內指示同尼方商談訪問日期和日程。真是好事多磨，反覆了好幾次才最後確定訪問日期。但是在訪問前我方再次提出調整日程，請國王正式訪問前，先出席在海南舉行的「博鰲亞洲論壇」成立大會。由於日程再三改變，引起尼方不滿和抱怨。王宮秘書表示十分為難，擔心再次改變日程會遭到國王責怪；尼外交部也反對在國王訪華日程中加進多邊活動，我有些忐忑不安。但國王聞知此事後，欣然接受了我方的建議，這使我十分感動。

　　比蘭德拉國王出訪前幾天在王宮會見我。他首先對江主席邀請他再次訪華表示高興，說他期待著即將對中國進行國事訪問和同江主席的會晤。我說，國王陛下是中國在新世紀之初接待的第一位國家元首，充分體現了中尼兩國之間親密的友好關係。我還向國王介紹了成立亞洲論壇的背景和意

義，感謝國王接受邀請，同意作為特邀嘉賓出席亞洲論壇成立開幕式並發表簡短致辭。國王表示，亞洲論壇的成立很重要，對加強「亞洲意識」、促進亞洲國家團結合作具有重要意義。

我應詢向國王介紹了中尼雙邊關係近期取得的進展。國王說，中國向尼提供了許多經濟援助，對尼經濟發展幫助很大。尼希望中國能夠擴大對尼經濟發展的參與，增加中國在尼的經濟存在。這樣尼泊爾就可以減少對印度的依賴，增強尼的自主地位。他將在聽取政府有關部門匯報後，決定是否就擴大尼中經貿關係向中方提出建議。他還說，他訪華時將向中方通報尼國內形勢的一些情況，以便中方能夠理解和支持。此外，國王還談及了他對尼印關係的看法。

我對國王說，陛下訪華期間將同江主席和其他領導人就雙邊關係和國際、地區形勢深入交換意見，從而加深相互了解，進一步增進兩國友好合作關係。我最後告訴國王，我將提前幾天回國為他訪華作準備並參加接待工作。

出席博鰲亞洲論壇，十次訪華永載史冊

二月二十六日下午，比蘭德拉國王一行乘專機抵達海口美蘭國際機場，隨行人員除艾什瓦爾雅王后、二王子尼拉真外，還有外交大臣巴斯托拉、國王首席新聞秘書潘迪、外秘塔帕、尼駐華大使等官

員。按我方禮賓安排，海南省副省長韓至中、我和夫人趙美茹等去機場迎接。晚上，海南省省長汪嘯風在海口貴族遊艇會設宴歡迎國王一行。汪省長對我說，大使把國王和前首相（比斯塔）都請來參加博鰲亞洲論壇，提高了論壇的影響，工做作得很好。

第二天（二十七日）早上，我同外交部部分接待人員提前出發，從海口前往博鰲。按照日程，江主席在亞洲論壇開會前要禮節性會見比蘭德拉國王。比蘭德拉國王走進會客廳，面帶笑容，同江主席親切握手。大家坐下後，江主席說，熱烈歡迎國王陛下再次訪華。國王感謝江主席再次邀請他訪華，並使他有機會出席亞洲論壇成立大會。江主席說：同老朋友見面很高興。陛下是中國在新世紀迎來的第一位外國元首，這充分體現了中尼之間密切的睦鄰友好關係。您的光臨將為論壇增色。

上午十時三十分，博鰲亞洲論壇成立大會隆重舉行。江主席和應邀作為特邀嘉賓的尼泊爾國王比蘭德拉和馬來西亞總理馬哈蒂爾一同步入會場，受到來自二十五個國家的數百位代表和來賓的熱烈歡迎。江主席、比蘭德拉國王、馬哈蒂爾總理先後致辭表示祝賀。論壇成立大會結束後，我們同比蘭德拉國王一行返回海口。二十八日，我們陪同國王一行乘波音 737 專機抵達北京，國王開始正式訪問。

三月一日，江主席在人民大會堂舉行歡迎儀式並同比蘭德拉國王進行會談。江主席讚賞國王十次

訪華充分體現了他對中尼睦鄰友好關係的重視，國王希望中尼睦鄰友好在新世紀獲得新的發展。雙方就進一步鞏固兩國世代友好的睦鄰夥伴關係達成共識。雙方談話輕鬆愉快，氣氛親切友好。

會談結束後，江主席舉行國宴歡迎國王一行。第二天，比蘭德拉又分別會見了胡錦濤副主席、朱鎔基總理和李鵬委員長。他們都高度讚賞國王長期以來為中尼友好作出的不懈努力，稱國王是中國人民尊敬的老朋友。我和夫人還陪同國王和王后參觀了北京錦繡大地農業觀光園，我夫人還陪同王后參觀了北京東華門幼兒園。

二日下午，我們陪同國王一行乘專機前往上海。我對國王說，我和夫人很榮幸有機會陪同國王陛下和王后陛下訪華，希望能一起合影留下紀念，國王欣然同意。我還請國王和王后在尼郵政總局二〇〇〇年為紀念國王五十六歲和王后五十歲生日分

別發行的首日封上籤名以作留念，國王和王后也欣然同意。不料這兩個紀念封竟成了他們給我留下的最後紀念。

當晚，上海市代市長在希爾頓大酒店會見並宴請國王一行。會見時，他向國王介紹了近年來上海市經濟發展情況。宴會結束後，我們陪同國王一行去外灘散步、觀賞夜景。

三月三日上午，比蘭德拉一行參觀了浦東新區和上海貝爾公司。午後，我陪同國王一行參觀了上海城市規劃展覽館。國王對我為這次訪華所做的一切表示感謝，對訪華的日程安排和中方的接待表示滿意，請我轉達對中國領導人和政府的謝意。四日上午，比蘭德拉國王圓滿結束對中國的國事訪問後乘專機回國。

比蘭德拉國王會見朱鎔基總理

二〇〇一年五月十四至十六日，朱鎔基總理正式訪問尼泊爾。為確保朱總理訪問成功，我們同尼方就訪問日程和每項活動細節以及安全、食宿、車輛安排等反覆商談落實，同時動員全館，全力以赴做好各項接待準備工作。

在朱總理訪尼前，我注意到尼泊爾柯伊拉臘首相捲入一樁賄賂案的報導，對尼政局變化可能影響朱總理訪問有些擔心。五月三日晚，比蘭德拉國王約見我，通報柯伊拉臘首相捲入了賄賂案，可能提

比蘭德拉國王歡迎到訪的朱鎔基總理。

出辭職。我感謝國王親自向中方通報這個重要情況，表示：朱總理即將訪尼，這次訪問對鞏固中尼友好、加深互利合作十分重要。目前訪問日程已經商定，雙方已經為訪問做好準備，希望尼政府可能發生的變化不致影響朱總理的訪問。國王說：我向閣下通報尼政局就是考慮到朱總理訪尼。如果柯伊拉臘辭職，（大會黨）應選出一位接替人選。此前，我將要求柯伊拉臘留任。尼方十分重視朱總理訪尼，我也將提醒政府注意。我立即向國內報告了國王的談話和我的看法，認為國王通報上述情況是要中方放心，即使首相辭職也不會影響朱總理如期訪問。幸好，朱總理訪尼前沒有發生首相辭職的事情。

朱總理於五月十四日抵尼訪問，受到熱烈友好的歡迎。十五日晚，比蘭德拉國王在納拉揚希提王宮會見並宴請朱總理。朱總理轉達了江澤民主席對

國王的親切問候。他說：今年三月國王陛下對中國的國事訪問取得了圓滿成功，我也有幸與陛下結識，並對與陛下的交談記憶猶新。這是我第一次訪問貴國，感受尤深的是，中尼友好在尼泊爾人民心中有著廣泛深厚的基礎。正如陛下訪華時所指出的，尼中之間不存在任何問題，我們唯一的任務就是使兩國關係發展得更好。朱總理還說：昨天我與柯伊拉臘首相的會談十分富有成果，我們在所有的問題上都取得了共識，雙方還就經濟合作簽署了六項重要文件，相信這將為推進兩國經貿關係發揮積極作用。

比蘭德拉國王也請朱總理轉達他對江主席的親切問候。他對朱總理的來訪表示歡迎，並認為訪問取得了建設性的成果。他說，多年來，中國對尼捍衛國家主權、維護民族尊嚴的努力給予了極大的理解，並向尼提供了無私的幫助。他請朱總理轉達尼人民對中國和中國人民的感謝之情。他相信尼中關係會在新世紀得到進一步發展。

同比蘭德拉國王作最後的告別

朱總理訪尼之後僅半個月，六月一日晚，尼泊爾發生震驚世界的王室血案，比蘭德拉國王和王后不幸罹難。第二天凌晨我得到消息後異常震驚，立即核實情況、緊急報告國內並建議我領導人儘快向尼方發唁電。中午，尼政府宣布下午為國王和王后

舉行遺體告別儀式。

王宮血案在首都引發了一些騷亂。數萬群眾湧上街頭，聚集到王宮門前的大道，向遇害的國王和王后致哀。由於政府遲遲未就此事件發表聲明，部分憤怒的青年聚眾示威，高呼反政府口號。還有上千人在首相府附近集會，與警察發生了衝突。儘管當時加德滿都市面氣氛緊張，考慮到中尼兩國的親密友好關係，我仍決定攜夫人前往陸軍醫院出席國王和王后的遺體告別儀式。

下午二時十分，我和夫人乘車從使館出發前往尼泊爾陸軍醫院。不知是表示哀悼或是擔心有人鬧事，沿途商店大多關閉停業，行人和車輛都很少，路口執勤的軍警比平時明顯增多。經過我國援建的環城公路，大約二點半鐘，我所乘坐的插著中國國旗的黑色奔馳車抵達陸軍醫院。醫院主樓前已站滿了尼泊爾高級軍政官員。我下車後，同一些熟識的內閣大臣等握了手，大家除了表示震驚和悲痛，大都相視無語。外國使節除了聯合國開發計劃署代表外，沒有看到其他國家駐尼大使。我估計可能因為事情突發，市內形勢緊張又出現動亂，他們出於安全考慮決定避免前往。

醫院主樓的院子裡臨時搭起了兩座帳篷，比蘭德拉國王和艾什瓦爾雅王后的遺體分別停放在兩座帳篷裡。文武百官都到齊後，大約三點鐘，軍樂隊奏起哀樂，遺體告別儀式開始。首相、議長、大臣等依次徐徐向兩個帳篷走去。我和夫人也按尼方禮

賓官安排，排在內閣大臣之後慢慢前行，先後向王后和國王的遺體告別。我們按照尼泊爾的禮節，向遺體獻上一束鮮花，雙手合十並鞠躬致敬，向中國人民最真誠的朋友表達最深切的哀思，作最後的告別。

　　國王躺在綠葉和花叢中，面容還算安詳，而王后全身和左臉全部用鮮花覆蓋（據報導，王后頭部中槍傷及左臉，被嚴重毀容），僅可看見右臉，她右眼圓睜露出驚恐狀，此情此景令我們十分難過。就在三個月前，我們曾連續七天從海南到北京、上海全程陪同國王和王后訪華；半個月前還出席過國王和王后在王宮為朱鎔基總理舉行的晚宴，他們的音容笑貌猶在眼前，而今已是陰陽相隔。想到此，不由得心情沉重、感慨萬千。

　　比蘭德拉去世後，江澤民主席和朱鎔基總理分別發表談話和致唁電表示深切哀悼和痛惜，高度評價他為中尼睦鄰友好關係所作的卓越貢獻，表示中國人民將永遠懷念他。

尼泊爾是中國的好朋友、好鄰居

李德標

（中國前駐尼泊爾大使）

我一生從事外交工作，在國外工作了二十六年，其中一九八七年四月至一九九一年八月出任中國駐尼泊爾大使，尼泊爾是我最喜歡和最有感情的國家。尼泊爾比較貧窮，我們應該幫助他們。現在我退休了，但促進中尼友誼的使命不能退休，這是我的信念。我繼續奔波在北京與加德滿都之間，從事中尼民間貿易和文化交流工作，已前往尼泊爾四十多次。尼泊爾是中國真正的朋友。下面我講述幾個尼泊爾和中國相互支持、密切合作的故事。

尼泊爾取消達賴訪尼

一九八九年至一九九○年初，尼泊爾掀起了反對國王的民主運動，國王被迫宣布廢除無黨派評議會制度，取消黨禁，實行議會民主制，尼泊爾大會黨領袖巴特拉依被任命為臨時首相。這時，流亡印度的達賴喇嘛企圖利用尼政局不穩之機竄到尼泊爾從事反華活動。

一九五九年達賴喇嘛策動西藏武裝叛亂失敗後

逃往印度，一直披著宗教外衣從事分裂祖國的活動。某些西方勢力也在背後支持和利用達賴，干涉中國內政，企圖把西藏從中國分裂出去。達賴喇嘛不時「出訪」一些國家，在國際上進行反華宣傳，謀求外國對其「藏獨」活動的支持，擴大國際影響。

尼泊爾毗鄰中國西藏，達賴集團利用其對藏民的影響，在居尼藏民中進行「藏獨」宣傳，組織策劃反華集會遊行，企圖把尼泊爾變成對西藏進行滲透破壞的前沿基地。因此，我們同達賴集團的鬥爭是關係到國家的統一、西藏的安全和穩定的重大問題。

尼泊爾一直奉行對華友好政策，中尼友好合作關係不斷發展。在西藏問題上，尼泊爾政府明確表示，西藏是中國的一部分，不允許居尼西藏人利用尼領土從事反華活動。二十世紀八〇年代初，達賴喇嘛曾以朝聖為名從印度祕密到尼南部邊界附近的釋迦牟尼誕生地藍毗尼活動。當時我使館得知後曾向尼政府提出交涉，尼政府保證今後不會允許達賴來尼活動。

一九九〇年初，一位尼泊爾朋友告訴我，達賴喇嘛將於近期來尼泊爾訪問，準備安排住在加德滿都最大的蘇爾蒂飯店，還要去博克拉「講經」，尼泊爾政府已經同意達賴來訪。得知這個消息，我們十分重視。我們認為，達賴此時來尼，是利用同中國友好的尼泊爾國王權力被削弱之機，為爭取尼大

一九八九年，李鵬總理訪尼時與尼泊爾外長烏帕德亞交談。

會黨巴特拉依政府的支持而精心策劃的。他來尼「訪問」，絕不只是進行「講經」等宗教活動，而是要突破尼政府長期以來限制他訪問、限制居尼藏人搞反華活動的政策，利用訪問宣傳「藏獨」，鼓動此間藏人進行分裂活動，擴大他在尼泊爾和國際上的影響。如果同中國關係如此密切友好的鄰邦尼泊爾都允許達賴「訪問」，今後達賴去其他國家就更容易了。而居尼的達賴分子受到蠱惑，今後也會更加肆無忌憚地進行「藏獨」分裂活動。因此，必須挫敗達賴訪尼的圖謀。

經請示國內，我約見了巴特拉依首相，就達賴訪尼事提出交涉。但我也知道，巴特拉依首相等大會黨領導人過去長期流亡印度，我們同他們沒有什麼交往，他們同印度關係密切，而對中國包括西藏

問題並不十分了解。要說服尼方改變決定、取消達賴訪尼不會太容易，所以我也做了充分準備。

按照約定時間，我帶著翻譯去見巴特拉依首相。我首先談到中尼建交以來，兩國友好合作關係發展順利。我們相互尊重，相互支持，相互幫助。中國向尼泊爾提供了大量無償經濟援助，幫助尼發展經濟，特別是基礎設施建設，給尼泊爾人民帶來了實實在在的利益。尼泊爾在台灣、西藏問題上始終堅持「一個中國」立場，給予中國很大的支持。但是，最近我們聽說達賴喇嘛要來尼泊爾訪問，而且已經得到尼泊爾政府同意。中國政府對這件事十分關注，因為達賴喇嘛不只是一個宗教人士，多年來他一直以印度為基地從事分裂祖國的政治活動。他到尼泊爾來訪問也絕不僅僅是搞宗教活動，一定會以訪問為名進行反華活動。允許達賴來訪，必然對中尼友好關係帶來不利影響。希望尼政府慎重處理此事，不要讓達賴來尼訪問。

巴特拉依首相聽後承認，達賴訪尼確有此事，而且是經過他本人批准的，具體事宜由內政大臣在辦理。一切都準備好了，現在要他推翻自己的決定，困難很大。我見他遲疑不決，不肯改變決定，就繼續說：某些西方勢力一直支持和利用達賴喇嘛，干涉中國內政，企圖向中國政府施壓，達到分裂中國的目的。這個問題是關係到中國國家統一和穩定的重大問題，因此中國政府十分重視。如果允許達賴來訪，肯定會影響中尼關係，請閣下考慮是

李德標大使（右2）會見尼泊爾首相洛肯德拉·昌德。

中尼關係重要，還是讓達賴來訪重要。

見他仍猶豫，我又說：八〇年代初，達賴喇嘛曾祕密去過藍毗尼。中方得知此事後，曾向尼方提出交涉，當時尼泊爾政府明確承諾今後不會允許達賴再來尼泊爾。這是有案可查的。希望尼方信守自己的承諾。至此巴特拉依首相才說，既然尼泊爾政府過去有過承諾，我決定取消達賴喇嘛的訪問。我又讓翻譯確認他決定取消達賴訪問這句話，並對他的決定表示感謝。

為了進一步落實這件事，我趁熱打鐵，從首相府出來又直接去尼外交部找外秘沙阿，告訴他首相已決定取消達賴訪尼。他不相信，我說你可以打電話去問。於是沙阿就打電話問首相秘書，得到肯定的答覆後，又立即打電話給尼泊爾駐印度大使，指

示他拒絕發給達賴來尼的簽證。至此，我才鬆了口
氣，回到使館後立即將交涉情況報告了國內。過了
幾天，達賴也在印度灰溜溜地宣布原定的訪尼日程
因為「不方便的原因」而取消。

　　達賴喇嘛曾去過不少國家「訪問」，我們也同那
些國家提出過交涉，但能像尼泊爾這樣明確拒絕達賴
往訪的國家並不多。從這件事可以看出，儘管九〇年
代初尼泊爾國內政局出現劇變，與我們比較陌生的大
會黨政府上台執政，但在涉及中國重大利益的問題
上，經我們做工作，尼方還是能以中尼友好大局為
重，尊重中方的重大關切。這也是中尼睦鄰友好合作
關係幾十年來能夠順利發展的重要原因。

開通尼藏航線

　　尼泊爾與中國西藏毗鄰，自古以來就有密切的

貿易、宗教和文化聯繫。過去，由於喜馬拉雅山脈險峻的高山阻隔，交通極為不便，嚴重阻礙了雙方的往來。一九六七年，中國援建的加德滿都—科達里公路（尼泊爾稱之為「阿尼哥公路」）建成後，中尼公路通車，極大地方便了尼藏之間的交通運輸和人員往來。但拉薩—加德滿都公路都在高原和崇山峻嶺中。每年雨季，從西藏到加德滿都路段常常發生山體滑坡，阻斷交通。隨著中尼兩國貿易關係的日益發展，人文交流越來越密切，開闢中尼之間的空中航線就提上了日程。兩國政府都認為開通加德滿都至拉薩的航線非常必要。我同尼泊爾民航大臣和民航部秘書談中尼通航的事，他們都很支持。

一九九〇年，我向國內建議派團來尼談中尼通航事，國內決定由四川航空公司派團到加德滿都同尼泊爾民航局談通航事宜。但負責談判的尼民航局長有親印傾向，妄稱加德滿都國際機場設施不行，夜裡不能降落，以此為藉口，阻撓雙方達成協議。雙方談了幾天都達不成協議。

四川航空公司經理非常失望，來使館見我，說無論中方給多少優惠都不行，實在談不下去了，準備中止談判回國。我讓他同我一起去見尼民航旅遊部秘書施瑞斯塔，向他說明談判所遇到的困難。施瑞斯塔聽後很著急，說不存在加德滿都機場夜間不能降落飛機的問題。他馬上叫來民航局長，在他親自主持下，當天就敲定了協議。拉薩至加德滿都航線的開通，極大地方便了兩國的人員往來，促進了

尼藏貿易往來和文化交流，也為其他外國人從尼泊爾前往西藏旅遊提供了交通便利。

患難之中見真情

一九八七年我出任駐尼泊爾大使不久，應尼方要求，中方向尼泊爾提供了一些防禦性的常規武器，包括地雷、機槍、高射炮等。這本來是尼泊爾主權範圍內的事，印度卻對此十分不滿。印度駐尼泊爾大使公然當面指責尼泊爾首相，稱尼泊爾從中國購買武器是「反印親華」。

尼泊爾是個內陸國，汽油、煤油、液化氣等重要物資都要從印度或從第三國經印度加爾各答港進口。印度為報復尼泊爾，對尼實行了長達十四個月的經濟封鎖，禁止汽油、煤油等石油產品進入尼泊爾。印度對尼泊爾的經濟封鎖給尼泊爾人民造成了極大的困難。由於汽油短缺，首都各處加油站排起了長隊，許多汽車不得不停駛。許多不通電的農村、山區居民晚上靠煤油點燈，煤油短缺造成他們夜晚失去光明。液化氣供應緊張使首都居民、飯店做飯都遇到困難。

尼泊爾人民對印度的經濟封鎖非常反感，怨聲載道。尼泊爾與中國西藏地區毗鄰，但西藏並不產油。西藏地區所需汽油都要從新疆等地千里迢迢耗費大量燃料才能運到西藏，成本非常高，而且從拉薩到加德滿都還有八九百公里之遙，所以中方從來

沒有從西藏向尼泊爾出口油品。但是，看到尼泊爾因印度經濟封鎖遭到巨大困難，尼泊爾人民在受苦，我們作為尼泊爾的朋友不能無動於衷。為此我回國如實向國內報告了尼泊爾遭受嚴重困難的情況。國務院領導十分重視，召開有關部門進行了認真研究，最後決定從西藏軍區十分有限的戰備庫存中擠出兩萬噸汽油提供給尼泊爾。

儘管這兩萬噸汽油只能部分滿足尼泊爾的需求，但尼泊爾政府和人民知道這是中國雪中送炭，已經很不容易。尼泊爾輿論高度讚揚中國的援助，稱「患難之中見真情」，中國是尼泊爾真正的朋友。

封閉登山，保證奧運會火炬傳遞

二〇〇八年中國舉辦北京奧運會，這是全中國人民熱情期盼且全世界矚目的一件大事。奧運會前，聖火在希臘點燃，火炬傳遞在多國開展，以弘

揚奧林匹克精神，這也是歷屆奧運會的重要活動。但一些「藏獨」分子卻企圖破壞火炬傳遞活動，他們在西歐某國就曾經突然跳出來阻撓火炬傳遞。

火炬傳遞迴到中國後，一項重要的活動是把聖火送到世界之巔珠穆朗瑪峰頂上。為確保珠峰聖火傳送順利，防止「藏獨」破壞，中方請尼方予以協助。尼政府對此非常重視，採取了封閉登山的非常措施。

須知尼泊爾是一個旅遊國家，旅遊是其支柱產業之一，也是重要的外匯收入來源。而登山旅遊是尼旅遊業的特色項目，每年有許多登山隊和登山旅遊愛好者從世界各地來尼泊爾珠峰地區開展登山旅遊活動。每年登山旅遊僅有五到九月短短幾個月時間，封閉登山對尼旅遊業會造成相當大的損失。但為了支持中國辦好奧運會，尼泊爾政府毅然決定封閉登山一個月，確保珠峰聖火傳遞的安全。

時任尼泊爾政府新聞秘書的馬尼‧鮑德爾告訴我，柯伊拉臘首相委派他負責珠峰聖火傳遞的安全工作，指示他從北京奧運會前一個月開始封閉登山，以防止「藏獨」分子破壞奧運聖火傳遞。在此期間，尼警方在珠峰地區發現一個美國人不顧尼政府禁令徒步登山已到達四千多米的地方，於是將他拘留。經審查，此人就是一個「藏獨」支持者，他承認是受達賴集團指派去珠峰破壞聖火傳遞活動的。於是尼方將他驅逐出境。這件事確實反映了尼泊爾對中國的深厚友情，令人感動。

為促進尼中關係而努力

──我的六十年歷程

尼蘭詹‧巴特拉依

（尼泊爾前駐中國使館公使、尼泊爾國際語言

學院前院長）

曾序勇　譯

一九五一年，在印度北方邦的貝拿勒斯印度教大學，我第一次學習中文。一九五八年，尼泊爾政府派我去北京大學進修。尼泊爾前首相坦卡‧普拉薩德‧阿查裡雅曾為我寫過一封推薦信給周恩來總理。畢‧普‧柯伊拉臘（他於一九五九年五月成為首相）也曾在貝拿勒斯印度教大學一次學生集會上作過簡短講話，祝願我在中國學業有成。在近六十年的時間裡，我很榮幸地參與了積極推動尼泊爾與中國關係的事業。

北京大學的學習生活

一九五八年十一月，我到達北京那天，天下著大雪，氣溫降至零下二十攝氏度。這對我來說真是太冷了，因為過去我從來沒有經歷過零度以下的氣溫。可是第二天當我去學校上課時，看到許多老師和學生在用掃帚掃路上的積雪。看到穿著樸素的老

師和學生不懼嚴寒地工作，這極大地鼓舞了我，激勵我繼續前行。

當我學習中文時，我覺得信仰佛教的尼泊爾學者有必要研究當代中國以及中國的歷史。在中國科學院哲學社會科學部世界史組負責人陳翰笙博士幫助下，我學習了中國古代和現代史，從而接觸了佛馱跋陀羅的傳記。科學院的劉大年和馬洪教授指導我研究尼泊爾—中國關係史。由於他們的幫助，我才寫出了我第一本有關中國和尼中關係的書，從而把中國介紹給尼泊爾人民。一九六一年簽訂《尼中邊界條約》時，這本書由尼泊爾科學院出版並由尼泊爾代表團作為禮物送給了中國領導人。

從世界各國到中國學習的外國留學生得到中國政府的特別優待和照顧，而那時候中國學生是不享受這些優待的。學校的老師和官員對待留學生如同自己的家人。有一次，我問學生宿舍的管理人員有沒有我的家信，這位管理人員竟親自去郵局查問，他真是太好了。老師們對我們也同樣好，他們總是在學習上盡量幫助我們取得好成績。有時候甚至他們的家人也在各種場合幫我們搞好學習。學校還組織我們遊覽名勝古蹟，以豐富我們對中國和中國文化的了解。

學習期間的其他活動

我是在中華人民共和國建國十週年前夕到北京的。中國當時以各種方式慶祝建國十週年，為此修

建了首都十大建築和通向文藝演出場所的道路。我和許多外國留學生都參加了十週年國慶遊行。我也很高興地和其他留學生一起參加了修建人民大會堂的砌磚勞動。人民大會堂竣工後，我應邀參加了在大會堂舉辦的盛大的國慶招待會。在招待會上，我榮幸地見到了周恩來總理和偉大的藝術家梅蘭芳。

我曾經邀請過許多尼泊爾人訪問北京並接待他們，其中包括第一支尼泊爾乒乓球隊。一九五九年，我也曾帶領尼泊爾著名高僧甘喜露大師率領的佛教代表團遊覽北京。我帶他們參觀了偉大的尼泊爾工藝師阿尼哥修建的白塔寺。中國佛教協會會長趙樸初還送給代表團一本經典的中國圖經。一九六〇年畢‧普‧柯伊拉臘首相訪問中國，雙方簽署了邊界協定，任命了一個由兩國專家組成的聯合委員會，進行勘察邊界和起草邊界條約的工作。我到機場去迎接了首相，並應邀參加了歡迎他的晚宴。我特別感謝他贊助我購買了一些有關尼中關係的歷史書。接著周恩來總理回訪了尼泊爾，並簽訂了《尼中和平友好條約》。在世界事務委員會為他舉行的午宴上，我很榮幸地見到了周總理。周總理從我在北京唸書時就認識我，仍然記得我。我後來在尼泊爾駐華大使館工作時，他繼續給予我特別的關照。

創建語言學校和參加邊界談判

我完成現代漢語和古漢語的兩年學習後從北京

回國。回到尼泊爾後，一九六一年我在加德滿都創辦了國際語言學校，這所學校向尼泊爾學生提供便利，幫助他們了解外部世界。從一開始，這所學校就教漢語。隨著學校的發展，這裡開始教更多的語言。一開始，學校的教員都是沒有薪酬的志願者，他們是在尼泊爾的外國機構聘請的。現在，這所學校已經有六千名學生，是國立特里布萬大學下屬的國際語言學院。

尼泊爾和中國簽署邊界條約時，我也作為翻譯參加尼泊爾代表團去往北京。尼中雙方真誠地希望本著互諒互讓的精神劃定兩國之間的傳統邊界，因此在邊界談判中沒出現任何問題。馬亨德拉國王和劉少奇主席代表各自的政府簽署了邊界條約。從此，尼中邊界成為和平友好的邊界。

在駐北京使館任職

一九六七年，我被任命為尼泊爾駐華使館一等秘書。這時候正值「文化大革命」時期，發生了一些針對外國的遊行示威，這個「革命」給中國人民和外國在北京的使館都帶來了困難。這時，尼泊爾政府很快提出了交涉，中國方面給予了積極的回應，避免了這些示威活動對尼中關係造成不利影響。

一九七〇年，尼泊爾王儲結婚，邀請周總理前往尼泊爾出席。周總理由於太忙未能前往尼泊爾，但他接受了我本人的邀請，出席了在尼駐華使館為

周總理應邀出席尼泊爾駐華使館舉行的晚宴。

他舉行的晚宴。他在我們使館逗留了四個小時，這次晚宴成了我終生難忘的記憶。

一九七六年，我第二次被派駐尼泊爾在北京的使館。這年一月，周總理去世。我同中國朋友一樣對周總理去世感到非常悲痛，因為周總理對我一直那樣好，那樣關心。

我在北京的第二任期內，見證了毛主席去世後中國政府的交替和鄧小平領導中國走向現代化的過程。我多次會見鄧小平，並曾為他訪問尼泊爾作出安排。我很高興地注意到，由於實現了現代化，中國開始參與航天競賽。一九七八年，尼中簽署了一項開通加德滿都——上海航線的協定。

訪問和著述

一九七二年初，我結束在使館的任期回到尼泊

爾。一九七三年,我又同尼外交大臣一起去中國,
為比蘭德拉國王應董必武主席邀請訪華作準備。我
們去中國是負責同中方商談這次訪問的日程。那
次,周恩來總理率領中方團隊進行正式會談並設宴
款待尼泊爾客人。我也參加了比蘭德拉國王一九七
六年訪問西藏的準備工作。

　　一九八二年,我再次到北京視察我們使館的行
政和財務工作。二○○二年,我重返北京,參加為
尼泊爾工藝師阿尼哥真人般大小的銅像舉行的安放
儀式。這是一個紀念尼中兩國悠久關係的重要儀
式,中尼雙方的高級官員出席了這次活動。我還訪
問了五台山,朝拜了文殊菩薩,同時也遊覽了阿尼
哥修建的夏里拉和阿育王塔。

　　我最近一次去北京是在二○○七年,是為了籌
備發行我的書《尼泊爾與中國》中文版。我很高興
見到了許多我多年來所熟知和敬重的中國學者,他

們能出席首發儀式令我感到自豪。中國對外友協會長陳昊蘇主持了這本書的首發式。

我對增進尼中友好作出了自己微薄的貢獻。我感到滿意的是，尼中關係十分順利地不斷向前發展。我的書《尼泊爾與中國》（英文版）已經出版發行。退休以來，我繼續研究中國發生的新情況，同時應尼泊爾政府的要求提供諮詢和建議。

關於尼中關係，我寫過兩本尼泊爾文的書，其中一本譯成了中文，一本譯成了英文。我還寫過幾十篇關於尼中關係的文章（包括尼文和英文的）。我希望並相信，多數讀者會欣賞這些書籍和文章。

（編者按：本文作者已於二〇一〇年八月去世，此文是他的遺作，尤其子、尼中經貿協會主席阿努伯·巴特拉依提供。）

父子兩代華夏情

龔鐵鷹

（天津市政府新聞辦公室原副主任）

今年八月一日，適逢中國與尼泊爾建交六十週年。在這大喜的日子裡，我不禁想起尼泊爾友好人士——尼中經貿協會會長阿努伯·巴特拉依及其父親尼蘭詹·巴特拉依。

結緣一本書

二〇〇五年，我率團訪問尼泊爾，到阿努伯家做客，見到了他的父親巴特拉依。走進明亮的客廳，兩個裝飾櫃和牆上的照片吸引了我的目光，櫃子裡擺滿了各種中國特色的物品。牆上掛著十幅照片，位於中央的一幅是巴特拉依和周恩來總理握手的照片。老人性情溫和，與之交談如同和一位鄰家大叔拉家常。當時他已七十六歲高齡，腿腳有些不便，但思維敏捷。他告訴我們，因曾在北京大學學過兩年中文，他被外交部選中擔任駐華外交官。在北京學習和工作期間，他潛心研究尼中關係，於上世紀七〇年代出版了英文版的《尼泊爾與中國》。當時，這本書已被譯成中文，但因缺少經費，遲遲

陳昊蘇會長（左3）參加在尼泊爾駐華使館舉辦的《尼泊爾與中國》中文版發行儀式（左4為尼蘭詹·巴特拉依，右3為阿努伯·巴特拉依）。

未能在中國出版。我們覺得，若這本著述沒有中文版，是一件很遺憾的事情，代表團中一位媒體負責人主動表示願提供幫助。

二〇〇七年一月，由天津人民出版社出版的《尼泊爾與中國》中文版面世。時任中國人民對外友好協會會長陳昊蘇為該書作序，季羨林題詞：「中尼文化，源遠流長」。這是尼泊爾第一部論述尼中關係的專著，書中不僅回顧了半個世紀的尼中友好交往歷史，而且重溫了從佛祖釋迦牟尼降生以來尼中思想文化交流與合作的漫長歷程，是一本研究尼中關係的重要著作。二〇〇七年九月二十一日，該書發行儀式在尼泊爾駐華使館舉行，七十八歲的巴特拉依重回闊別多年的北京參加了儀式。以書為緣，更加深了我對阿努伯及巴特拉依的了解和敬意。

綿綿中華情

巴特拉依一九二九年出生於尼泊爾加德滿都，

是印度貝拿勒斯大學政治學碩士。一九五一年，在貝拿勒斯大學，他第一次參加漢語學習班。一九五八年十一月，尼泊爾政府送他到北京大學進修。當時的尼泊爾領導人親自寫信向周恩來總理介紹了巴特拉依。

學習結束後，巴特拉依開始了他的外交生涯，先在尼泊爾駐華使館工作，後又出使朝鮮、巴基斯坦、伊朗和土耳其。然而，他最珍視在中國度過的時光。他曾兩度在駐華使館任職，當過一等秘書、參贊、公使。上世紀六七十年代，他還先後陪同尼泊爾馬亨德拉國王和比蘭德拉國王訪華。

憶起初到中國的感受，巴特拉依清楚地記得，一九五八年十一月，他第一次踏上中國的土地，正值北京大雪紛飛，氣溫降至零下二十攝氏度。由於從未經歷過這樣的低溫，他感到寒風刺骨。第二天去上課，看到許多衣裝單薄的老師和同學正清掃馬

路積雪，他們不畏嚴寒的舉動讓他十分感動。

在學習漢語時，巴特拉依深感作為尼泊爾佛教學者，很有必要了解當代中國及中國歷史。他請中國科學院哲學社會科學學部委員、歷史學家陳翰笙指導他研究中國歷史，請學部委員、近代史專家劉大年指導他學習尼中關係史。在他們的幫助下，巴特拉依寫出了第一本關於中國的書籍《中國及其與尼泊爾的關係》，向尼泊爾人民介紹中國。一九六一年，尼泊爾科學院出版此書時，正值尼中兩國正式簽署邊界條約，這本書遂成為尼泊爾代表團向中國領導人贈送的禮物。

留學期間，巴特拉依從中國的老師和同學那裡感受到了家人般的溫暖，學校組織的各種參觀及活動豐富了他的中國文化知識，加深了他對中國的了解。他參加過新中國十年大慶遊行，參加過修建人民大會堂的義務勞動，應邀出席在人民大會堂舉行的盛大的國慶招待會……一九六〇年四月，周恩來總理應邀訪問尼泊爾，在尼泊爾世界事務委員會主辦的午宴上，他第一次見到了周總理。

在北京學習兩年後，巴特拉依回到尼泊爾。一九六一年他在加德滿都創辦了國際語言學校，幫助尼泊爾學生了解外部世界。為了加深對中國的了解和友誼，經巴特拉依倡導，學校從成立之初就教授中文。後來，這所學校併入特里布萬大學，成為其下屬的國際語言學院，現已有六千多名學生。

一九六一年十月《中華人民共和國和尼泊爾王

國邊界條約》正式簽署之際，巴特拉依作為尼泊爾代表團翻譯前來北京。中尼兩國本著和平共處和互諒互讓的精神解決了歷史遺留下來的邊界問題，十月五日，劉少奇主席和馬亨德拉國王分別代表本國簽署了邊界條約。巴特拉依成為這一重大事件的見證人。

一九七〇年，尼泊爾比蘭德拉王儲舉行婚禮，邀請周恩來總理赴尼泊爾參加。周總理因日程繁忙無法前往，而是在婚禮當天出席了尼泊爾駐華使館舉行的宴會。此時，巴特拉依任尼駐華使館臨時代辦，接待和宴會都由他主持。周總理在使館停留了四個小時，在宴會上發表了親切友好的講話，還坐在沙發上和巴特拉依熱情交談，這些溫馨的畫面都永久地銘記在巴特拉依的心裡。

一九七六年，當巴特拉依第二次被派往中國工作時，他最敬重的周恩來總理去世了。後來，他把自己撰寫的《尼泊爾與中國》一書專門送到天津的周恩來鄧穎超紀念館。在此任期內，他多次見到鄧小平副總理，並為他訪問尼泊爾作了精心安排。一九八〇年巴特拉依卸任回國，此後他多次重返北京。

友好再接力

二〇一〇年八月，巴特拉依不幸去世。然而，人去情未了。對華友好的接力棒由他的兒子阿努伯·巴特拉依接了下來。

巴特拉依父子

　　阿努伯出生於一九五九年，少年時代曾隨父親到過北京。一九七六年隨父親再次來華時，阿努伯先後在北京語言學院、北京郵電學院學習。

　　阿努伯說，上世紀七〇年代尼泊爾學生出國讀書主要去印度，少數去美國和歐洲，也有去蘇聯的。他是第一批到中國的留學生。阿努伯在北京將近十年，一九八〇年畢業回到尼泊爾，在國家電信公司工作，最後擔任電信公司總裁，二〇一四年退休。

　　剛回尼泊爾時，在阿努伯的倡議下，一九八一年，在中國畢業的四十名尼泊爾大學生成立了阿尼哥協會。這是一個非營利性質的民間友好組織，成員都是有中國留學經歷的尼泊爾學者和專業知識分子。協會在教育、文化、宗教、經濟等方面與中國保持密切聯繫，為推動兩國民間交往不懈努力。二〇〇一年到二〇〇三年，阿努伯擔任阿尼哥協會會長。二〇〇三年，他又倡導成立了尼中經貿協會，

並擔任主席。阿尼哥協會和尼中經貿協會經常共同舉辦尼中交流活動，如組織尼泊爾企業家考察團在中國各地參觀，參加中國貿易展覽和洽談會，在尼泊爾舉辦中國商品展覽會，在尼泊爾幫助中國企業競標一些工程項目等。

　　阿努伯待人友善，彬彬有禮，聰明機智，目光高遠，在策劃尼中民間交往活動時總是新意迭出，深得各方人士信賴，無愧於尼中友好民間大使的稱號。

　　如今，像阿努伯這樣的友好人士已步入老年，但是新一代接班人正成長起來。阿努伯的兩個兒子和大兒媳都是在中國讀的大學。如今，已有一百多名尼泊爾學子在中國取得博士學位。我們對中尼友好的未來充滿期待！

尼泊爾是中國可信賴的好朋友

曾序勇
（中國前駐尼泊爾、科威特大使）

尼泊爾和中國是好鄰居、好夥伴、好朋友。我在尼泊爾任大使期間，感受最深的就是尼泊爾政府和人民在西藏問題上對中國的堅定支持。這裡我記錄下尼泊爾遏制「藏獨」分裂活動二三事。

熱心的老朋友

在尼泊爾有數以萬計的藏民，主要聚居在首都加德滿都、博克拉等地。達賴集團一直在居尼藏民中進行反動宣傳，策劃各種反華活動，並祕密對我西藏地區進行滲透，企圖破壞西藏的穩定。達賴喇嘛本人及其骨幹分子也多次企圖以各種名目到尼泊爾活動。因此，遏制達賴集團在尼的反華活動一直是我駐尼使館的一項重要任務。

尼泊爾政府始終堅持西藏是中國的一部分的立場，承諾不允許藏人在尼從事反華政治活動，但由於內閣及有關主管官員經常變動，相關政府部門和官員信息不靈，不能及時掌握達賴分子策劃反華活動的情況。所以，我們十分注意通過各種渠道了解

達賴分子的活動動向。在這方面，尼泊爾朋友給我們提供了許多幫助。其中有一位老朋友叫洛克達爾森，他是尼泊爾佛教復興會主席，也是世界佛教聯誼會副主席。他曾擔任國王首席私人秘書，一九五七年接待過周總理訪尼，他同周總理的合影照片一直掛在家中。他夫人是尼泊爾釋伽族，據說是佛祖釋迦牟尼的後裔。他多次訪華，同中國佛教協會會長趙樸初等很熟悉。他是我們使館的好朋友，我們很早就認識，交往甚密。還有一位尼泊爾議員，家在靠近西藏的尼北部山區。他對達賴分子同某些西方勢力勾結在尼泊爾從事滲透和反華活動非常不滿，經常主動向我反映有關情況。正是因為這些朋友的熱心幫助，我們才能預先掌握達賴集團預謀策劃的反華活動情況，及時通報尼泊爾政府主管官員，制止「藏獨」分子搞反華活動。

取締達賴集團在尼的反華活動

每年三月十日是達賴分子稱之為「西藏起義」的西藏叛亂日，達賴集團會在這一天策劃在加德滿都舉行反華集會、遊行，甚至暴力衝擊使館。一九九九年是西藏平叛四十週年，達賴集團從年初就開始策劃，要在三月十日前後在印度、尼泊爾及一些歐美國家組織示威等反華活動。在印度，達賴集團的激進「藏獨」團體「藏青會」決定組織從新德里經尼泊爾至西藏的大型挺進活動，指示其駐尼機構

在尼境內接應，企圖闖關衝擊中尼邊境口岸；同時派人從尼泊爾祕密潛入西藏，在拉薩、日喀則搞恐怖爆炸活動。

二月我館獲悉，在尼泊爾的「藏青會」組織策劃在三月十日前後公開打出「西藏獨立」旗幟舉行反華遊行，並衝擊我使館，在館前焚燒中國國旗。同時組織暴徒去中尼邊界（科達里）搞反華示威，準備強行越過邊界，不惜製造流血事件，以吸引國際社會關注。我館及時向國內報告了有關情況，引起中央高度重視。如果達賴集團的企圖得逞，將嚴重影響西藏的安全和穩定。我隨即約見尼外交部秘書（相當於常務副部長）夏爾瑪，通報了有關情況。夏爾瑪表示尼政府絕不允許這裡的西藏人搞這種反華活動，也不會允許在印度的藏人到尼泊爾來。我們還向尼警方通報了有關情況，尼警方表示，一旦發現有藏人企圖到中尼邊界鬧事，或企圖向西藏滲透，尼方將堅決予以制止。在我提出交涉後，尼政府向達賴分子提出嚴厲警告，嚴令其取消反華活動。尼警方也派出警力對藏民區嚴加監視和防範，達賴分子未敢輕舉妄動。

一般經我方事先通報，尼方都會對這類反華活動採取防範措施。還有幾次，達賴分子策劃在皇家文學院、國際會議中心等地舉辦反華演出，我館事先獲悉後通報尼方，尼方都予以取締。

拒絕達賴分子出席佛教首腦會議

一九九〇年，達賴喇嘛企圖「訪問」尼泊爾，被尼政府拒絕。多年後，達賴及其骨幹分子又企圖借參加國際會議來尼泊爾活動。

一九九八年十二月，世界佛教聯誼會在尼泊爾南部的佛祖誕生地藍毗尼召開佛教首腦會議，邀請多國代表團參加。此前，尼泊爾朋友告訴我，這次會議的主辦方可能邀請達賴出席。我對此事高度重視，立即約見外秘夏爾瑪提出交涉，指出達賴不僅是宗教人士，更是一個鼓吹「藏獨」、從事分裂祖國活動的政治流亡者，中方堅決反對邀請達賴及其代表出席在尼舉行的世界佛教首腦會議。

夏爾瑪表示，尼泊爾在西藏問題上的立場是明確的，就是不允許他們在尼從事任何反華活動。但這次會議是否邀請了達賴他不清楚，會查清此事並妥善處理。接著，我又利用宴請主管宗教事務的文化部秘書（相當於常務副部長）薩普柯塔和尼泊爾佛教復興會主席洛克達爾森，向他們說明我反對達賴與會的立場。他們表示理解中方立場，認為達賴不僅是宗教領袖，也是政治人物，雖然尼方受到壓力，但不會邀請達賴。儘管有些國家為台灣說項，尼方也不會邀請台灣代表與會。經證實，達賴集團和台灣方面都曾企圖向尼方施壓，謀求擠進世界佛教大會，所以我及時向尼方做工作是完全必要的。

我同尼外秘的交涉引起柯伊拉臘首相的重視。

十一月中旬，在中國援建的色迪河大橋竣工儀式上，他對我說：「聽說貴館向我外交部提出不讓達賴及其代表出席世界佛教首腦會議，我向你保證，這次會議沒有、也不會邀請達賴及其代表與會。」幾天後，在接見中國新聞代表團時，他重申不會邀請達賴與會，不允許任何人利用尼土地反華，稱尼方同意在藍毗尼舉辦佛教首腦會議是為了促進尼旅遊業的發展。

我向國內報告有關情況後，國內決定派出中國佛協代表團來尼出席會議。十二月二日，我應邀去藍毗尼出席世界佛教首腦會議。

取消陰謀反華的「大宗教國際會議」

一九九九年八月上旬，根據尼泊爾報紙報導，「第四次亞洲大宗教國際會議」將於當年十一月十九至二十三日在藍毗尼舉行，這次會議的組織者是

曾序勇大使陪同柯伊拉臘首相步入使館招待會大廳。

尼泊爾和印度的一些宗教組織。這則消息引起了我的警惕，立即通過友人了解該會議背景。果然不出所料，「亞洲大宗教會議」有印、美情報機構和達賴集團的背景。前三次會議除一些亞洲國家外，還有美、英等西方國家代表參加。三次會議均邀請達賴分子出席，並把西藏作為單獨國家與其他國家並列。第三次會議還邀請了台灣代表以「中國」名義出席。擬在尼舉行的第四次會議，其組委會的八個委員中有一名 S. Rinpoche 教授（據我所知，此人就是達賴流亡議會的「議長」桑東）。據尼友人告，「亞洲大宗教國際會議」主要是印度的宗教組織為擴大其在國際上的影響而搞起來的，得到某些西方勢力和達賴集團的支持。前三次並未邀請尼泊爾參加。此次親達賴的印度宗教組織利用尼一些宗教勢力的支持準備在尼召開第四次會議，已得到尼政府

同意，並由尼泊爾文化大臣擔任會議東道國委員會主席。他們正在爭取尼國王為此次會議揭幕，並試探可否邀請達賴出席。另據了解，會議也邀請了中國文化部部長、宗教局局長和中國佛協會長等。

了解到這些情況後，為防止會議邀請達賴及其骨幹分子與會並利用會議搞「藏獨」、「台獨」活動，我於八月下旬就此事致函擔任此次會議東道國委員會主席的尼文化大臣班達里，約見外秘夏爾瑪並照會尼外交部提出交涉，表示中方有理由擔心這次會議有可能邀請桑東或其他達賴集團骨幹分子與會，他們可能利用會議搞分裂活動。這樣，這次會議實際上將是對達賴集團分裂中國活動的支持，這顯然違背了尼政府在西藏問題上的一貫政策，同時也將損害中尼之間現存的親密友好關係，希望尼方警惕並確保這次會議不出現任何支持「藏獨」的情況。

九月上旬，尼文化大臣班達裡應邀來館赴宴時對我表示，尼方同意舉辦第四次「亞洲大宗教國際會議」是為了促進宗教和睦，但不了解前幾次會議有西藏問題。我的信提醒了他們，經了解，前幾次會議確實把西藏作為單獨國家對待，而這次會議的組委會中也有流亡藏人。尼方表示理解中方對西藏問題的立場和關切，將認真對待，妥善處理。大臣向我保證，尼政府和他本人都不會允許出現反對中國的事情，不會讓中尼友好關係受到損害。尼外秘也對我作了類似表態。次日，尼共（聯合馬列）總

書記尼帕爾來我館出席晚宴時向我表示，該黨中央執委阿迪卡里近日也在議會就此問題向巴特拉依首相提出質詢。對華友好的尼佛教復興會也向尼首相表示反對在藍毗尼召開「亞洲大宗教國際會議」。

九月中旬，這次會議的協調人、國王榮譽侍從官辛哈上將來使館向我通報說：「由於閣下提出西藏問題以及尼佛教復興會的反對，尼政府已正式決定取消在尼召開第四次「亞洲大宗教國際會議」。」他已向印方組織表示，邀請達賴「議長」到尼不行，也不能把西藏作為國家，這不符合尼的外交政策。

促使尼政府取消在尼舉行第四次「亞洲大宗教國際會議」，挫敗了國際反華勢力和達賴集團在尼搞反華分裂活動、破壞中尼關係的企圖。這件事也再一次表明尼泊爾政府非常尊重中國在重大問題上的立場和關切，非常重視維護中尼兩國的友好關係。正是因為中尼兩國相互理解、相互尊重、相互支持，兩國之間的友好合作關係才能不斷鞏固發展，歷久彌堅。這件事也讓我感到尼泊爾各界人士對中國的友好情誼，中尼友好深入人心，有著堅實的基礎。我衷心感謝尼泊爾朋友對我們的支持和真誠合作。

尼中關係六十年

奇蘭‧沙姆謝爾‧塔帕

（尼泊爾前王宮首席新聞秘書、副典禮長）

曾序勇　譯

　　中國是尼泊爾結束拉納統治後建立外交關係的第一個國家。從中國外交來說，尼泊爾也是最早承認中華人民共和國是中國唯一合法政府的國家之一。一九五五年，位於喜馬拉雅山南北的這兩個鄰國建立外交關係，從任何角度看都是具有重大歷史意義的事件。在尼泊爾，新的國王繼承了在位四十多年的特里布萬國王。這一年，尼泊爾參加了在印度尼西亞萬隆舉行的首次亞非會議，期間，尼中兩國代表進行了會晤；接著，尼泊爾同中國建交，年底加入了聯合國。中國和尼泊爾都制定了各自的外交政策目標，它們比過去任何時候都更加信心十足。

　　尼中建交六十年來，兩國關係不斷發展，涵蓋的領域越來越廣，隨著時間的推移和科技的進步，我們兩國關係日益深化，合作範圍不斷擴大。建交六十年來，兩國達成的重大共識是，無論國際風雲如何變化──冷戰、地區戰爭以及突發的國內體制變革和政策調整，我們的關係都必須以尼中兩國人民的利益為重，同時不針對其他國家或國家集團。

　　中國堅持以和平共處五項原則作為處理與不同社會、經濟和政治制度國家關係的基本外交政策。中尼開闢飛越世界最高的喜馬拉雅山的空中航線，使兩個鄰國之間的聯繫得到進一步鞏固。四家中國航空公司和一家尼泊爾航空公司把成千上萬的中國遊客帶到尼泊爾，遊覽尼泊爾的高山和名勝古蹟，特別是佛陀出生地藍毗尼以及悉達多王子成長生活過二十九年的卡皮爾瓦什圖遺址。而尼泊爾人和其他一些國家的人也前往（中國西藏）神山聖湖，那是全世界的印度教徒的聖地。由於我們兩國之間有戰略互信，在不遠的將來，火車和鐵路運輸將首次

實現從中國的領土延伸到尼泊爾，這條貨物和人員的運輸線將造福於尼中兩個鄰國的人民。

尼中兩國最高領導人之間有著戰略上的互信。已故的比蘭德拉國王曾兩次會見毛主席，第一次是一九六六年在武漢，那是在毛主席著名的暢遊長江之後。有西方記者打電話問我毛主席暢遊長江是否屬實，我告訴他們：我很高興有機會親眼看到毛主席，當時已七十二歲的毛主席看起來很健康。在會見比蘭德拉時，毛主席表示很喜歡尼泊爾的佛教遺址，說尼泊爾從來沒有成為外國殖民地。此外，在「文化大革命」處於高潮期間，劉少奇主席和周恩來總理都曾舉行宴會歡迎來自尼泊爾的客人，周總理還出席了比蘭德拉王儲舉行的答謝宴會。

第二次會見是在一九七三年十二月比蘭德拉國王對中國的國事訪問期間。周總理同比蘭德拉國王在人民大會堂舉行會談的過程中，我注意到中方人員有些不尋常的舉動。我遞了一張紙條給比蘭德拉國王，告訴他可能發生了某種不尋常的事情。很快周總理中斷了會談說，毛主席準備接見國王，並且問國王有誰陪同他去會見。國王首先提到他的夫人。當國王抵達中南海，毛主席得知沒有安排王后去時，馬上說他很高興會見艾什瓦爾雅王后。王后立即從另一個地方趕過來參加會見，周恩來總理很客氣地把他的沙發座位讓給王后坐，自己坐到靠邊的座位上。會談中，毛主席對安排國王參觀的軍事演習沒有按時開始表示了歉意。他高度讚賞尼泊爾

從來沒有讓外國統治，而且從不支持任何帝國主義
的反華圖謀。

　　一九六五年，在雅加達舉行的紀念萬隆會議十
週年的集會上，比蘭德拉第一次見到周總理，當時
周總理邀請比蘭德拉國王訪華。一九六六年，在北
京天安門舉行的「五一」慶祝活動上，周總理對我
說道：「毛主席、中國政府和人民期待比蘭德拉王
儲今夏晚些時候訪華。」

　　日益增長的國際貿易和日益擴大的外國投資增
強了中國在國際市場上的競爭力。中國通過國際實
踐，在國際金融領域正在成為世界領袖。中國擁有
世界上最大的外匯儲備，依靠這些外匯儲備，中國

一九七八年，鄧小平
在北京會見尼泊爾羽
毛球代表團全體成員。

現在是發展中國家最大的債權國，也是處於危機中的經濟體的潛在債權國，例如過去四五年一些負債的歐洲南部國家。中國注資給初始資本一千億美元的金磚國家銀行，設立了四百億美元資本的絲路基金；創建了亞洲基礎設施投資銀行並提供更多資本，這家銀行向希望成為創始成員的所有國家開放。在全球參與的基礎上，尼泊爾將同其大鄰國中國和其他國家密切合作，發展互聯互通，以最好的治理標準和透明度實現合作共贏。

尼中建交六十年來，雙邊關係得到全面發展和深化，兩國政府和人民對此是滿意的。但是兩國在幅員上差距很大，中國在 GDP 增長和科技方面飛速發展，正在成為世界強國，而尼泊爾的發展遠低於其潛力。為了山水相連的尼中兩國人民的共同利益，中國需要在尼泊爾優先發展的領域提升投資水平和質量，雙向貿易、雙向旅遊、航空聯繫和文化關係都要提升到一個新的高度，發揮出全部潛能。

世代傳承的中尼友情

楊厚蘭

（中國前駐阿富汗、尼泊爾、緬甸大使）

在尼泊爾，隨處都能感受到尼泊爾人對中國人的友好情誼。我二〇一一年出任駐尼泊爾大使，在約兩年的時間裡，尼泊爾人的友情就一直在我身邊環繞，迄今仍難以忘懷。

中尼友好的歷史因緣

中尼友好交往源遠流長。據歷史記載，東晉高僧法顯在西元四〇六年就到訪尼泊爾藍毗尼，這是佛教創始人釋迦牟尼誕生的聖地。從《法顯傳》中我們得知，他曾到過迦維羅衛城、論民園和拘夷那竭城等處。與此同時，一位尼泊爾的高僧佛馱跋陀羅也曾到訪中國，並同法顯合作翻譯佛經一百多卷，在佛教文化交流史上留下不小的功績，開啟了中尼友好交流的新篇章。

唐朝之後，中尼佛教界交流更加頻繁，先後有玄奘法師，唐特使李義表、王玄策等，明特使高僧智光、楊三保、鄧誠等到訪尼泊爾。尼婆羅國也多次派使者到長安。七世紀中葉，高僧玄照開創了經

喬巴爾峽谷 —— 傳說
中文殊菩薩一劍劈開
的地方

由西藏、尼泊爾到印度的通道，當時稱為「吐蕃尼
婆羅道」，也是友誼之道。

　　而加德滿都谷地由大湖變成宜居城市的美麗傳
說，更是傳遞著中尼兩國人民的歷史因緣。我抵達
加德滿都不久，就有許多尼泊爾人，特別是加德滿
都谷地的朋友很興奮地跟我談起中國文殊菩薩用神
劍劈開喬巴爾山的故事。

　　我懷著一種好奇的心理，特意前往喬巴爾山文
殊菩薩公園，現場體驗中尼兩國悠久的交往歷史和

友情傳承。不看不知道，一看嚇一跳，喬巴爾山峽口太神奇了！我一點都不懷疑這是用神劍將山劈開的一道口子。加德滿都谷地四面環山，有數條河流從城中穿過，在南面匯成一條河，從谷地唯一向外的通道喬巴爾山峽口湧出，一直流向印度，匯入恆河。

加德滿都谷地由三座城市組成，分別是首都加德滿都和帕坦、巴德崗，海拔一千三百多米。這裡地處喜馬拉雅山南麓，不僅風景秀麗，氣候宜人，而且充滿文化底蘊。據傳，加德滿都谷地曾是一片大湖，湖上生有蓮花，光芒四射。今天斯瓦揚布佛塔所在的位置據說就是當年蓮花生長的地方。

相傳，文殊菩薩從中國的五台山來到加德滿都後，親眼看到了這裡人們生活的不便，於是就思考著如何排出湖水，將谷地變成宜居地。不久，文殊菩薩來到喬巴爾山，拿起手中的神劍，將山劈開一個峽口，洩走了湖水。從此，加德滿都成為富饒的谷地，人們不斷向這裡移居，這裡成為尼泊爾文化發源之地。

為紀念文殊菩薩劈山排水的故事，谷地人們在高什靈加（Goshringa）修了一座佛塔。塔基一石座上還雕刻有文殊菩薩留下的腳印。斯瓦揚布山上至今還保留著文殊菩薩的印跡。

喬巴爾山峽口四周風景優美，文殊菩薩公園和峽谷已經成為加德滿都一處觀光勝地。許多遊客都會到此一遊，向文殊菩薩表達心中的敬意。加德滿

都到底是不是由文殊菩薩劈山洩湖造就，其實並不重要，關鍵是它承載和傳承著中尼兩國人民的歷史因緣和傳統友誼。

一次友情的親身體驗

尼泊爾被認為是徒步旅遊者的天堂，越來越多的遊客選擇到尼泊爾進行徒步旅行。其中博克拉是許多徒步愛好者的首選，這裡氣候宜人，風景優美，雪山景色格外迷人。

國慶長假期間，我們也嘗試了一下徒步旅行的感覺。因為是第一次徒步，選擇了比較容易的丹普士山。從博克拉城區到丹普士徒步起點——派迪村約二十分鐘車程。派迪村海拔高度為八百米，丹普士山頂為一千六百米，徒步需要兩個多小時，一路風光無限。

我們在博克拉的時候，遇見不少中國遊客，他們大都選擇四到五天徒步安娜普爾納山脈的行程，而派迪村也是徒步安娜普爾納大本營的主要起點。

我們徒步上山的途中，路過多個村子，每每遇見當地村民，他們都會面帶笑容，熱情地向我們招手並喊一聲「Namaste」（你好）。這裡淳樸的民風讓人心情舒暢，難以忘懷。

我們登上丹普士山頂時已是下午。剛到賓館，忽然下起雨來。天上頓時雲彩籠罩，欣賞雪山的願望一下落空了。我們於是前往賓館旁邊的森林，繼

續徒步旅程。一小時後，天空突然放晴，雪山顯現在我們面前，大家興奮不已。這裡可以看到海拔六千九百米的魚尾峰、海拔八千一百六十七米的道拉吉里峰，還有安娜普爾納多個山峰。

丹普士山頂居民主要是古隆族人，我們住在道拉吉里賓館。這次主要是私游，但沒想到，還是有人認出了我。賓館老闆古隆先生知道後，在我們即將出發的清晨迅速召集村民舉辦了一個隆重的歡迎儀式。

數十名村民很快聚集在我們住的賓館平台，向我們使館人員獻上鮮花哈達，還組織舞樂隊表演，歡迎儀式十分隆重。我們一邊欣賞著日出，觀摩著雪山，一邊欣賞著民俗歌舞，興奮愉悅至極。

我和古隆先後在歡迎儀式上發表講話。雙方高興地回顧起中尼兩國人民的傳統友好情誼，對今後雙方關係的發展充滿期待和信心。當地村民對中國的特殊友好感情溢於言表。

儀式結束後，我們依依不捨地離開丹普士村，徒步下山返回博克拉。

在尼期間，我無論因公因私，每到一處都會受到民眾的真誠熱情歡迎，令人感動。我到任和離任時，尼泊爾政府高官和眾多民間友好組織為我舉行隆重的儀式歡迎歡送，場面迄今仍歷歷在目。我相信，這種友情將世代傳承，光芒四射。

友好相處，坦誠相待

江承宗

（中國前駐巴巴多斯大使，原駐尼泊爾使館隨員）

中國同尼泊爾是友好鄰邦。我在駐尼泊爾大使館工作期間（1963-1967 年），曾經到過尼泊爾首都加德滿都近郊一處峽谷的吊橋，尼泊爾朋友告訴我，那是來自中國的文殊菩薩到過的地方。那裡原本是一座大山，文殊菩薩拔出寶劍，一劍劈出了這個峽谷。這當然是神話傳說，但表明中尼兩國有著友好往來的歷史淵源。

中尼兩國的貿易往來密切，貨物主要通過海運，先運到印度加爾各答港口，再經陸路運到尼泊爾，頗費周折。但同時還有重要的邊境貿易，兩國商人要趕著牲口馱著貨，甚至自己背著貨，翻山越嶺做邊境貿易，是非常艱苦的。尼方在我國西藏拉薩設有商務代表處，協助雙方商人做邊境貿易工作。每年一到尼泊爾傳統的德賽節，我國藏族同胞就會趕著一群群羊，翻山越嶺到達尼泊爾首都加德滿都，賣給尼泊爾老百姓，供他們宰羊過節，十分熱鬧。尼泊爾商人往西藏運送的貨物主要是日用品，很受西藏人民的歡迎。

此外，藏胞們還到加德滿都地區幾處古老的規

模宏大的佛教寺廟進香朝拜。因此，常常有藏胞來大使館聯絡辦事。初期，使館沒有懂藏語的幹部，同藏胞交流溝通很困難，有時藏胞甚至要帶著他們懂藏語的尼泊爾商人朋友來使館，用英語進行交流溝通。使館向國內反映此情況，建議國內儘快派懂藏語的幹部來使館。國內很快就從西藏調了一名懂藏語的幹部到使館工作，解決了這一難題。

周恩來總理曾明確指示，要培養懂小國文字的翻譯。二十世紀六〇年代初期，我國選送了一批學生到拉薩學習尼泊爾文。後來其中兩位學生像唐僧取經那樣，翻山越嶺走到加德滿都，繼續深造尼文。最終，他們成了尼泊爾文專家，為中尼友好作出了貢獻。這也可以說是中尼友好關係史上的一段佳話。

中尼兩國同為發展中國家，尼泊爾的發展比我國更滯後一些。二十世紀六〇年代初期，雖然我國的經濟發展面臨不少困難，但我國還是給予尼泊爾一些力所能及的援助，幫助修建了一個皮革廠、一個磚瓦廠，還修建了一條從尼泊爾首都加德滿都到我國西藏邊境的公路。我國對尼泊爾的援助是真誠的，為尼泊爾的發展作出了貢獻。修建這條公路促進了藏尼貿易，改善了過去非常艱苦的運輸條件。

這條加德滿都至科達里的公路後來被命名為「阿尼哥公路」。公路全線通車時，中方在尼藏邊境的友誼橋頭舉辦了慶祝活動。尼方由政府首相率領一批有關官員出席，我方有西藏自治區負責人、

外交部官員出席，我也有幸作為翻譯陪同我國駐尼泊爾大使出席了慶祝活動。我們乘車一路順利地經加科公路開過友誼橋，到達西藏境內舉辦活動的場地。這是我第一次進入西藏自治區，還是從國外進入的，令我興奮不已。更令我興奮的是，這條公路修得很好，是我國援尼的工程技術人員和熟練工人帶領尼泊爾工人經過辛勤勞動，開山劈嶺修建成的。尼泊爾首相和尼方人員都讚不絕口。這條公路的建成對中尼兩國邊境貿易的發展起了很大的促進作用。中方參加修建這條公路的工程隊有數百人，他們還有一支很棒的籃球隊，多次同尼泊爾的籃球隊舉行友誼比賽。

尼方對我國不附帶任何條件的真誠援助是很感謝的，但是對我國援建的皮革廠有些抱怨。那個皮革廠修建得超常地牢固，廠房建築用了很多鋼筋，像煉鋼廠似的，連廠門口旁邊的自行車棚都用鋼筋建成，據說廠房和自行車棚翻幾個個兒都不會散架子。原因是中方設計師獲悉尼泊爾是地震多發區，為了防震而設計得那麼結實。但尼方管理人員曾經到我國考察過湖南、江西等省多處皮革廠，看到的都是磚瓦和木材結構的廠房，有的甚至只是個草蓆棚子，沒有見過那麼結實的廠房。因此他們認為，在尼泊爾建一個那樣牢固的皮革廠，其投資可以建幾個像中國那樣的皮革廠，中方人員的設計是一種浪費。皮革廠於一九六五年建成，正好陳毅副總理兼外長到尼泊爾訪問，趁便出席了皮革廠落成典

禮。陳毅副總理了解上述情況後，除了向尼政府領導人就此事表示道歉外，在落成典禮上的講話中，也公開作了檢討。這種坦誠磊落的態度得到尼方的普遍好評。

我國駐尼泊爾大使當年同尼泊爾王室有著密切的友好交往。我經常作為翻譯陪同大使到王宮拜會尼泊爾國王，就兩國關係問題進行友好交談。雙方互相宴請也相當頻繁，國王和王后常常到我們使館赴宴，我也有幸陪同大使夫婦多次到王宮赴宴。有一次，我陪同大使夫婦應邀赴王宮出席王儲比蘭德拉的成年典禮，典禮上有誦經、給王儲額上點紅點等禮儀。這一禮儀按傳統並不邀請外國使節出席，這次邀請中國大使夫婦出席是破例的事。若干年後，王儲繼承王位，繼續保持和發展同我國的友好關係。大使夫婦同親王等其他王室成員來往也頗多。大使同首相、外交大臣等官員也都有頻繁的友好交往。尼國王不止一次訪華，同我國領導人進行友好交往，兩國友好關係不斷發展。

一九五九年達賴集團發動武裝叛亂失敗後，有一批叛亂分子逃竄到尼泊爾北部木斯塘地區。他們經常騎馬越過邊境到西藏，襲擊中方運輸車隊，造成中方人員傷亡和物資被搶掠。經過同尼方友好協商，尼泊爾採取措施協助中方，挫敗了西藏叛匪的襲擾。

有一次，我陪同大使應邀出席尼方舉辦的歌舞演出活動，我們在劇院門前等待入場時，同尼外事

秘書聊天，尼外秘忽然指著邊上一名尼泊爾警衛士兵說:「那是你們送來的橄欖枝！」我一頭霧水，不明白他什麼意思，只好直通通地翻譯給大使聽，大使也不知所云，尼外秘又重複了一遍，見我們還是不明白，於是掉轉話頭說別的了。後來還是使館商務處的人琢磨出來了，原來外秘是指尼泊爾士兵穿的綠軍裝（橄欖色）是中方供應，給尼泊爾送來了友誼與和平。

二十世紀六〇年代中期，我國「文化大革命」期間，極「左」思潮氾濫，也影響到外事工作。當時在北京也發生了一些涉外的極左事件，最嚴重的就是衝擊英國駐華代辦處。但是尼泊爾駐華大使蘇巴向尼政府報告說，中國國內群眾在對外關係方面的極左做法，並不代表中國政府的政策。尼政府隨即派首相來華訪問，同周恩來總理和陳毅副總理會談後，發現蘇巴大使的報告是對的，相信中尼友好關係不會因「文革」受到影響。尼政府於是決定破例延長其大使在華的任期，後來蘇巴大使因其任期長擔任了駐華外交使團使團長。這件事固然反映了這位尼泊爾大使能獨立思考、客觀判斷，同時也從一個側面反映出中尼雙方相互信任，友好關係牢不可破。

出類拔萃的睦鄰關係

比諾德・比斯塔

（尼泊爾外交學會原顧問，原博鰲亞洲論壇高官和
首席經濟學家）

曾序勇　譯

在當代，兩個各方面都差異巨大的國家，從建交起就一直和睦相處，這簡直就是奇蹟。尼泊爾和中國不僅提出了「和平共處五項原則」，而且在過去六十年裡不折不扣地遵循這項開創性的原則，向世人展示了兩個獨立主權國家保持著極好關係的圖景。

自一九五五年兩國建交以來，中尼兩國領導人始終致力於加強雙邊友好關係。儘管當時兩國都各自面臨一些重大問題，毛主席和馬亨德拉國王還是優先考慮並全力推動兩國建立了正式外交關係。尼中建交對兩國來說都具有難以估量的重大意義。

中尼雙方都充分認識到，在各個領域保持經常性的對話，特別是保持最高層往來，對兩國建立持久關係非常關鍵，因此從建交開始，兩國就不遺餘力地展開高層交往。一九五六年，中國副總理烏蘭夫在馬亨德拉國王加冕期間訪問尼泊爾。緊接著，尼泊爾首相坦卡・普拉薩德・阿查里雅於同年正式

一九五七年一月周恩
來總理訪尼，在機場
受到熱烈歡迎。

訪華，同毛主席舉行了一對一的對話。之後，周恩來總理於一九五七年訪問尼泊爾。一九六〇年，周恩來總理第二次訪尼，並在訪問期間同尼泊爾首位選舉產生的首相畢·普·柯伊拉臘簽署了《中尼和平友好條約》。這個時期一系列高層訪問及兩國在相互理解和友好的基礎上簽訂幾項重要協定，令人矚目。

兩國達成的最重要的協定是馬亨德拉國王一九六〇年訪華期間同劉少奇主席簽署的《尼中邊界條約》。馬亨德拉國王和毛主席對這項協定的達成表現出極大的勇氣和相互諒解，這項歷史性的協定對所有想要解決同鄰國的邊界問題的國家來說都是一個典範。中尼邊界問題的解決有助於尼泊爾發展其

旅遊業，尤其是登山旅遊。

另一件同樣重要的大事是一九六一年簽署的修建把兩國連接起來的《阿尼哥公路協定》。阿尼哥公路亦稱加德滿都——科達里公路，這條公路是由中國提供無償援助建成的，於一九六七年向公眾開放。

在印度的「鐵娘子」英迪拉‧甘地總理執政期間，尼泊爾向印度提出，要求撤回其軍事顧問團和設在尼泊爾北部邊境的檢查站——一九五一年設立的印度軍事顧問團和（邊境）檢查站曾經是進一步發展尼中關係的障礙。這一事件應歸功於尼泊爾的基爾提‧尼迪‧比斯塔首相，他公開聲明「要麼（印度）撤走，要麼我辭職」，這在印度媒體包括《印度時報》上引起了轟動。中國也由此在尼泊爾發現了一位真正的朋友，他不會讓中國的核心國家利益在尼泊爾土地上受到損害。

尼泊爾始終堅定不移地支持中國恢復在聯合國和其他國際組織的合法席位，在一九七一年中美開啟關係正常化進程之後終於取得成果。尼泊爾充分認識到中國朋友在聯合國人權委員會及其小組會可能面臨不利和尷尬的處境，因此全力支持中國反對在這些機構提出的（反華）提案。尼泊爾將會繼續竭盡全力維護中國的利益。

一九七二年，尼中關係的設計師馬亨德拉國王突然去世，這是尼泊爾的巨大損失，也引起人們對尼中關係未來的擔心。幸運的是，比斯塔首相向中

國領導人保證，馬亨德拉國王逝世對兩國關係不會產生不利影響，他的繼任者比蘭德拉國王不會偏離原來的進程，會不遺餘力地加強尼泊爾同中國的關係。

比斯塔在一次私下談話中回憶他會見毛主席時的情形。毛主席說，他同馬亨德拉的個人關係和中尼兩國關係都使他確信，尼泊爾是中國最好的朋友和鄰居。但他對新國王比蘭德拉登基後中尼關係的狀況表示某種擔心。比斯塔向毛主席保證，尼泊爾歷代國王始終以國家利益為重，比蘭德拉國王充分認識到同中國保持友好的重要性和價值。

比斯塔首相對中國的正式訪問是在一九七二年馬亨德拉國王剛去世之後，他同毛主席和周恩來總理的談話具有重大意義。可以說，這次重要訪問緩解了中國領導人的擔心。一九七三年，比蘭德拉國王訪問中國，他同毛主席和周總理的會談促進了尼泊爾同中國的關係，正如雙方聯合公報所說：「訪問對增進中尼友好合作關係和兩國人民的友誼作出了積極貢獻。」

一九七六年比蘭德拉國王飛越喜馬拉雅山，抵達中國四川訪問，開創了尼泊爾與中國的空中直航。在這個時期，西藏康巴叛匪曾經從尼泊爾領土發動對中國的襲擊，尼泊爾協助中國迅速解除了康巴叛匪的武裝，制止了他們的肆虐活動。

一九七六年，周恩來總理和毛澤東主席相繼逝世後，中國也經歷了一個過渡時期。鄧小平副總理

把中國引上改革開放的道路。一九七八年鄧小平副總理在訪問尼泊爾期間說：「中國和尼泊爾是山水相連的友好鄰邦，兩國人民世世代代和睦相處……珠穆朗瑪峰是中尼友誼的崇高象徵。」同年，尼泊爾首相比斯塔進行了回訪。

比蘭德拉國王於一九七八年、一九七九年和一九八二年訪問中國，訪問期間他說：「我們兩國關係很好，其標誌是日益增長的諒解與合作。」華國鋒主席回應說：「中尼友好合作關係已成為建立在和平共處五項原則基礎上的睦鄰友好關係的典範。」一九八四年，中國國家主席李先念應比蘭德拉國王邀請訪問尼泊爾，他說：「中國人民將一如既往地堅決支持尼泊爾政府和人民維護國家利益和主權的正義事業。」

一九八九年，在印度的經濟封鎖嚴重影響了尼泊爾人民生活之時，李鵬總理來到尼泊爾，表達中國對尼人民的同情和支持。在記者招待會上，中國總理明確表示：「我們認為一個鄰國對尼泊爾實施經濟封鎖是沒有道理的，因為這種封鎖的直接受害者是尼泊爾人民。」他還說，「我們希望印度作為南亞大國在處理這個問題時要更寬宏大量些。」

封鎖造成了嚴重的經濟危機，尼泊爾一些政治黨派利用這次危機要求恢復多黨民主制。之後，尼泊爾開始實行多黨民主制，國王成為立憲君主。在這次政治變革之後，一九九〇年，臨時首相剋‧普‧巴特拉依在加德滿都說：「尼中友好關係非常

一九八九年十一月，
李鵬總理訪尼期間會
見尼首相辛格。

深厚，這種關係似太平洋一樣深，似珠穆朗瑪峰一
般高，似宇宙般寬廣。」接任的吉·普·柯伊拉臘
首相說：「尼泊爾任何時候、在任何情況下都不會
反對中國的國家利益。」

　　一九九二年，應李鵬總理邀請，柯伊拉臘首相
訪問中國，雙方發表的聯合公報指出：「兩國領導
人滿意地看到，尼中雙邊關係在和平共處五項原則
基礎上不斷發展，同意進一步加強經濟、貿易、文
化、教育和其他領域的合作與交流。」訪問期間，
兩國簽訂了《一九九二年中尼經濟技術合作協定》。

　　根據同鄰國加強友好關係的政策，江澤民主席
一九九六年訪尼，這是一次具有重大意義的訪問。
之後，比蘭德拉國王於二〇〇一年訪問了中國。中
尼兩國領導人開創的高層互訪保持了連續性，同時
表明中國有意願繼續在經濟發展方面幫助尼泊爾。
這個時期，兩國交往的重點是擴大經貿關係，促進

在通訊和國際與地區事務中進行合作。

尼泊爾首相曼‧莫漢‧阿迪卡里和謝爾‧巴哈杜爾‧德烏帕分別於一九九五年和一九九六年訪華，鞏固了中尼兩國三代領導人建立、發展和培育起來的友好關係。隨著中國經濟的崛起和驚人的發展，中國已經準備大規模幫助她的鄰國及其他友好國家。中國通過幫助尼泊爾發展基礎設施、水電、通訊等，表明中國人民對尼泊爾人民的感情和關心也在與日俱增。過去中國在自身的經濟還比較弱的時候，就在加德滿都援建了無軌電車線路、市政廳、體育場，它們都是尼泊爾的標誌性設施。當中國經濟由鄧小平引上正軌之後，又援建了班斯巴裡皮革和製鞋廠、布里庫提造紙廠、希托拉棉紡廠和其他一些項目。

中國還援建了尼泊爾議會和制憲會議秘書處所在的比蘭德拉國際會議中心、公務員醫院、尼泊爾電視發射台和其他公共建築。中國較早宣布尼泊爾成為為數不多的旅遊目的地之一——這是中國對尼泊爾友好的標誌。近年來，中國強調促進民間交往。中國國際貿易促進會和尼泊爾工商聯簽署了促進相互貿易，包括確定可能的合資企業和旅遊合作領域的諒解備忘彔。為進一步加強尼中關係和合作，尼泊爾在上海設立了名譽領事館。尼中航空協定、商品交易會、海關之間的諒解備忘錄、大學之間的合作協議、建立友好城市關係等安排和協議，都是旨在加強尼中友誼。

　　在尼中建交五十年之際，胡錦濤主席說：「中國政府將以此為契機，進一步深化在各個領域的雙邊交流與合作，不斷把中尼世代友好的夥伴關係推向前進。」二〇〇五年，加德滿都和拉薩之間開通了公共汽車服務。在此期間，中國接待了普什帕·卡馬爾·達哈爾首相和馬達瓦·庫馬爾·尼帕爾首相訪華。達哈爾首相重申了尼泊爾一貫的一個中國政策，表示尼泊爾完全支持中國維護國家統一、主權和領土完整的努力。尼帕爾首相訪華時，雙方發表的聯合公報說：「雙方在友好氣氛中不僅就尼中關係，而且就相互關心的國際和地區問題深入交換了看法。」

　　二〇一二年，中國總理溫家寶訪問了尼泊爾，訪尼期間發表的聯合聲明在促進貿易方面十分重要，雙方同意改善通關條件和開放邊界貿易點，加強在文化、旅遊、教育、新聞、青年交流方面的接

觸，促進兩國人民之間的友誼和了解。巴特拉依總理重申尼泊爾堅持其一貫的一個中國政策和不允許在其土地上進行反華活動的堅定承諾。

二〇一三年習近平主席就職後，除了提出「中國夢」和中華民族復興之外，還規劃了睦鄰友好外交政策的藍圖。他表示，這是實現「兩個一百年」目標和中國夢的需要，中國必須努力推進睦鄰外交，為自身發展創造一個有利的環境，並使發展惠及鄰國，實現共同發展。近年來，中國增加了在尼泊爾的投資，在水電、旅遊、交通運輸和貿易等許多方面提出了合作建議。

二〇一四年底，王毅外長訪問尼泊爾時，向尼方轉達了習主席的兩個重要信息：中國希望看到一個穩定、團結的尼泊爾，中國支持尼泊爾的發展。中國新領導人提出的一些新倡議包括讓尼泊爾參與絲綢之路經濟帶，贊同尼泊爾成為中印貿易橋樑的意願，促進在能源、安全和基礎設施發展方面的合作。

隨著中國作為世界第二大經濟體的崛起——而且其上升勢頭還在繼續，尼中關係同一九五五年兩國建交時相比有了巨大的變化。今天，尼中關係變成了各個領域的多方面的關係。通過公路、鐵路、航空方面更加便捷的聯繫，更加方便的通信設施和不斷升級的技術，雙方的民間交往日益增加。過去設想通過中國西藏自治區建立中尼之間的鐵路聯繫是不可思議的，而這在未來五年左右將變成現實。

中國已同意建設七十五萬千瓦的西色迪河水電項目,這可能成為一個很好的開端。這種大型水電項目將有助於實現尼泊爾成為「亞洲兩大新興經濟巨人之間的橋樑」的夢想。

中尼之間這一時期的交流反映出尼中關係已變得十分成熟。鞏固和擴大現有的尼中關係,開闢新的友好互利合作領域,是時代的呼喚。兩國富有遠見的領導人的辛勤工作和承諾已見成效。尼中六十年的友好合作為國與國之間建立、發展和培育良好關係勾畫出了清晰的藍圖。

真正的朋友要重視對方的敏感問題,平等相待,相互尊重,為人民的福祉開展互利合作。中國和尼泊爾真誠地遵循「潘查希拉」原則,從不干涉對方的內政。他們明白並確信,領導人會交替,但國家及其人民必須和睦相處,友好合作。

尼泊爾自身的發展需要中國,同樣中國也需要尼泊爾。這不僅是地緣條件使然,同時也是當前雙邊關係的要求。最重要的是,兩國人民相互關心、相互尊重,彼此鍾愛。在未來的歲月裡,尼中關係將進一步鞏固和發展。願尼中建交七十週年給兩國人民帶來更多令人愉悅的驚喜!

篇 互利合作

參加援建中尼公路紀實

曾序勇

（中國前駐尼泊爾、科威特大使）

中尼公路的戰略意義

　　修建連接拉薩到加德滿都的中尼公路，是中尼兩國最高領導人的英明決策，對兩國都具有戰略意義。尼泊爾與中國西藏地區有著傳統的友好交往，但由於高山阻隔，交通不便，妨礙了雙方貿易的發展和人員往來。修建一條現代化公路，將極大地改善中尼交通運輸，便利雙方人文交流。從中國方面來說，西藏對外的唯一通道和出海口是從亞東口岸出境，經錫金至印度加爾各答。但一九六二年中印邊界武裝衝突後，這條陸路通道完全關閉了。中方需要開闢一條新的通向南亞的對外通道。尼泊爾是位於中印兩大國之間的內陸國，在經濟、貿易、防務等多方面受制於印，為維護自身獨立，需要加強尼中關係。因此，修建中尼公路曾遭到一些外國勢力的反對。對此，馬亨德拉國王頂住壓力，公開反駁說「共產主義不會用汽車運進尼泊爾」。

　　中尼公路的中國境內段，從拉薩到聶拉木七百一十四公里早已修通，僅聶拉木至中尼邊界四十餘

公里路段尚在修建之中。尼境內從加德滿都至中尼邊境小鎮科達里全長一百一十四公里（尼方稱為加德滿都——科達里公路），由中國提供經濟技術援助，雙方合作修建。一九六三年中尼雙方簽訂協議後，我國政府即派出專家組到尼泊爾實施勘察、設計、施工。中國專家組由工程技術人員組成，在尼泊爾公路局配合下，招收當地工人組織施工。這條公路靠近中尼邊界的二三十公里路段（從科達里至巴拉比斯），由於地形複雜險峻，應尼方要求，經毛主席親自批准，由中方派出工程兵部隊到尼泊爾獨立完成，沒有尼方人員參與。為了避免外國媒體炒作「中國軍隊進入尼泊爾」這種聳人聽聞的消息，引起外界誤解和猜疑，中尼雙方商定，中國赴尼修路的工程兵部隊稱為「中國築路工程大隊」，一律不穿軍裝，改穿深灰色便裝；一律不用軍隊編制和軍銜，改稱「大隊」「中隊」「大隊長」「中隊長」等。當然，這支部隊不僅不穿軍裝，也沒有任何武器，他們隨身只帶著築路工具和器材。

從拉薩到樟木

　　一九六四年二月，我接到上級通知，要我隨「中國築路工程大隊」赴尼泊爾修建中尼公路。我從拉薩出發，乘坐一輛西藏軍區的貨運卡車，經過日喀則和珠峰腳下的定日縣，在海拔四五千米的雪域高原的砂石公路上顛簸了兩天，直到第二天傍晚

才到了聶拉木。聶拉木是與尼泊爾接壤的邊境縣，是傳統的藏尼通商口岸，尼泊爾在這裡設有商務代理處。隨著公路向中尼邊界延伸，聶拉木口岸正準備搬到離邊界更近的樟木。第二天，我轉乘一輛順路的軍用吉普車去樟木。從聶拉木到樟木約三十公里，但已建成的公路不到十公里，其餘大部分路段還在修建之中。吉普車沿砂石公路下行不久，就到了仍未完工、但已經初通的路段。所謂「初通」，就是在山岩上開鑿出一條只能過一輛車的便道，以便運送築路器材和物資。這段路高低不平、坑坑窪窪，又是盤山路，蜿蜒曲折，急彎很多，十分危險。我坐在吉普車上，緊緊抓住扶手，以防因車子劇烈顛簸頭撞在車頂鐵條上。車窗外，一邊是懸崖峭壁，一邊是幽深的峽谷。吉普車在狹窄的盤山道上下行，感覺半個車輪都懸在路邊，心情很是緊張。

這裡的山位於世界最高的喜馬拉雅山脈中段，從海拔四千三百米高的聶拉木到二千三百米高的樟木，僅僅三十公里的路，高度卻陡然下降約二千米，險峻的山勢讓我第一次感受到喜馬拉雅山的雄偉和大氣磅　。另一個強烈感受是自然環境和色彩的巨變。吉普車拐過一個山崖，突然眼前變成一片綠色植被覆蓋的山嶺深谷。山谷中波曲河流水潺潺，到處綠蔭蔥蔥，公路邊多處泉水飛瀑。這同冰雪覆蓋、一片灰黃的西藏高原判若兩個世界。這裡山風不再寒冷，空氣清新濕潤，呼吸變得順暢。在

極短的時間內外部景觀如此迥異，色彩的轉換如此強烈，真是令人難以想像！

　　車開到半路就無法前行了，因為前方路段正在爆破施工。我只好下車，背上自己的行李，離開公路沿著陡峭的山路徒步下山。其實許多地方並沒有路，只有來往行人踩出來的小路。走了好幾個小時，終於到了樟木。

徒步走到尼泊爾

連接兩國的中尼公路友誼橋（供圖：FOTOE）

　　第二天，我和中國築路工程大隊的人員背著行李、帳篷、炊具、築路器材等，沿著崎嶇的山路往山下走。沿途不時碰到尼泊爾邊民，背著裝滿貨物

的竹筐，竹筐的寬帶套在額頭上，一步一步吃力地往山上走。從樟木到中尼邊界友誼橋有十三公里。我頭一天背著自己的行李到樟木已經走了幾個小時，腿本來就有些痠痛；這天下山十多公里又走了兩三個小時，兩腿更加痠痛，幾乎要走不動了，但終於到了友誼橋。

友誼橋是橫跨波特科西河的邊界木橋。波特科西河是樟木與尼泊爾之間的界河，河中亂石林立，湍急的河水從山間峽谷奔騰而下，撞擊出許多白色的浪花。我背著行李，邁著沉重的步伐，跨過友誼橋的中心線，就進入了尼泊爾國境。

橋對面尼方一側有尼泊爾的邊防警察和海關人員，但他們並不盤查我們，只是友好地看著我們走過去。從我們的裝束和行頭，他們知道我們是築路工程大隊的人員。從友誼橋到我們的宿營地還有一二公里路程，但短短的這段路卻成了最艱苦的旅程，感覺背上的行李越來越重，兩腿則越來越吃不上勁。我們沿著濕滑的羊腸小道艱難前行，一邊是陡峭的山坡，一邊是湍急的河水，十分危險，如果滑到河裡肯定就沒命了。我不敢往下看，只能小心翼翼地沿著不足一尺寬的泥路一步一步向前走，心裡默唸著「堅持就是勝利」，最後終於到了科達里半山坡上的宿營地。

我們的宿營地就是築路工程大隊的大隊部所在地。離大隊部幾十米的地方有一個尼軍邊防哨所，有士兵晝夜站崗。哨所前有一條小路通向中尼邊界

友誼橋。中尼公路修通前，這裡是去友誼橋的必經之處。大隊部有三四個白色帳篷，搭在半山坡平整出來的土地上，帳篷四面用繩子固定在木樁上。我住的那個帳篷裡面有兩張自製的簡易竹板床，床面拇指粗的竹子用麻繩編好，床腿是插進地裡的四根圓木棒。我把自己帶來的一床薄棉褥子和床單鋪上，把幾件衣服放在床頭，上面蓋一條毛巾作枕頭，加上一床被子，住的問題就算解決了。住在大隊部的有李大隊長、副大隊長、王秘書等大隊幹部。我和王秘書住一個帳篷。

異常艱險的築路工程

工程大隊進入尼泊爾後，迅速投入施工。工程大隊下轄四五個中隊，約五六百人，分別在幾個不同的地段施工。第一期工程是開通一條便道。由於靠近中尼邊界一二十公里這一帶都是崇山峻嶺，施工異常艱苦。戰士們把很粗的保險繩捆在腰間，拿著鐵錘和鋼 ，從幾十米高的懸崖上方吊下去，一人扶鋼釺、一人掄鐵錘，在堅硬的岩石上打炮眼。炮眼打成後填上炸藥，把岩石炸碎，然後幾個人一起把大塊岩石用鐵槓撬下山去，小塊的則用手一塊一塊搬走。這些工作不僅勞動強度很大，而且十分危險。除了懸空打炮眼、填炸藥、安放雷管、排除啞炮（沒有按時爆炸的炮）這些危險工作之外，還有從懸岩上不知何時就會掉下來的石塊也時常威脅

著築路戰士的生命安全。儘管大隊領導反覆強調安全施工，也採取了許多防範措施，比如每天施工前的第一件事就是排除懸岩和陡坡上因爆炸而鬆動的石頭，安全事故還是時有發生。

有一次，我跟著大隊領導到事故現場看過一位剛剛犧牲的戰士。一塊不過拳頭大小的石頭從山坡高處掉下來，砸穿了戰士頭上的藤編安全帽而導致這位小戰士當場犧牲，我深深地為他惋惜。在築路工程大隊工作不到一年時間，就有四位年輕的戰士為修建這段公路而喪生，為中尼友好獻出了他們寶貴的生命。他們被安葬在樟木的烈士陵園。後來我去過樟木烈士陵園，得知那裡安葬的數十位烈士都是參加修築中尼公路（主要是國內段）犧牲的戰士。

這一段中尼公路基本上是沿著波特科西河南岸修築，河對面就是西藏。我們住的大隊部在公路上方數十米高的山坡上，每天下午收工前後都能聽到巨大的爆炸聲在山間迴響。最大的一次爆破據說用了一噸炸藥，炸掉了七八千立方的石頭。可以說，這段公路完全是用炸藥炸出來的。

同兩位司令的友好交往

我在築路工程大隊的主要工作是為李大隊長做翻譯。李大隊長是工程大隊的主要負責人，在國內是某工程兵團中校政委。我們同尼方打交道的對象

主要是兩位司令，一位是邊防司令沙阿少校，他負責科達里一帶的邊防安全；另一位是警衛司令卡爾基少校，是尼政府為保證中國築路工程大隊的安全而專門任命的。他們住在離大隊部百十米遠的一棟平房裡。兩位司令對我們都很客氣和友好，每次見面總是面帶微笑，按尼泊爾的禮節雙手合十主動問候說「納瑪斯德」（尼語「你好」）。李大隊長對他們說：我們遵照毛主席和中國政府的指示來尼泊爾修建中尼公路，一定保證按時完成這個光榮任務，讓這條友誼之路把我們兩國更加緊密地連在一起。上級要求我們尊重尼泊爾的風俗習慣，如果我們的人員有什麼做得不對的地方，請一定要及時告訴我們。

兩位司令說：尼泊爾很窮，交通困難，你們來幫助尼泊爾修路，我們尼泊爾人都很感謝你們。在尼泊爾山區修路非常艱苦，你們工程大隊不怕苦，不怕危險，紀律嚴明，我們看在眼裡，當地老百姓都豎大拇指，說「中國好」。我們同兩位司令經常你來我往，有時請他們到大隊部帳篷喝中國茶，有時去他們那裡喝加糖和牛奶的紅茶。我們偶爾也讓廚師做幾樣中國菜請他們品嚐。李大隊長除了向他們通報築路工程的進展情況外，還向他們介紹中國的情況，做了許多友好工作，聯絡了雙方的感情，增進了他們對中國的了解。

中國築路工程大隊在尼泊爾修路期間，從未發生過違反三大紀律、八項注意的事情或其他任何擾

民的事情。科達里附近的公路邊上，有個小有名氣的地方叫「達朵巴尼」（尼文「溫泉」之意），是個露天溫泉，經常有當地的尼泊爾男人和婦女在那裡洗澡，但他們都穿著衣服洗（男人至少穿著短褲），不是裸浴。我們的築路戰士儘管每天都是一身土一身汗，為了不擾民，從不去那裡洗澡，而堅持在住地用臉盆打涼水擦身。我們工程大隊人員除了住處和工地，從不去當地老百姓家或附近的集市和商店。每次開山放炮之前，都要在可能受爆炸影響的區域內認真檢查，確認沒有尼泊爾邊民或過路的人，避免發生意外。工程大隊修路所需的設備、器材和大部分生活物資都是從國內運來，只有少部分食品、蔬菜從稍遠的集鎮或加德滿都附近以市價購買，對當地市場供應沒有任何負面影響。至於我方人員的安全，雖然當地是窮困山區，但尼泊爾人老實善良，民風淳樸，社會秩序良好，沒有匪患或盜賊，可以說安全無虞。

為貧苦的山區人民看病

除了為大隊長做翻譯，我還有一項工作，是給工程大隊醫生當翻譯。工程大隊有一位隨隊醫生，專門有一個帳篷是醫務室，除了為我們自己的人員看病治傷外，每週還抽出兩個半天為當地尼泊爾群眾免費看病。醫生詢問病人姓名、年齡和症狀等，然後通過摸脈、用聽診器和血壓儀、讓病人平躺按

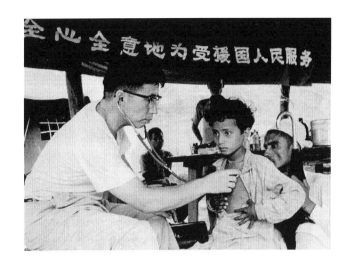

參加援建中尼公路的中國工程技術隊醫生為尼泊爾民工的孩子治病。（供圖：中新社）

壓腹部等作檢查。患者大多是科達里一帶山區的貧苦群眾，很多人面黃肌瘦，一看就是營養不良，生活條件艱苦，十分可憐。有的婦女抱著孩子來看病，看起來已經四十多歲了，可一問，還不到三十歲。在尼泊爾山區，霍亂、痢疾、肺結核等疾病很普遍，但缺醫少藥，很多人從來沒有吃過西藥，針對他們的症狀給點藥往往效果是很好的。我印象很深的是，很多人患有「大脖子病」（即甲狀腺肥大），下巴下邊長出飯碗大小的球狀腫塊，是因為食物缺碘引起的。為此，醫生從國內要了不少碘片給他們。通過為醫生看病當翻譯，我第一次接觸到尼泊爾山區的貧苦人民，從一個側面了解到他們的生活窘況。由此我想，雖然中國也不富裕，但作為一個社會主義大國，給尼泊爾這樣的窮國又是友好鄰邦提供一些援助也是應該的，這就叫盡國際主義義務吧。

工作上還有一件值得一提的事是，我為新建的邊界友誼橋題寫了尼泊爾文的名字。原來的友誼橋是木橋，只能過人不能行車。我們工程大隊在修路的同時，新建了能雙向過車的現代公路拱橋，分別用中文和尼文寫上「友誼橋」。我把中文「友誼橋」譯為尼文，徵得兩位少校對譯法的認可，很認真仔細地參照尼文的印刷體字母寫好了尼文的橋名，然後由工程技術人員按比例放大寫在橋上。大橋竣工後，每當我來到橋頭，看見紅漆寫的尼文「友誼橋」時，就會漾起一絲自豪感，因為那是我為中尼公路做的一件小小的實事。

那年夏天還發生過一件令人後怕的事情。在科達里往南幾公里，波特科西河邊有個小村莊，工程大隊一個中隊準備搬到那裡住。但就在頭天晚上，大雨造成山上的一個堰塞湖崩垮，引起巨大的山洪暴發，把整個村莊十來戶人家全部沖走了。事後我們去現場，看到河中有許多被山洪衝下來的巨石，有的竟然比一間房屋還大。幸虧我們晚搬了一天。

在科達里的生活總的來說還不算苦。吃飯同在國內差不多，但住的條件很差。我們的帳篷下襬離地面有半尺，是透風的。睡的竹棍床凹凸不平，背上感覺不怎麼舒服。比較令人討厭的是螞蟥，這是一種比我國南方水田裡的螞蟥要瘦小一些的旱螞蟥，但同樣吸血。外出走在雜草叢生的山間小道，螞蟥就可能爬到腳上，隔著襪子就能吸血。所以外出回來第一件事就是查找腳上有沒有螞蟥。偶爾晚

上睡覺時螞蟥還會爬到頭上，那就有點恐怖了。

能有機會參加援建具有戰略意義的中尼公路，是我感到幸運和自豪的事情。這段經歷，讓我用所學的尼泊爾語為中尼友好做了點事，增加了我對尼泊爾的了解。年底，當我接到外交部的調令離開科達里回國時，心中不由漾起依依不捨之情。

參加中尼公路通車剪綵儀式

中尼公路（尼境內段）於一九六七年全線竣工。尼泊爾政府把這條路命名為阿尼哥公路，是為紀念尼中友好的使者、北京白塔寺的建造者阿尼哥。六月，在巴德崗市公路起點處（離加德滿都13公里）舉行了隆重的通車剪綵儀式。馬亨德拉國王親自出席並剪綵。尼泊爾交通大臣和專程來尼的我國對外經濟聯絡委員會主任在儀式上講話，盛讚中尼經濟合作取得的這一重大成果。當時我在中國駐尼泊爾使館工作，參加了通車剪綵儀式並為雙方講話作了翻譯。尼方講話中特別提到中國派出築路工程大隊幫助尼泊爾完成了最艱巨的科達里路段工程，我作為參與者感到十分欣慰。

通車典禮結束後，我國政府在邊界友誼橋頭舉行了盛大的慶祝招待會，尼國王代表、政府大臣、各界知名人士、外國使節等二百餘人應邀出席。中尼公路的建成和通車慶祝活動在尼泊爾引起巨大反響，輿論高度評價中國對尼的援助和中尼睦鄰友好關係。

中尼友好故事集萃

郝章印

（新華社駐加德滿都分社前首席記者）

真摯而友好的感情

尼泊爾是我國的友好鄰邦，在尼泊爾工作過的中國人，都能感受到尼泊爾人民對中國真摯而友好的感情。我們無論走到哪裡，尼泊爾人都會雙手合十，面帶笑容，問候一聲「納瑪斯德」（你好）。一些兒童見到我們，會親暱地稱我們為「媽媽」。「媽媽」在尼泊爾語中並非指母親，而是舅舅。尼泊爾兒童這樣稱呼中國人，據說是因為在尼泊爾歷史上曾經有一位尺尊公主嫁給了吐蕃（即中國西藏）王松贊乾布，從此尼泊爾和中國成了親戚，尼泊爾兒童就開始稱中國人為舅舅。

在尼泊爾的日常生活中，至今還保留著與中國有關的一些獨特風俗。加德滿都的兒童，在五六歲上學之前都要由父母領著，到城西的廟中去拜文殊菩薩。傳說古時候，加德滿都河谷是一個湖泊。文殊菩薩從中國五台山來到這裡，揮起寶劍將河谷南面劈開一個缺口，將水排乾，人們才開始在這裡生存繁衍。文殊菩薩又唸誦經文，把知識和智慧傳授

給人們。為了紀念這位聖賢，加德滿都修建了文殊菩薩廟，從此有了兒童在上學前去朝拜文殊菩薩的習俗。每當有中國代表團來訪時，尼泊爾人常常把一手持劍、一手拿書的文殊菩薩銅像作為珍貴禮品贈送給中國客人，以表達對中國的友情。

友誼的結晶

二十世紀六〇年代，中國開始向尼泊爾提供無償援助，修建了許多工廠、公路等項目。其中，中國在尼南部援建的希托拉棉紡廠是尼泊爾最大的紡織廠。一天清早，棉紡廠突然喧騰起來。當一輛載著中國專家歸國的麵包車到廠門時，數百名尼泊爾工人擁來，霎時間，五彩繽紛的鮮花撒滿車身，人們把芬芳的花環掛在中國專家的脖子上。車開動了，一些紡織女工情不自禁地跟著已開動的汽車，

在尼泊爾工作的中國專家耐心地向尼泊爾工人傳授電焊技術。（供圖：中新社）

邊哭邊喊：「中國媽媽，再見！」

　　希托拉棉紡廠是中國於一九七五到一九七八年援建的。工廠建成後，又根據尼方的要求，留下部分專家進行技術合作。為了搞好對紡織女工的培訓，我國還專門派出四名女專家到尼泊爾傳授操作技術。在一年多的時間裡，中國專家為尼方培訓了數百名工人和技術人員。來廠之前，這些人大都是學生、農民和職員。在中國專家的幫助下，尼方人員經過刻苦學習、鑽研，基本掌握了從清花、梳棉、並粗一直到紡紗、織布和印染等技術。其中的二百五十人已成為尼泊爾的第一代紡織女工，她們和中國女專家建立了深厚的友誼，稱中國女專家為「媽媽」。她們說：「生我的是尼泊爾媽媽，教會我生產技術的是中國媽媽。」

　　尼泊爾有一種磚，因質量良好而深受用戶歡迎，十分暢銷，這就是我國援建尼泊爾的哈里西迪磚廠和巴格坦普磚廠的產品。尼泊爾朋友把這種磚稱為「中國磚」。

　　這兩個磚廠投產以來，經過尼泊爾技術人員和工人的努力，產量穩步上升，對促進當地建設事業和積累資金都起了一定作用。以哈里西迪磚廠為例，從一九七○年到一九七九年的十年間，這個廠平均每年生產二千三百萬塊磚、五十六萬片瓦，超過了設計能力百分之十以上，盈利三百萬盧比（合人民幣 40 多萬元）。近年來，這個廠用積累的資金購置機器，擴建廠房，生產能力得到進一步提高。

比蘭德拉國王曾視察哈里西迪磚瓦廠。看到這個廠生產很好，他高興地說：「這個廠是中尼兩國友好的結晶，要把它好好管理起來。」

同甘共苦救死扶傷

廓爾喀——納拉揚卡特公路，是中尼兩國工人和技術人員共同修築的第四條山區公路。這條公路全長六十多公里，盤旋在崇山峻嶺、深溝大壑之間。沿途地質構造複雜，要修二十多座橋樑、三百多個涵洞。中途有一帶，一邊是陡壁懸崖，一邊是激流深川。中尼兩國工人和技術人員一道風餐露宿，冒雨頂暑，採用從山頂吊「雲梯」的辦法，層層劈山，在峭壁上進行鏨石作業。經過八個多月的奮戰，挖掉十幾萬土石方，在一公里多長、一百多米高的陡壁上開出了一條道路。兩年多的時間裡，他們克服了尼泊爾山區地形複雜、雨季長、塌方多和運輸不便等困難，終於建成了這條公路。

一次，尼泊爾工程和交通助理大臣古隆乘吉普車到公路視察，對公路的建築質量和進展速度很滿意。他對中國工程技術人員修路時表現出的堅忍不拔、勇於獻身的精神和紀律性大為稱讚。

在修路中，尼泊爾工人把中國專家當成自己的親人一樣關心照顧。有一次，中國技術人員陳瑞棋在達隆底河修便橋時，因攔橋鋼絲繩折斷落入水中。當時正值雨季，河水暴漲，浪濤洶湧，十分危

中國援助的加德滿都
無軌電車線路

急。這時，和他一道工作的尼泊爾工人巴哈杜爾毫
不猶豫，縱身跳入激流，冒著生命危險去搶救，在
其他尼泊爾工人協助下，很快就把陳瑞棋從水中救
出。還有一次，一名中國援助人員工作時被毒蜂蜇
傷，全身麻木，失去知覺。尼方工人連夜把他背過
吊橋，送到加德滿都治療。由於搶救及時，我方人
員安然脫險。這些難忘的事實，體現了尼泊爾人民
對中國人民真摯的深厚情誼。

　　無論是在尼泊爾首都加德滿都，還是在中國援
助尼泊爾的建設工地，記者常聽到人們談論中尼兩
國人民相互幫助、真誠支援的動人故事。

　　一九七八年七月，尼泊爾雨季來臨，大雨滂
沱。一輛從遊覽區博克拉開往加德滿都的中型客車
在中途翻車。車翻落到河灘上，乘客被甩在陡峭的
坡岸上，個個遍體鱗傷，情勢嚴重。

中國駐尼泊爾孟嶺的專家組聞訊後，立刻派出醫生和工作人員前去搶救。他們以最快的速度趕到現場，同當地群眾一道，把傷員從坡岸抬上公路，然後給傷員打急救針和包紮。他們一口氣工作了兩個多小時，對每個傷員都作了檢查和急救。之後，中國專家組又派車把重傷員送到離出事現場上百公里的一家醫院治療。由於中國醫生的及時搶救，十三名受重傷乘客全部得救。

中國專家救人的事蹟很快在尼泊爾人民中傳開。不久，尼泊爾全國評議會派出三名官員，從首都專程趕到中國專家的駐地表示感謝。一位官員說：「你們在尼泊爾幫助我們搞建設，還救活了我們十三個尼泊爾人。你們真是人們常說的白求恩大夫一樣的好朋友啊！」

有一天，一位尼泊爾小姑娘把一棵樹苗種在博克拉水利灌溉工程的中國專家組駐地。這是怎麼一回事呢？原來這個小姑娘叫索瓦，她小時因發燒耳朵變聾。十多年來，小索瓦有耳朵但聽不到親人的話，心裡十分痛苦。索瓦的爸爸在水利工地工作，就帶索瓦到中國援建組醫療室治療。中國醫生認真為索瓦作了診斷，然後用針灸和服藥相結合的療法進行治療。三個月後，小索瓦恢復了聽力。當索瓦的父母看到孩子聽到召喚時，高興得熱淚盈眶。為了報答中國專家的恩情，他們在尼泊爾最隆重的節日——德賽節時，把中國醫生和幾個專家請到自己家裡，用豐盛的節日佳餚加以款待。之後，他們又

商定，讓索瓦把一棵櫻桃樹栽到中國專家組醫療室門前，祝願中尼兩國人民之間的友誼像櫻桃樹一樣開花，結出豐碩之果。

獨角犀牛傳友誼

獨角犀是產於尼泊爾的珍稀動物。有一次，尼泊爾政府得知，二十世紀五〇年代送給中國的犀牛因病死去，於是決定再捕捉一隻犀牛送給中國人民。

尼泊爾政府派出二十人組成的捕捉隊，前往南部的犀牛產地捕捉。以前為捕獲幼犀，得先把母犀打死。為了保護這一珍貴動物，捕捉隊這次決定採取打麻藥槍的辦法來捕捉。但是這樣做帶來一定危險，因為母犀一旦甦醒，可能會傷人。果然，捕捉人員有一次給一隻母犀打了麻藥槍，但是由於麻藥用量沒有掌握好，母犀突然猛醒，一甩頭，把一位工作人員甩出幾米遠。幸好母犀未完全清醒，沒有造成更大的傷害。

尼泊爾的工作人員為了中尼兩國人民的友誼，冒著南方的酷熱，在密林中工作了好多天才捕到一隻幼犀。尼泊爾動物園又對幼犀進行精心餵養和馴化，後由尼泊爾政府派出專機送給了中國人民。

中尼邊界結友情

一九六一年，中尼兩國本著相互尊重、友好協商、互諒互讓的精神，通過談判，合情合理地解決

了兩國邊界問題，簽訂了《中尼邊界條約》，並在長達一千四百多公里的邊界上完成了樹立界樁的工作。一九七九年，中尼兩國邊界聯合檢查人員不辭辛苦，互相關懷，戰勝了氣候和其他方面的困難，經過一年多的共同努力，完成了對兩國邊界的首次檢查工作。至今，許多動人的友誼故事，還在兩國邊民中流傳。

一九七九年十月中旬的一天，中尼邊界聯檢第二小組的工作人員完成工作任務後，沿桑勤河走回駐地。由於下雪、路窄、道滑，尼方官員帕拉·潘迪不慎失足，從幾十米高的岸上滑下去。就在這緊急的情況下，中國工作人員王言年及民兵連長普布頓珠冒著生命危險，機智、迅速地跳到陡岸中間的一棵樹杈上，用他們的身體擋住了潘迪，然後一個推，一個拉，把潘迪救上了岸。上岸後，潘迪感動得落下眼淚。他用尼泊爾的傳統禮節，拉著兩人的手，按他們的額頭，表示敬意和祝願。他說：「感謝你們救了我的生命。」

一九八〇年，在中尼界河東林藏布江上，興建了第二座連接中尼兩國的橋樑。這座橋坐落在群山急流之間，造型優美，氣勢雄偉，遠遠望去，猶如一條綵帶飄在山間。它的建成，為兩國邊民開展貿易和兩國人民擴大友好往來創造了非常便利的條件，邊民熱情地稱它為「架在邊民心坎上的彩虹」。

大橋於六月初在崇山峻嶺的偏僻山區開工。中尼兩國工程技術人員為了早日把大橋建成，風餐露

宿，日曬雨淋，展開了一場爭時間搶速度的戰鬥。為了把長三點五米、重六十公斤的大樑和重二百公斤的鋼索背到工地，中尼兩國工人側著身子在崎嶇險惡的山路上行走，終於把建橋的物資及時運到工地。他們還克服了缺少施工機械設備等困難，提前一個月把大橋建成。

大橋交付使用後，橋兩頭中尼兩國國旗迎風招展。每天清晨，前往中國探親或經商的尼泊爾邊民和商人三五成群，用牲口馱著糧食、皮張、水果、蔬菜等農副產品，笑逐顏開，從橋上走過。他們常常用手摸摸橋欄，再按一下自己的額頭，表示對建橋者的敬意。

「喜馬拉雅天接地，友情飛越高難計。」這是陳毅副總理一九六〇年四月陪同周總理訪問尼泊爾時寫下的著名詩句。如今，這兩句詩已成為中尼兩國人民友好相處、相互合作的睦鄰關係的生動真實寫照。

樟木口岸的「活菩薩」

樟木口岸位於中國西藏自治區與尼泊爾接壤的綠樹蔥蘢的山坡上。它北通拉薩，向南穿過中尼邊界友誼橋，可達尼泊爾首都——加德滿都。這個地方是中尼兩國邊民重要的傳統貿易口岸。一九七二年，中國在樟木地區建了一所醫院。這所醫院經常給尼泊爾邊民看病，受到尼泊爾邊民的普遍稱讚，

他們親切地稱呼中國醫生是好「門巴」（醫生）、「樟木口岸的活菩薩」。

一九八四年，在依山建築的擁有兩層樓房的樟木口岸醫院治療室內，記者採訪了在這裡工作了八年的醫生羅啟學。他翻著病人的花名冊對記者說：「你瞧，一九七二年時，來這裡看病的尼泊爾邊民只有四百來人。而今年七月到九月間，就有二千一百多人來就醫，每年來看病的人達五千多。」

一九七七年九月的一個深夜，三個尼泊爾邊民從友誼橋那邊背來一個十七歲的青年。這個青年名叫卡利，經檢查，他患的是腸梗阻，下腹內已化膿，生命危在旦夕。樟木醫院的醫務工作者立刻進行了會診，決定連夜搶救。當時正趕上停電，他們就用手電照明，為病人動了三個多小時的手術，終於從死亡線上把病人救了過來。小卡利病癒後背著一筐香蕉，提著一袋花生，和他媽媽一起來看望醫生。卡利的媽媽噙著眼淚對中國醫生說：「是你們救了我孩子的性命。你們就是樟木口岸的活菩薩！」樟木醫院的「活菩薩」給大批邊民治好了外傷及胃病、腸胃炎、肺炎、小兒病、結核等常見病和慢性病。

中國女醫生扎西卓瑪是西藏的謝爾巴人。她家住在邊境的謝爾巴村，同尼泊爾境內的謝爾巴人隔水相望。她又是第一個謝爾巴人醫生，能直接同尼泊爾邊民交談。她除了為邊民看病外，還熱情地為其他醫生、病人當翻譯，被邊民親切地稱為「謝爾巴人的好門巴」。

援建項目中發生的故事

魯正華

（中國社科院亞太與全球研究所原辦公室主任、

原中國援尼公路項目翻譯）

尼泊爾小夥子

　　凱什‧巴哈杜爾十六歲，山裡長大，瘦小身材，穿著自家織的土白布斜襟緊身襯衫，下身圍一條土白布，戴黑色船型尼泊爾帽，腰後挎一把庫爾巴刀[1]，赤腳，這是中部山區尼泊爾人的打扮。別看他身材瘦小，走起路來卻輕快敏捷，很適合在我們測量隊裡工作。因此，他留在了我們隊裡，跟隨我們一道工作快兩年了。

　　我們的任務主要是測量路基標高、橋樑和涵洞位置，以及放樣打樁等。

　　凱什‧巴哈杜爾特別機靈，能吃苦且善解人意。雖然相互間語言交流有些困難，但只要我們說出一個「中國味」的尼泊爾語單詞，配之以手勢，他就能快而準地把事情搞定，工作非常順心順手，

1　庫爾巴刀：山區尼泊爾人用的一種彎刀，類似中國的鐮刀，可鉤物助人攀爬，又能砍物。

我們特別喜歡他。

在一起工作，凱什‧巴哈杜爾時刻以主人的身分關照著我們這些來自中國的「客人」。真誠的關懷和照顧，讓我們彼此建立起了深厚的友誼。

一次測量放樣時，我們有個隊員不認識蠍子草，正要用手去撥開時，凱什‧巴哈杜爾迅速抓住他的手不放，立即用庫爾巴刀割掉了蠍子草。看我們那位隊員還有些不解，他馬上做出搔癢的動作，才使我們的隊員會意，於是，兩人一拍手，哈哈大笑。

凱什‧巴哈杜爾的妹妹生病發高燒，家人用土法治療仍不見退燒。他急了，對著我們哭著、比畫著……最終我們理解了是家中有人生病，臥床不起。於是，我們的醫生背著藥箱跟隨他上山為他妹妹治病。凱什‧巴哈杜爾搶著背起了藥箱。醫生體胖，爬山有些吃力，每次上山，雖拄杖而行，總免不了氣喘吁吁、汗流浹背，衣衫濕透。這一切，他看在眼裡記在心頭。

在野外作業時，我們有個隊員發現草上停了一條蟲，不足十釐米長，似蚯蚓但全身綠色，非常漂亮，他好奇地用手碰它，哎喲一聲，被咬了一口。凱什‧巴哈杜爾聽見叫聲，轉身一看，知道他是被一種名叫「草上飛」的有毒小蛇給咬了。他迅速折了一段藤蔓紮緊了傷者的手腕，並很快在草叢中找到了藥草，用手搓一搓，再細嚼後敷在傷口周圍。他說等一個時辰後，洗去所敷的藥，再用同樣的方

法敷上一次草藥就沒事了。如若不及時處理，會很快腫起來，嚴重了要截肢，甚至危及性命。他還告訴我們，在叢林及草叢中行走須持一根棍在前面探路，不要顧忌形象不好看，這樣最安全。

　　尼泊爾中部群山綿延，森林密布。崇山峻嶺之間，一條源自西藏的大河洶湧澎湃，咆哮而來，奔騰而去。在它的旁邊有一處名叫毗濕林達爾的小台地，距離加德滿都約七十五公里。它是加德滿都至博克拉公路第五二段所在地。中尼雙方工程技術人員居住於此，負責修築十五公里的路段。這一帶地質地貌極其複雜，匯入大河的小溪流竟有七條之多。除兩條常年流水外，其餘為時令小溪，水量不大，但乾涸的河床卻非常寬闊，且亂石成堆。

　　為了後面工段能儘快開展工作，我們的首要任務是先打通便道，未建成橋、涵的地方繞河灘而過，以利鋼筋、水泥等物資的運送。便道通了，不

少尼泊爾商人也不失時機，用吉普車載運商品到工地開商店，深受築路民工的歡迎。然而，畢竟是便道，行車還是很不安全的。

這裡每年的七到九月是雨季，天氣變化無常。烈日當空，好端端的天，說變就變，烏雲壓頂，馬上雷雨大作。有一天收工後，凱什‧巴哈杜爾與我們分手後便上山回家，我們三人則沿河邊樹叢中的羊腸小道往回走。臨近一條小溪時，突然一陣狂風，黑云遮日，雷聲隆隆。凱什‧巴哈杜爾一看，不好，要下雨了！中國先生回去的路上要經過好幾條小溪，別看平時小溪靜靜的，雷雨後，溪水會突然暴漲，趕在此刻過河就太危險了。於是他毫不猶豫地轉身下山去追趕我們。瘦小赤腳的凱什‧巴哈杜爾在泥濘濕滑的山路上跌跌撞撞地跑步前行。

雨停了，我們三人繼續往前走。到了一條小溪邊時，看見河灘上有一輛載著貨物的吉普車正顛簸著往前開，看來是想趕快過小溪。我們便打算跟隨其後過去。就在此時，滿身泥土，跑得上氣不接下氣、面色蒼白的凱什‧巴哈杜爾高喊著：「站住！站住！」他三步並作兩步跑到我們跟前，伸出沾滿污泥的手拽著我們說：「薩布，啟卓！（先生，快！）」拉著我們拚命往高處爬。對於他這突如其來的舉動，我們還沒有回過神。平素溫和友善的面孔，此刻變得如此緊張難看，真讓我們有些不解。「快！快！」凱什‧巴哈杜爾不由分說，連拽帶爬，把我們拉到高一點的平台上。

腳跟未穩，就聽見山溝裡傳來巨大的轟隆聲，放眼望去，哎呀！吉普車上方幾十米的溝裡湧出一團高一米多、寬三四米的洪水，夾雜著泥土、石頭、樹枝翻滾而下。我們意識到那是可怕的泥石流，於是拚命朝著吉普車裡的人高喊：「快下車，快逃！」不知車裡人是沒聽見還是捨不得車子和車上的東西，不見車中人下車逃命。瞬間，不過幾秒鐘，真的就幾秒鐘，巨大的泥石流將車沖翻，與石頭、樹枝一起在河中翻滾。快入大河時，車子不動了。

　　前後不過十分鐘，泥石流接近尾聲，它帶著殘存的泥漿匯入大河中，留在河灘上的滿是淤泥、樹枝、雜草……一片狼藉。遠遠望去，吉普車被石頭卡住，可是人沒了。

　　凱什·巴哈杜爾定了定神，比畫著說：「車上的人肯定不是本地人，他不知道這兒雨季的特點，結果車毀人亡，實在是太不幸了。」

　　他接著說：「我們這裡的山又高又陡，且離大河又近，每逢雷雨，山上的雨水瞬間流到溝裡，驟然匯集成很大的洪水團衝下山來，形成泥石流。我擔心你們不了解這些，非要在此時過小溪，所以，我才轉頭回來追趕你們。這不，趕得正是時候。要不你們就會跟在車後過河。那樣，後果不堪設想。」聽完他的講述，我們深受感動。眼前這位憨厚的尼泊爾小夥子太可愛了！我們一齊向他豎起了大拇指，他抿嘴一笑，說：「事情已經過去，最終

我們勝利了。」

越過小溪後，凱什·巴哈杜爾執意與我們同行。他說：「雷陣雨、雷陣雨，是一陣一陣地下雨，還會再下的。況且，前面還要過兩條小溪，我放心不下。」

我們邊走邊聊。凱什·巴哈杜爾手口並用地向我們解釋當地的民風民俗。雖不能完全弄懂他說些什麼，但既然心已相連，情也就相通了。

一路走來收穫不小，自然、地理、人文、風土民情都有。眼看著能安全到駐地了，凱什·巴哈杜爾和我們相互揮手告別。雖然都穿著被雨淋濕的衣服，涼涼的，然而，中尼兩國人民深厚的友誼之情卻溫暖著我們每個人的心。

夜乘獨木舟

一九七七年二月的一天，我國援助尼泊爾修建的廓爾喀—納拉揚卡特公路的勘測工作中，我們工作隊一行八人帶著兩個尼泊爾民工離開工段駐地，上行至約七公里遠的山區，沿河岸以回轉的方式勘測線路。這裡林木蔥鬱，層巒疊嶂，特裡蘇利河從山間奔騰而下，景色十分優美，但勘測工作卻非常艱辛：首先要清除有礙測量的雜草、樹叢等，同時還要防範旱螞蟥、毒蛇和成群的黃蟻，你可千萬別驚擾它們，否則將遭到瘋狂的攻擊。

勘測了不到兩公里的線路，就臨近黃昏了，回

一九七七年二月，魯正華在尼泊爾科伊爾加利河谷準備乘獨木舟渡河。

程還有五公里的路。山路難行，天黑前是趕不回駐地了。無奈之下，只好選擇水路返回。

這兒的船實際是獨木舟，用粗大的木棉樹挖槽而成，略像我國廣西一帶的「豬槽船」，不同的是兩頭尖且微微上翹。

眼下最急的是要找到船工。我們先後找了三戶人家，說明來意，想僱船送我們回駐地，但都被婉拒了。他們都說此去河中有多處險灘，夜晚是不能行船的。

天漸漸暗下來了，行走在高低不平的小道上，我們思忖著，若真是不能從水路返回，怎麼辦？突然，幾聲狗叫傳來，附近定是有人家了。循著狗叫聲望去，隱約可見幾間草屋。主人呵斥住狗，我們

得以走近才看清，眼前這位尼泊爾漢子高大壯實，約莫四十多歲。我們告訴他想雇一條船送我們回駐地，他卻不吭聲。倒楣！看來又碰上一位不能夜航的人了。

後來才知道，這漢子叫馬吉，曾當過廓爾喀僱傭軍，在印軍中服役。一九六二年七月，他所在的印軍廓爾喀僱傭軍被派到中印邊界東段前線。同年十月下旬，他們又被推到第一線，直接與中國軍隊作戰，可見當時印度用心之險惡。

我軍偵察到這一敵情後，果斷採取了圍而不打、進而生俘的戰法，粉碎了敵人的陰謀。馬吉也被俘虜了。

在俘虜收容所裡，最初，馬吉認為自己大限將至，只好聽天由命。但在後來的日子裡，他親眼目睹在高寒缺氧、極其困難的環境中，他們的日常生活得到可靠保障，病員得到及時診治。中國俘管人員還給每人發放生活用品，講解中尼兩國山水相連，是友好鄰邦，勸大家不要再為印度賣命……

馬吉說：「中國軍人嚴於律己，寬以待人，從不虐待俘虜，讓我們有人格尊嚴。中國人太好啦！」數月後，全部廓爾喀僱傭軍被遣返回尼泊爾。告別時，馬吉含著眼淚說：「我會一輩子銘記你們，我再也不會去當兵了。」

往事的回憶觸動了他。在我們焦急萬分之時，馬吉咳了一聲說：「我送你們。」霎時間我們高興極了，真有絕處逢生之感。我們齊聲向他表示感

謝，他卻說：「不用謝，中國人才是我的恩人。」
接著他話鋒一轉，說道：「其實，我也沒有黑夜行
船的經歷。此去路上有四處險灘，尤其是第四處最
險，水中礁石林立，灘下漩渦頻頻。闖這一灘，不
要說黑夜，就是白天，操作稍有不當就會船翻人
亡。」

晚風吹拂，大夥兒已有了幾分涼意。馬吉輕聲
問我們：「會水嗎？」只有兩個人舉起了手。「這
就難了。要是落水就真的沒救了。雖說會水的人稍
好些，但是夜幕中兩眼一抹黑，不辨東西南北，會
讓人弄不清哪兒是河岸，要是被捲進漩渦，一嗆水
也是凶多吉少。」

馬吉靜靜地站著，不知在思索什麼。忽然，他
指著中國人身上背的水壺問道：「你們都有水壺
嗎？」大夥兒說：「有。」其實，我們外出勘測每
人必帶一個水壺在身，不是鋁製小水壺，而是在當
地市場上採購的可盛 4 升水的塑料大水壺。馬吉按
捺不住興奮的心情說：「水壺可作救生用品。空
壺、擰緊蓋，但不像你們現在這樣背著，應當掛在
脖子下，萬一落水了，雙手死死抱住水壺，頂住下
巴，頭後仰，千萬別用鼻子呼吸，身體前傾，雙腳
打水，衝下幾十米灘口後水就平緩了，再朝著黑乎
乎的岸邊撲騰過去就能自救了。」

憨厚的馬吉言談中顯示出到底是在外面闖蕩見
過世面的人，不失幾分機警和智慧。

馬吉轉身進屋，與家人交代了一下，領著他兒

子拉曼出來介紹給大夥兒。這個二十來歲的年輕人隨即去鄰居家叫來一位老船工，與馬吉年齡相仿，名叫塞依拉（「老三」的意思）。他說：「今晚由我倆及我兒子一道送你們回駐地。」接著，他向我們簡單介紹了所經河道的情況和行進方式。

據馬吉介紹，四個灘口，前三個大致一樣，河面寬闊，河床多是卵石，由於河水常年沖刷，河中露出一片片卵石淺灘，其間形成了水深流急的「水槽」，船就從這裡通過。除第二灘外，其餘均在轉彎處。尤其是第四道險灘，沒有了淺灘可利用，河中礁石林立，水流湍急，最難闖。

馬吉讓他兒子領著兩個民工帶足火把、繩索，划一小舟先行，在灘口卵石淺灘上等候我們。聽到他的喊聲就點燃火把，便於我們通過「水槽」。至於第四道險灘，就只能在岸上點火把引導了。

他對我們的要求是：上船後必須坐下。船晃動時，雙手抓緊船幫即可。行船中必須聽他指揮。

他們拿著槳和短篙，拉曼打著火把帶路，直奔河岸而去。蟲鳴聲聲，伴隨我們很快來到岸邊最大的一條獨木舟前。這是一條長約七米、寬約八十釐米的船。馬吉說：「放心吧，這船能載十二個人呢。」

拉曼和兩個民工划小船離岸而去。

馬吉拽住船頭，塞依拉上船後站立在船尾，我們依次上了船。坐定之後，才發現船艙深不過四十釐米。這時，馬吉站在岸邊，雙手合十，高聲念

道：「河神呀！祈求您保佑我們順風順水，平平安安吧！到時，備豐厚祭品給您上供。」

安靜、坐穩，要開船了。馬吉使勁將船推離岸邊並順勢跳上船頭，我們的心也隨之緊繃。這時我才發現，扶在船幫上的手伸出中指便能觸及河水，如若船左右晃動，那就實在是有點懸了。

馬吉二人不時對話，不知說些什麼，划著划著還不時晃動船。十來分鐘過去了，我們感覺船並未徑直下行，只在平緩的河面上繞大圈子。馬吉問我們：「能適應嗎？」啊！原來是在訓練我們呀！

船開始下行了，不多久，馬吉便高聲喊道：「拉曼，點火把。」一會兒，前方亮起了三個火把。漸漸聽到了嘩嘩的流水聲，藉著火光看見三個人站在卵石灘上。其左邊是一片黑乎乎的流水，這就是幾道水流湍急的「水槽」了。馬吉大聲嚷著：「抓緊船幫，身體前傾，坐穩，別動！」他二人一會兒左，一會兒右，用槳和短篙控制著船別打橫，但船還是時不時晃動。大夥兒的確緊張，誰也沒敢動。扣人心弦的幾分鐘，終於衝出了「水槽」，成功闖過了第一關。不多會兒，三個年輕人也划著小舟趕到。

稍後，我們如法炮製闖過了第二個險灘。

第三個險灘卻遇到了點麻煩，一棵很大的枯樹橫亙在灘口，硬闖將招致人船分離的危險。馬吉他們商量後，讓賽依拉下船站在灘頭前，拽著繩子一端，將另一端繞過樹幹拴住船頭，慢慢鬆繩將船溜

下「水槽」。一過枯樹，馬吉鬆開繩子，船便如飛艇般順著水流衝了下去。

三關過後，大家來了精神，有說有笑。馬吉在一旁給三個年輕人布置任務：「你們從岸邊放空船下去，在河流左岸的右拐沙灘駐足。」不多會兒，看見有人點火。知道他們已到預定地點，於是我們也開拔了。船漸漸逼近右岸，馬吉打了一聲口哨，頓時，對岸三隻火把齊明。這時，我們的船也隨河流受阻折轉衝向左岸，透過河中礁石縫隙看到了對岸的火把，我們的船不時蹭著礁石，輕微晃動著。馬吉安慰我們：「沒事沒事，大家坐穩別動。」他二人則全神貫注地操作，避免船體直接撞上礁石。順著湍流，船在磕磕碰碰中前行，實在是太揪心了。猛然聽到馬吉大喊：「過來啦！過來啦！終於闖過了鬼門關。」這時，大夥兒興奮地長舒了口氣。

大船、小船行駛在平穩的江面上，一路歡聲笑語。聽到歌聲，前方不遠處亮起了手電光，駐地的人知道是我們平安回來了。抵岸後，大夥兒熱情握手、擁抱。

尼泊爾朋友與我們共進晚餐。當我們支付酬勞並留他們住下時，馬吉說什麼也不肯收錢：「中國人，好！你們修路是為了我們。你們碰到點困難，我們應該幫助。」他還說：「不留宿了，我們還要守船呢。到時，在岸上燃起篝火，聊聊天，困了打個盹，天亮就往回返。」見他們誠心誠意不收錢、

不留宿，我們便給他們每人一條棉毯和許多乾糧。

第二天一大早，我們趕到河邊時，他們正抱著毯子來歸還。我們說：「馬吉，太辛苦你們啦，毯子就不用還了，留作紀念吧！」並問：「你們怎麼把船划回去呀？」馬吉笑了笑說：「雖說逆水難划，但空船好辦。我們三人當縴夫，生拉硬拽就回去了。」

我們揮手告別時說：「馬吉，歡迎你們到中國來，我們在中國山東。」他說：「爭取，我要不行就讓我兒子代替。」再見了！我們用尼泊爾語說：「津，尼巴爾，達久，帕依。（中國、尼泊爾是兄弟）」他們揮手說：「是啊！是啊！」這聲音久久迴蕩在山間。

如果健在，馬吉應當是八十多歲的老人了，我們遙祝他健康長壽。

神祕的中國香菸和人丹

一九六八年初，中國援建的另一條公路——普里特維公路[2]業已開工並建立了五個工段，其所轄七十五公里路段的築路工程全面鋪開。這為廣大的尼泊爾人提供了新的工作機會。許多山區農民紛紛湧入新工地。與此同時，一些在阿尼哥公路項目中幹活的尼泊爾民工加緊完成了掃尾工作，迅速轉戰

---

2 普里特維公路：從加德滿都向西至博克拉，全長一百七十六公里。

到新線上來。

　　拉爾，一位生長在偏僻山區的農民，在阿尼哥公路上幹活的幾年經歷促使他絕不想錯過新工作的機會。他回想起這幾年所走過的路，不就是在中國援建的公路項目裡打拚過來的嗎？他原本是一個什麼都不懂的山區農民，是中國人耐心地手把手教會他如何認識斷面圖，怎樣修建橋樑、涵洞等。幾年下來，他學到一些公路建設的基本常識。朝夕相處，使他深切地感到中國人和藹可親，從不擺架子，把他們當同胞兄弟。中國人有點特別的地方，就是他們只抽中國生產的香菸，有時還會從衣兜裡掏出小紙袋裝的紅色小粒藥丸吃。

　　在中國人的指導下，通過自己的辛勤勞動，拉爾得到了豐厚的回報。當他有生以來第一次拿到厚厚的一沓鈔票時，心中無比喜悅。很快，他就用這些錢在家鄉蓋起新房，娶了媳婦。過去，這在邊遠山區的農村是想都不敢想的事兒，而拉爾幾年就辦到了，村裡人無不投以羨慕的目光。沒過三年，他成了兩個孩子的父親，生活幸福又愉快。他知道這一切都得益於中國援建的公路項目。

　　眼看著相識的同鄉紛紛在新公路項目中幹活了，心急如焚的拉爾想，必須儘快承包到工程。於是，他走村串巷說服了本村及鄰近村中的十多個年輕人，組成一個工班來到了工地。由於他過去幾年一直在中國援建的公路項目中幹活，跟中國人的交流遠勝過剛來工地的人，很快，拉爾便獲得一個斷

面的工程，心滿意足地當上了工頭。

工地上熱火朝天、人頭攢動、鐵鍬飛舞、鐵錘叮噹，一條未來的公路把成千上萬的尼泊爾民工緊緊連在一起。

在一塊兒幹活時間長了，民工之間、工班之間的交往頻繁，關係也更加緊密，休息時常聚在一起聊天。一次，有個老工頭低著頭詭異地對大傢伙說：「你們發現沒有，從阿尼哥公路到現在的普里特維公路，沒有一個中國人帶著妻子在身邊，為什麼呀？」這一問，還真把在場的人給問住了，大家面面相覷，誰也說不出道理來。於是，老工頭接著說：「我聽人講，祕密就是他們抽的中國香菸、吃的紅色小粒藥丸，情感被這些東西控制住了。」當時在一些尼泊爾民工中的確有這樣的傳言。可是，拉爾並不相信那些東西有這麼大的威力，但又確實無法反駁他們。

一天，家人捎信說妻子要生第三個孩子了。得信後，拉爾並沒有以往那種高興勁兒，因為他已經感受到生活的壓力，這樣生下去可不行啊。前思後想，他決定在這個老三後絕不要老四，可是妻子卻認為多生幾個孩子家庭才興旺發達。面對這種情況，拉爾不知道如何是好，實在讓他心煩意亂。

無意之中，他突然想起老工頭說的中國人的那些事。還真是，為什麼從未見過中國人抽尼泊爾的

「比迪」³或其他外國煙，而只抽他們自己生產的煙呢？況且還親眼見他們常吃一種紅色小粒藥丸，難怪他們只顧工作不想別的。老工頭說的似乎是真的，他們的香菸、藥丸說不定真有神奇的作用。他暗自想來，如果能抽他們的煙、吃他們的藥丸，不就能達到不要孩子的目的嗎？對，就這麼辦，而且，這還不致傷妻子的心。

心中有了「計劃」，打那以後，拉爾更加親近中國人，除了幹好承包的工程外，他還經常幫助中國人在當地採購生活物資，諸如上山到老鄉家買雞和雞蛋，去湖邊漁民家買魚……只要能辦到的他都積極去做。同時，還讓他的工人抽空拾柴火給中國人。給他錢，他不要，說抽根煙就行了。於是，中國人給成盒的煙讓他分給工人，結果一轉身，他卻玩了個調包計，買包「比迪」打發了工人。久而久之，拉爾積攢了好些中國香菸和紅色小粒藥丸。

德賽節到了，這是尼泊爾一個非常重要的節日。外出的人要趕回家，留在家裡的人要做過節的準備。拉爾也不例外，買了好多節日禮品帶回家。

節日期間，朋友往來多，他叼著中國香菸，人前人後炫耀自己，其實是在實施自己的「計劃」。他覺得中國香菸的確好，抽著香而溫和，只是那紅色小粒藥丸涼涼的還麻舌頭。但為了不要孩子，怎麼都得忍著。

---

3 比迪：用一種樹葉卷煙末製成的煙。

幾個月後，拉爾的妻子領著幾個蹦蹦跳跳的孩子來到工地。她從未見過這麼多的人掄鎬揮鍬，硬是把一座山劈下來一大塊，平整成了一塊寬闊平坦的路，可真開眼界了！其實她是來向丈夫報告喜訊的。她說：「拉爾，我們又有孩子了。」拉爾並沒有顯出開心的樣子，緊皺眉頭低聲「嗯」了聲，沉默了很久才說：「又多了一張要吃的嘴，日子就更艱難了……」妻子卻說：「不要緊，反正我們已經蓋好房子，即使你不在外面掙錢，無非就是少買幾樣城裡的東西，我們自己種的糧食完全夠吃。」

許久以後，拉爾私下對中國的張先生說：「你們的香菸和紅色小粒藥丸，在我身上怎麼一點兒也不起作用？」張先生非常詫異地說：「什麼？什麼？我們的香菸和紅色小粒藥丸不起啥作用？」拉爾這才道出了真相：「原本不打算要孩子，由於聽信了老工頭的傳言，以為抽了你們的香菸和吃了你們的紅色小粒藥丸就能達到目的，結果適得其反，我妻子還是懷孕了，你說這事兒！」聽他這麼一說，張先生不禁哈哈大笑：「拉爾，你錯了。之所以我們不帶妻子來以及抽自己的香菸，那是為了減輕你們國家的負擔。你說的紅色小粒藥丸，那叫人丹，是清涼解暑的。我們的香菸、人丹完全沒有你們說的那種功效，切不可異想天開、胡言亂語。拉爾，假如你真不想再要孩子，服用醫生給你的藥或手術就能辦到。」

拉爾不好意思地頻頻點頭說：「知道了，今

後，我會用我的切身經歷告訴那些誤解的人，中國的香菸如同我們的比迪一樣，那就是煙，人丹是防暑用的而不是能控制人的情感的藥。不能再瞎說、誤傳了。」

在尼泊爾歡度國慶三十五週年

鄒肇軍

（中國國際廣播電台尼泊爾語部原主任）

十月一日是我們每一個中國人的光榮和驕傲，尤其是身處異國他鄉的人，對祖國的思念之情尤為濃烈。一九八四年我在尼泊爾歡度國慶的情景，至今仍然歷歷在目，記憶猶新。

精心準備

我一九六三年考入北京廣播學院（現中國傳媒大學）學習尼泊爾語，一九六八年八月進入中國國際廣播電台尼泊爾語部工作。一九八四年三月，我被中國水利電力對外工程公司河南分公司借調，去尼泊爾遜沙利莫朗水利工程擔任翻譯。

尼泊爾遜沙利莫朗水利灌溉工程主要是解決位於尼泊爾東南部平原地區的遜沙利縣和莫朗縣的農田灌溉問題，工程分為三期，由世界銀行投資。我參加的是第一期工程建設，工期為一九八三年夏至一九八六年底，工程組有二百多人，包括工程師、技師和各工種工人。我們的營地設在遜沙利縣的君崗村，該村範圍很大，但是村民居住較為分散。我們的營地占地面積約為一萬五千平方米。村民委員

會主任阿查里雅先生為我們工程的前期準備工作提供了及時而又熱情的幫助。在工程建設的過程中，我們與當地尼泊爾百姓逐漸建立了深厚的友情。

那年適逢中華人民共和國成立三十五週年，按照「逢五逢十」要隆重慶祝的慣例，工程組為此專門成立了以辦公室主任為組長的五人國慶籌備小組。因為是在國外，許多事情，例如採購、對外聯絡等諸多事情均缺少不了翻譯，因此我理所當然地成了籌備小組的成員之一，其他成員還包括財務、總務、司機等。

國慶籌備小組自當年的八月五日成立後便立即召開了第一次會議，首先明確聯歡活動的宗旨是通過慶祝國慶活動更進一步激發大家的愛國熱情，在國外更好地為國爭光，同時也能更進一步加強與尼泊爾朋友的友誼，慶祝活動要歡樂祥和，不拘一格。

根據籌備組會議決定，定於十月一日晚飯後八點正式開始國慶三十五週年聯歡慶祝活動，地點就設在營地內院中（院子約 1000 平方米左右），採取茶話會形式，擺上桌椅板凳，放上水果、巧克力、糕點等，當然煙酒更不可缺，工程組全體人員參加，並邀請周圍村民同賀。

聯歡晚會的內容有五項：1‧工程組張組長致辭；2‧工程師工人代表抒懷；3‧村民代表阿查裡雅先生發言；4‧自編自演的文藝節目；5‧觀看焰火。

上述活動計劃經由工程組領導批准後，籌備組組長老郭即利用開飯時機（當時我們為集體用餐制）向全體人員通報，並要求以施工小組為單位準備文娛節目。平時為了趕工程進度，大家工作都很辛苦，再加上身在國外，生活比較枯燥單調，因此當聯歡活動的計劃宣布後，大家真是興高采烈。工人們除施工外，業餘時間基本上都是以工種為單位準備各自的拿手節目。我發現工程組其實是藏龍臥虎的地方，許多工人師傅看似平平，可是真正表演起來，叫人刮目相看呢！尤其是他們唱起那河南豫劇，真是字正腔圓，令人讚嘆。還有些工程師撥弄樂器手指靈活，真是多才多藝！

　　我的具體任務是製作掛在營地大門口的「歡度國慶」中尼文橫幅。我自感書寫功底欠佳，因此中文字就請書法較好的唐工程師代筆，而尼文則請尼泊爾朋友幫忙完成，我再依樣畫葫蘆地將寫好的字剪下來貼在紅布上。當看到鮮豔的大紅橫幅上那中尼文對照的「歡度國慶」四個大字時，大家的內心都非常激動。我看到有一個工人老師傅竟然在偷偷地抹眼淚。是啊，祖國母親，身在異國他鄉的我們此時此刻是多麼思念您啊！

焰火晚會

　　在大家的熱切盼望中，十月一日終於來到了。這一天，各施工小組都早早地結束了當天的工作回

尼泊爾朋友與中國援尼水利項目人員共慶中國國慶。（左 2 為君崗村村民委員會主任阿查里雅先生）

到駐地。豐盛的晚餐後，大家自發地從各自的宿舍內搬出了桌椅板凳並圍成了凹字形。炊事班將事先購買來的乾果、鮮貨、水果、小吃放在了一個個果盤裡，眾人七手八腳地將這些果盤擺放在一張張桌子上，煙茶飲料一應俱全。離晚會開始還有半個多小時，大家已陸續到場，附近村民也像趕集似的，成群結隊朝我們營地湧來。

晚上八點整，四盞五百瓦的大燈泡將偌大的院子照得如同白晝，辦公室郭主任宣布「國慶三十五週年君崗營地中尼慶祝晚會正式開始」後，工程組張組長簡短而熱情洋溢的致辭，工程師代表馬工和工人代表劉師傅對偉大祖國滿懷深情的抒懷，村民代表阿查里雅先生對中國朋友的由衷讚美，贏得了全體人員的陣陣掌聲。

接著文娛節目開始，儘管這些節目都是自編自演，水平和質量另當別論，但是大家自娛自樂，氣氛非常熱烈。我印象最深的是電工程師傅自拉自唱

的京劇《空城計》選段、司機小楊的豫劇清唱《花木蘭》，水平還真是相當了得。想不到這些平時默默無聞、忙於各自工作的師傅們還有如此精彩的藝術表現力，平時真是對他們了解太少了！

我本人的節目是無伴奏唱了一段尼泊爾歌曲《我們年輕人》。這首歌節奏感強，很鼓舞人，我們尼泊爾語部的老同志們都會唱。另外還唱了越劇《梁山伯與祝英台》裡「十八里相送」中的一小段，雖然唱得不怎麼樣，在場的師傅們還是狠勁地呱唧呱唧了一番。圍觀的尼泊爾朋友們聽到了連他們自己都不熟悉的自己國家的歌曲時，則表現出了又驚奇又親切的神情。他們驚奇的是一個中國人怎麼會唱他們國家的歌，親切的是聽到一個外國人用他們的語言唱他們的歌，甚是開心。有些年輕人還情不自禁進入場中，旁若無人地扭動身軀，邊唱邊跳起來，氣氛陡然熱烈起來。

演出結束後，郭主任宣布下一個節目是放焰火，大家立即迅速撤退到四周房前的台階上。這些煙花是專門開車去中尼邊境樟木口岸採購來的，由司機班小楊、小錢和小杭負責燃放。這些煙花儘管沒有如今國內那樣的絢麗多彩、名目繁多，但對身處異國他鄉的廣大技術人員和工人師傅來說，無疑增添了許多節日的歡樂，慰藉了思鄉之情。當地村民則簡直可以用目瞪口呆來形容。一陣煙花燃放過後，歡呼聲、掌聲、笑聲融為一體，君崗營地從未如此歡騰熱鬧過。

突發事件

　　繽紛絢麗的煙花映照著一張張笑臉，突然，村委會主任阿查裡雅先生急匆匆來到我的跟前，神情焦急又緊張。原來，村外一輛滿載的客車不慎駛入路旁的引水渠中了，那引水渠寬三米左右，當時正值灌溉季節，渠內蓄水充盈，車上載有三四十人（到過尼泊爾的人都知道，當地民眾不是按座位乘車的，而是車內車外、車前車後以及車頂全是人，坐著的、站著的、蹲著的都有）全部落入水中，情況十分危急。阿查里雅先生來就是請求我們前去救援。我立即向工程組張組長匯報，事不宜遲，尼泊爾朋友的事就是我們自己的事，何況還是人命關天的大事！

　　我們以最快的速度到達事故現場後，立即打開強照明燈，溝渠頓時明亮一片。只見出事客車後半截露在水面，渠邊圍著一大群人，有些人身上還是濕漉漉的，顯然是剛從水裡爬上來的。我首先問清楚車內是否還有人沒能逃生。所幸當地的客車一般都沒有車門，窗子也不安玻璃，而且當地村民一般都懂點兒水性，車子出事後，車內乘客立即自發進行自救，男的幫女的，大的幫小的，車子傾斜前車上男女老少都脫離了險境，全部安然無恙。這下大家才鬆了口氣。

　　吊車司機李師傅不一會兒就將落水客車提出水面，並穩穩地放在了路上，圍觀的村民們一陣歡呼

鼓掌。阿查裡雅先生和村民們一個勁兒地說著「特尼亞巴德（謝謝）」「基尼揚撒踢拉姆羅（中國朋友是好樣的）」「津，尼巴爾郭拉姆羅撒踢（中國永遠是尼泊爾的好朋友）」等。

當我們回到駐地時，焰火晚會已經結束。雖然沒能盡情地欣賞煙花美景，但是在國慶之夜能為尼泊爾朋友辦一點實事，為中尼友好增磚添瓦，實在是難忘而充滿特殊意義，我內心深感滿足和興奮。

心向祖國

此次救援事件發生後，我們工程組在當地真是聲名鵲起。我們是進入尼泊爾南部邊境地區的第一批中國人，當地村民受某個國家不實宣傳的影響，對中國和中國人心存疑慮，有些甚至不太友好。工程組剛進入時，有些人提出了好多啼笑皆非的問題，例如「中國六十歲以上的老人是否都要殺光？」「中國是不是沒有私人財產？」等等。記得我們尼泊爾語廣播開播初期，也接到過不少提出類似問題的聽眾來信。

隨著時間的推移，工程組在以高水平、高質量搞好工程的同時，以實際行動展現了中國人吃苦耐勞、勤奮向上的優良品德，表現出對尼泊爾朋友的友好情意，漸漸地與當地村民建立了融洽友好的關係。尤其是危難時刻的鼎力幫助，更贏得了他們的心，村民們對中國和中國人民充滿友好感情。作為

在這一切變化中付出綿薄之力的小小翻譯人員，我
甚感欣慰，我為自己是中華人民共和國的一員甚感
自豪，我心永遠向著親愛的祖國。

地震救災見真情

曾序勇

（中國前駐尼泊爾、科威特大使）

　　二〇一五年四月二十五日十四點十一分，尼泊
爾中部山區發生里氏 8.1 級強烈地震，給包括首都
加德滿都在內的廣大地區帶來災難性的嚴重破壞。
地震造成超過八千五百人遇難、二萬餘人受傷，至
少六十萬棟房屋被毀，八百萬人受災。尼泊爾政府
緊急呼籲國際社會提供援助。

中國首次大規模援外救災行動

　　地震發生後，作為尼泊爾的親密鄰邦，中國第
一時間作出反應。當天，中國國家主席習近平、國
務院總理李克強和外交部長王毅分別就此向尼泊爾
總統亞達夫、總理柯伊拉臘和外長潘迪致電慰問，
對不幸遇難者表示沉痛哀悼，對遇難者家屬和受傷
人員表示誠摯慰問。習主席在慰問電中表示，在此
危急時刻，中國人民堅定地同尼泊爾人民站在一
起，中方願向尼方提供一切必要的救災援助。

　　為表達中國政府和中國人民對尼泊爾抗震救災
的堅定支持，中國政府立即派遣多支地震救援隊和

醫療隊奔赴尼泊爾，並先後於四月二十六日和二十八日宣布向尼泊爾政府提供總價值為六千萬元人民幣的緊急救災物資援助，包括五千一百頂帳篷、一萬八千條毛毯、三百六十七台發電機、一萬件急救包和十台淨水器等，幫助尼方開展救災和安置工作。中國軍方提供的數百噸救災物資於五月初運抵尼泊爾。中國紅十字會向尼捐贈的二千頂帳篷，也緊急運達加德滿都。

科達里至加德滿都公路（中尼公路尼泊爾境內路段）因「4‧25」地震造成多處塌方，損毀嚴重。應尼泊爾政府請求，中國政府於五月三日派出武警西藏總隊交通大隊五百名官兵進入尼泊爾，迅速搶通了公路。中國軍隊除派出二十餘架次伊爾-76 緊急運送救災物資外，又於五月六日派出三架直升機飛抵尼泊爾，協助救災和運輸。

五月十三日，尼泊爾發生 7.5 級強餘震，中國政府又向尼提供第三輪總價值約八千萬元人民幣的

救災物資援助。

中國國際救援隊第一時間奔赴災區

　　地震發生第二天，中國緊急派出國際救援隊趕赴尼泊爾。二十六日凌晨，天色未明，中國國際救援隊的隊員們已在北京首都國際機場集結完畢，整裝待發。尼泊爾駐華大使馬斯基也在夜色中趕到機場為隊員們送行。他說：「我代表尼泊爾政府和人民向中國表示感謝。患難見真情，中方第一時間向尼泊爾派出救援隊，尼泊爾人民將永遠記住中國的支持和幫助。」

　　中國國際救援隊由六十二名搜救隊員、醫護人員、地震專家、技術保障人員組成，攜帶有搜救、醫療等救援設備及六條訓練有素的搜救犬。多數隊員參加過汶川、玉樹、蘆山及日本、海地、巴基斯坦等多次國內外地震救災，具有豐富的救援經驗。

　　中國國際救援隊於二十六日抵達加德滿都，是第一支到達尼泊爾的國際救援隊。他們抵尼後，顧不得旅途疲勞，立即展開救援。當天，救援隊成功救出一名被埋壓了二十四小時的倖存者。接著，救援隊又在加德滿都西北部一棟傾斜的樓房下發現了生命的跡象，一位名叫 John 的二十一歲青年被層層疊疊的樓板壓在了一樓。這座樓一至四層已完全倒塌，整體依靠一面已經傾斜的牆體支撐，隨時有徹底倒塌的危險，而被困人員正位於該牆體附近。

為避免造成牆體二次坍塌，不能對該牆體進行破拆，救援難度極大。由於作業空間狹窄，承重牆隨時可能坍塌，救援隊只能安排兩人一組小心翼翼地手工剷除鋼筋，清理泥土。經過二十四小時破拆和掘進，救援人員終於打通一條狹小的生命通道，向被困的青年補充了水、葡萄糖和生理鹽水。又經過整夜挑燈夜戰，二十八日凌晨四時，這位被困了六十二小時的青年終於獲救。

　　到二十九日為止，中國國際救援隊完成對加德滿都市正北、東北、西北三個方向主要搜救區域的搜尋。

　　隨後，救援隊又開赴尼泊爾地震震中地區的廓爾喀縣，繼續對可能倖存的受困人員進行救援。

　　負責加德滿都救援的尼方現場指揮官薩若吉評價中國國際救援隊說：「這是一支了不起的救援隊！我們看到的，都是他們不顧個人安危、全力救援的身影。他們讓我們看到了希望。」

中國國際救援隊成功救出第一名倖存者。（供圖：中新社）

國家地震救援隊現場搜救

　　離中國國際救援隊兩公里外，還有一面五星紅旗迎風飄揚，那是成都軍區第十四集團軍工兵團國際地震救援隊的基地。這是一支歷練豐富的威武之師，是中國西南地區唯一一支國家級地震災害專業救援力量，近年來參加了汶川、蘆山地震等十四次救援，還曾代表中國陸軍首次在夏威夷參加中美人道主義救援減災聯合實兵演練。救援隊身穿迷彩服的一百名官兵於二十七至二十八日分兩批乘專機先後到達尼泊爾。他們攜帶了探測儀、搜救犬、救援破拆、頂撐等專業救援設備一百餘套，專業救援車輛五台。

　　第一批隊員到達後，很快投入救援現場。二十八日上午，他們來到加德滿都岡加普爾地區，那裡一棟坍塌的五層高樓歪歪斜斜地倒在地上，周圍一

中國武警交通救援大隊加緊清理地震中受損的中尼公路上的廢墟，爭取儘快恢復道路通行。（供圖：中新社）

片瓦礫和廢墟。許多當地居民圍在那裡手足無措，看到穿著迷彩服的中國救援隊出現，他們露出驚喜的神色。一位大叔大聲叫著：「快來這裡，下邊有人。」一位叫普拉德漢的大叔說：「這裡埋有四個人，今天早上還能聽到敲擊聲。」圍觀的人群讓開一條道路，救援隊員立即把發電機、生命檢測儀、液壓衝擊鑽等專業設備運過來，迅速展開救援作業，他們帶著四條吐著紅色舌頭的搜救犬開始搜索。後來，他們找到多位遇難者的遺體並幫助處理相關事宜。

中國民間救援隊表現出色

除了中國政府派出的救援隊，還有中國藍天救援隊、蘭豹救援隊等民間救援隊參加尼泊爾地震救援。藍天救援隊有五十多名隊員，二十七日從廣州飛到加德滿都。他們中有來自各行各業的人員，得知尼泊爾發生 8.1 級大地震，當天就中斷自己的工作，自掏腰包買了機票前往尼泊爾。在加德滿都受災最嚴重的巴拉久地區，有許多倒塌的民房，身穿藍色救援衣、頭戴藍色頭盔的隊員們同尼方人員一起開展救援作業。他們從一棟完全垮塌的四層樓房的縫隙中爬進去，發現一些遇難者遺體。另一個小分隊同尼方人員一起，在一棟倒塌的五層樓房中搜尋，未發現生還者。

藍天救援隊攜帶了三架小型無人機，幫助偵測

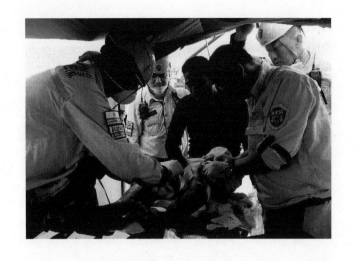

中國浙江民間救援組織公羊隊在加德滿都為災民提供醫療救治。（供圖：中新社）

災情，為確定救援區域提供建議。四月三十日上午，無人機偵察隊共三車七人從巴德崗杜巴廣場第二營地出發，前往重災區新都巴爾喬克進行災情排查，運用無人機空中畫面回傳、GPS 定位收集好信息後傳給指揮部，以便統一部署。

　　中午時分，他們在途中發現一災民俯臥在地，立即停車查看，發現此人已經奄奄一息，隨即對他進行簡單救治，然後駕車掉頭返回，將災民移交給前來接應的隊員後，又繼續前往新都巴爾喬克。在那裡，他們與中國扶貧基金會組成聯合搜救小組徹夜挖掘，破拆多處，找到多名遇難者遺體。由於出色的專業救援行動，藍天救援隊已被編入聯合國搜救隊伍名單。

醫療救援隊救死扶傷不辱使命

　　中國政府醫療隊由四川省人民醫院等醫療、衛

生、疾控部門的六十人組成。四月二十六日，接到通知的隊員沒有絲毫猶豫，迅速趕到集結地。他們中有的妻子剛剛分娩，有的父親還在住院，有的愛人出差孩子沒人管⋯⋯但為了幫助我們的友好鄰邦戰勝災難，他們義無反顧、勇往直前。二十七日凌晨，醫療隊乘專機從成都起飛，飛越珠穆朗瑪峰，兩個多小時後抵達加德滿都機場，然後換乘大卡車，奔赴加德滿都以北三十五公里的杜裡凱爾開展醫療救援。

醫療隊抵達尼泊爾，正是救援的黃金時間。由於傷員較多，醫療隊決定邊搭建邊救治，一邊在住地開設臨時醫療點救治傷員，一邊派出部分專家赴附近醫療病區協助診療傷員，其餘隊員分頭進行帳篷醫院搭建和設備安裝等工作。醫療隊攜帶的十二點三噸援助物資，全靠人力一點點從卡車上卸下來，然後通過醫療隊員和尼方軍人組成的長蛇陣運往山坡上的空地。

天黑前，他們在營地豎起了七頂帳篷，優先用作診室、手術室等。隊員們將最好的帳篷提供給地震傷員，自己則住在小小的單人帳篷內。醫療隊抵達當天短短幾個小時，就收治傷員八十三人。第二天，帳篷醫院正式開診，全體隊員超負荷運轉，在傷員激增、暴雨驟降的情況下，又救治了一百六十八人。隊員們抵達尼泊爾後忙於救治工作，吃了兩天乾糧後，才吃上熱飯熱菜。

醫療隊的帳篷醫院與當地醫院合作，接收了轉

來的各類傷員四百餘人。醫療隊還派出數十人次的專家，到當地醫院指導危重傷員的救治工作。醫療隊還在駐地及周邊地區積極開展防疫工作。二十九日，醫療隊派出六人醫療防疫組趕赴一百二十公里外、位於震中的葛洲壩集團下屬企業工地，救治中方受傷人員並對三百餘名員工進行衛生防疫培訓。醫療隊還向在加德滿都的中國民間救援組織和志願者提供了一些急需的醫療藥品。

中國政府醫療隊一到杜里凱爾，就受到當地群眾和駐軍的歡迎。他們主動前來幫忙卸載搬運物資，搭建帳篷，只要能插上手的事他們都會做。為了保障醫療隊人員、物資的安全，軍方還派人二十四小時警戒。當地的畜牧局主動將辦公室讓出來作為醫療隊的臨時指揮部，堅決不收取任何報酬。帳篷醫院建起當天，就有許多年輕的尼泊爾志願者來到營地，或幫忙搬運，或照顧傷員，或擔任翻譯。

中國政府醫療隊醫護人員為尼泊爾震區的民眾看病和接受諮詢。（供圖：中新社）

志願者的加入使醫療隊與不懂英語的病人的溝通更加便利，從而更加準確地掌握病人的病情和感受，讓救治工作的開展更加順暢。十餘天的奮戰，中國醫生與志願者和當地群眾結下了深厚的友誼。

截至五月七日，中國政府醫療隊共搭建大小帳篷近二百頂，救治傷員六百零六人，其中重傷員一百一十七人，開展醫療巡診二千五百四十三人次、各類手術兩百七十六台次。他們還積極做好衛生防疫、飲用水檢測和災後防病宣傳培訓，共計消毒六萬平方米、滅蠅一萬平方米。在尼方召開的有中、美、英、德等國醫療隊參加的國際救援聯席會上，中國醫療隊獲得高度讚揚。

中國政府醫療隊高效、有序的醫療救援工作充分展示了中國形象，增進了中尼人民的友誼，贏得了國際讚譽。尼衛生部副部長等官員到駐地看望慰問醫療隊隊員，對中國政府醫療隊發揚人道主義精神，克服重重困難、連續高強度作戰的精神表示感謝和敬佩。聯合國和歐盟負責救災的官員到中國醫療隊駐地視察後，對救援隊高效有序的工作也表示高度讚賞。

五月八日，第二支中國政府醫療隊抵達這裡，與首支中國政府醫療隊完成換防。首支醫療隊在尼泊爾工作十三天並交接工作後，臨行前，尼政府、軍方和當地人民送來錦旗和紀念品，為每位隊員頒發了救援榮譽獎章，對中國醫療隊的工作表示充分肯定和由衷的感謝。醫療隊也向當地政府、軍方和

一些組織機構回贈了錦旗和紀念品，以感謝他們對醫療隊的大力支持和幫助。

中國紅十字國際救援隊由武警總醫院和華山醫院十六位專家團隊組成，他們多次執行國際救援任務，經驗豐富。四月三十日，他們飛抵加德滿都，五一節是開展工作的第一天。雖然經過連續近十個小時的轉機飛行已經很疲憊，但是大家都沒有考慮休息。他們不顧疲勞，立即開始準備工作。隊長陳金宏馬上帶領隊員驅車尋找空間寬敞、適合救治的地方搭建流動醫院，一直到凌晨一點才返回駐地。五月一日上午，他們選擇在加德滿都以東三十公里、受災嚴重的巴德崗市搭建起流動醫院。

巴德崗市有許多著名古蹟，是聯合國教科文組織批准的世界文化遺產。「4‧25」強震使許多著名神廟損毀嚴重，到處是廢墟和坍塌的斷垣殘壁。地震後，很多災民住在不透風的低矮帳篷中，中午氣溫高達三十五度，到處是蒼蠅，生活環境非常惡劣，許多民眾出現了感冒、腹瀉及皮膚感染等症狀。當天，紅十字會救援隊員分三個組到各個點巡診，並派發藥品，指導他們如何使用中國藥品。

五月一日下午，救援隊收到來自中國的民間組織明球救援隊的報告，說在巴德崗市附近一個邊遠小村有一位孤寡癱瘓老人在地震中雙腿及背部受傷，傷處潰爛，急需救治。陳金宏立即帶領兩名醫生驅車二十公里，趕去現場救治。半路上車開不了了，他們只好下車徒步走了兩公里，翻過幾處瓦礫

堆，在一個小山坡上僅一米見方的小帳篷內見到這位名叫那瓦切‧巴哈杜爾的七十八歲老人。老人地震時背部受傷，已無法平躺，雙腿炎症很嚴重。中國醫生先為老人清創，再做包紮和傷口處理，同時囑咐同村村民幫老人將帳篷打開，把鋪蓋放到陽光下晾曬，把老人也抬到外面曬太陽以便傷口癒合，並約好第二天再來換藥。村民們看到中國醫生精心治療都連聲道謝，告別時感動地大聲喊：「Chinese，Chinese！」

中國國際紅十字救援隊三個組每到一處，都成了當地百姓熱情歡迎的嘉賓。無論大人還是小孩，見到救援隊人員，都會用中文說「你好」「謝謝中國」。

中國援建的加德滿都公務員醫院經受了 8.1 級強震的考驗，沒有任何損毀，這所剛開業不久的醫院也參與了救治傷員的工作。

中國還有一支常駐尼泊爾的醫療隊，地震後也投入了緊急救援，救治了數百名傷病員。

據中國外交部發言人說，至五月三日，中方三支醫療隊在尼累計巡診二千餘人次，救治傷員近千人，培訓醫務人員七百餘人，並協助尼方制定了災後衛生防疫技術方案。

在尼中國企業參與救援

尼地震發生後，葛洲壩水電集團尼泊爾分公

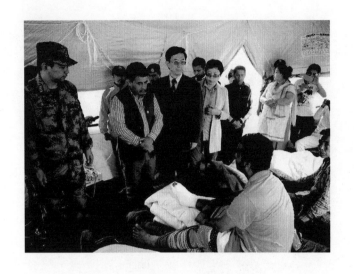

中國駐尼大使吳春太在尼泊爾工業部長馬赫什·巴斯奈特陪同下來到中國醫療隊營地，看望在地震中受傷的尼泊爾民眾。（供圖：中新社）

司、在尼的中資企業協會、鳳凰賓館等紛紛向尼泊爾居民和滯留在尼的中國遊客提供幫助，還有一些中國遊客主動留下做志願者。他們的行動體現了一種大愛的力量，是中華民族的傳統美德在危難時刻的重要體現。

葛洲壩水電集團尼泊爾分公司在特裡蘇里建設水電項目。地震發生後，一千多名當地居民因房屋倒塌無家可歸，一下子湧進基地，向中國企業求助。儘管該項目辦公樓也被震壞，企業員工住在草地上搭建的帳篷裡，但他們仍向這些避難居民提供了水和食品，數千人次在那裡免費吃住，中國員工為他們提供了力所能及的幫助。他們還用設備把通往加德滿都的道路打通，使生活和救災物資能運到這裡。

在加德滿都的尼泊爾中資企業協會也派車將大批大米、純淨水、藥品運往該項目工地，救援當地

無家可歸的居民。

　　除了幫助尼泊爾居民外，中資企業協會也為滯留在尼的中國遊客提供幫助。他們每天為滯留在加德滿都國際機場的中國遊客送去兩百份飯菜，幫助大批遊客度過煎熬的前兩天。中國國際救援隊和民間救援隊來到尼泊爾後，中資企業協會又主動為他們在尼的救援行動提供便利，如協調交通、採購等事宜，並提供必要的生活用品。中資企業協會會長是中國葛洲壩集團駐尼泊爾首席代表袁志雄，他說：「雖然我們也是難民，企業的兩個項目都已經停工，但我們協會是在中國駐尼泊爾大使館領導下的協會，也要為救災提供力所能及的幫助。」

　　在加德滿都泰米爾區有一家中國人江自強經營的鳳凰賓館，地震當晚，加德滿都瀰漫著恐慌氣氛，絕大多數賓館、飯店都停止營業了。但江自強決定，從當晚起，向所有人員提供免費食宿服務。在黑暗的泰米爾區，燈火通明的鳳凰賓館如黑夜裡的燈塔，吸引了當地居民、中國和歐美遊客紛紛前來，賓館收留了一百多人。地震後，賓館四十多名工作人員只剩下五名，為保證賓館的吃飯問題，江自強幾乎凡事都親力親為，一大早就開車去採購糧油蔬菜。多名逗留在賓館的遊客也自發幫忙，分擔接待求助的人員、端菜洗碗、運送物資等事情。在鳳凰賓館食宿的，還有中國媒體人員、中國民間救援隊等。自「4‧25」地震以來，該賓館每天為超過五百人次免費提供食宿服務。江自強還兼任廣東

省清遠市的中鐵物流尼泊爾分公司總經理，中鐵物流公司籌集了七十噸救災物資，他和公司員工連日來為這批物資運來後的發放奔走聯繫。十多個遊客在賓館門柱上寫了一條標語：「同舟共濟，共渡難關，為鳳凰賓館點贊！」

除了鳳凰賓館，還有自費租用直升機救援中國登山隊員的麵館老闆李亮、為中國救援隊免費送飯的川菜館老闆孫術英、免費向華人和當地居民供餐的飯店老闆楊建國等。還有一些中國遊客沒有急於回國，而是選擇留在地震災區作為志願者參加救災工作，他們在機場、商業區舉著「中國志願者」的標牌，提供翻譯、信息諮詢、尋親或送水送粥等服務。有兩名志願者發現加德滿都附近山上一個村莊有上千人因房屋倒塌只能睡在地上，沒有帳篷或雨布，極易生病，他們就帶著當地人輾轉各處尋求幫助，解決了帳篷問題。

中國普通民眾也十分關心尼泊爾地震災情，並積極伸出援手。在震後一週內，有近二十六萬名中國民眾通過互聯網向尼災區捐助善款，每天都有許多中國人前往尼泊爾駐華使館獻愛心。震後十餘天，尼駐華使館已募集到四十萬美元民間善款。

中國救援行動受到廣泛讚譽

尼泊爾「4・25」地震發生後，危難時刻，中國政府和人民堅定地同尼泊爾政府和人民站在一

二〇一五年六月二十五日，中國外交部長王毅在加德滿都出席尼泊爾地震災後重建國際會議後接受媒體採訪。王毅表示，中方盡己所能幫助尼方抗震救災，今後也願同尼方密切配合，為尼災後重建提供一切力所能及的幫助。（供圖：中新社）

起。中國對尼的無私援助贏得尼泊爾和國際社會廣泛讚譽。許多政府官員和學者紛紛表示，中國在尼泊爾困難之時伸出援手，體現了中國的國際人道主義精神，展現出負責任大國的形象，中國正在以實際行動構建患難與共、相互支持的周邊命運共同體。

尼泊爾總統亞達夫在接受《人民日報》等中國媒體記者聯合採訪時表示，患難見真情，在這場尼泊爾的全國性災難面前，中國人民選擇了與尼泊爾人民團結在一起，中國是尼泊爾真正的朋友。多個中國救援隊在不同地方日夜工作，救出了很多尼泊爾人，他們做得很棒，很好地幫助了尼泊爾政府和人民。震後中國領導人第一時間發來慰問電，向尼

泊爾表達真誠的慰問，令他深受感動。「我對中國表示最真誠的感謝和感激，」總統說。

尼泊爾衛生部公共衛生司司長哈利仕表示，尼泊爾全國七十五個縣中，三十個縣受災嚴重。多虧中國派來這麼多救援隊，向尼泊爾贈送了食品、藥品、水、帳篷等物資。患難見真情，中國是尼泊爾可靠的、值得信賴的、始終如一的朋友。他特別指出，中國救援隊技術先進，經驗豐富。中國醫療隊尊重尼泊爾人，他們在提供醫療服務時都會徵得尼泊爾人的同意，他們的工作非常棒。

尼泊爾紅十字會秘書長達克瓦說，中國紅十字會給予尼泊爾很多醫學上的支持，地震後向尼泊爾提供了必須的物品。在尼泊爾召開的聯合國救援協調會上，尼泊爾軍官也對中國救援隊的搜救行動表示感謝，稱讚中國國際救援隊是一支偉大的救援隊。

（註：此文根據多家媒體在尼泊爾救災現場的
報導編寫）

人文交流 篇

佛陀故里的中華寺

張九桓

（中國前駐尼泊爾、泰國大使）

在尼泊爾南部釋迦牟尼佛誕生地藍毗尼，有一座雄偉莊嚴的中國寺院，綠樹掩映著紅牆黃瓦、斗栱飛簷，潔淨靜謐的環境裡蕩漾著晨鐘暮鼓、木魚梵唄，每日前來朝覲、參觀者絡繹不絕，人們稱之為藍毗尼的一處新勝境。這就是由中國修建和管理的「中華寺」。

一九九五年至一九九八年，我擔任駐尼泊爾大使期間，恰好經歷了中華寺的修建過程。

緣起

事情得從人權問題說起。一九九五年底，中國駐尼泊爾使館接國內指示，爭取尼方在一九九六年四月日內瓦人權會上支持中國挫敗美國策劃的反華提案。經約談後，尼方作出了初步的積極表態。

一九九六年二月六日，我應邀出席藍毗尼國際研究所大樓落成儀式。出席儀式的尼政府高官和駐尼使節被安排乘直升機由加德滿都直飛藍毗尼。我剛到候機室，尼首相德烏帕就從門口走了進來。我

上前打招呼，德烏帕首相熱情地牽著我的手一起坐在沙發上。我看機會難得，寒暄過後又談起人權問題。

我說：「日前首相閣下對我說過的，尼方在今年日內瓦人權會上將支持中國的立場，我已報告國內。李鵬總理讓我轉達對您的感謝。」

「也請轉達我對李鵬總理的問候，」德烏帕說，「是的，我們將支持中國。我已指示我們的外交部照此辦理。」德烏帕端起茶杯喝了一口茶，然後把身子側過來對我說：「請大使閣下也幫我一個忙。十年前，班禪大師訪問尼泊爾時，對我們的比蘭德拉國王作過一個承諾，中國將在佛祖誕生地藍毗尼建一座佛寺，可是迄今沒有動工。請中方儘快將既定計劃付諸實施。」

我當即表示：「請首相放心，我們一定會非常重視您所提到的問題。」

從藍毗尼參加活動回到使館以後，我即向政務

張九桓大使同德烏帕首相交談。

參贊楊明清同志以及國內職能部門了解德烏帕首相所提問題的有關情況。

原來，早在一九八四年，尼泊爾就向中國提出在藍毗尼建寺廟的要求。這一年，在科倫坡第十四屆世界佛教聯誼會大會上，尼泊爾佛教復興會主席洛克達爾森向中國佛教協會會長趙樸初提出，希望中國能到藍毗尼建一座中國寺院，參與對這個佛教聖地的開發。此後，聯合國開發計劃署駐華代表孔雷薩也專門訪問過中國佛教協會，邀請中國參加藍毗尼國際開發委員會，為開發藍毗尼作貢獻。

中國佛協對尼泊爾和聯合國的要求持積極態度，認為中國是佛教大國，中尼關係很好，支持尼泊爾振興佛陀降誕地，應該當仁不讓，義不容辭。佛協的意見得到國家宗教局及其他有關部門的支持。

就這樣，一九八六年，當世界佛教聯誼會第十五屆大會在加德滿都召開的時候，中國派出全國人大常委會副委員長、中國佛協名譽會長班禪額爾德尼‧確吉堅贊率團與會，並代表中國政府和中國佛教界在會上宣布，中國將在藍毗尼建一座佛寺。班禪大師在會見尼泊爾國王比蘭德拉時，也作了同樣的承諾。其後，趙樸初會長為即將修建的中國寺院定名為「中華寺」，並題寫了寺名。

中國政府為中華寺的籌建撥出了三百萬元人民幣的專款。中國佛協委託浙江一家古建築研究院負責中華寺的建築設計。後來，尼泊爾政制發生變

化，比蘭德拉國王於一九九〇年將君主制改變為君主立憲制，宣布解除黨禁，實行多黨議會民主，結果政府頻繁更迭，政策缺乏連續性，致使藍毗尼的開發進程也受到了影響。而在中國方面，隨著時間推移，建築材料價格不斷上漲，三百萬元的專款已不能滿足建寺的需要。就這樣，中華寺的籌建工作一拖便拖了十年。

聖園考察

一九九六年二月上旬，我對藍毗尼作了一次專門實地考察。這次我是乘車去的，一大早就出發，翻山越嶺、跨溝過澗，三百六十多公里的路程走了近十個小時，下午四時才抵達。

藍毗尼開發委員會副主席維瑪拉南達熱情地接待我，首先向我介紹了藍毗尼的發現過程。他說，藍毗尼的發現首功當歸中國古代高僧。後人是依據法顯的《佛國記》、玄奘的《大唐西域記》和義淨的《南海寄歸內法傳》中有關記載，尋訪、發掘和認定佛陀誕生地藍毗尼的。

一八九六年，尼泊爾西部城鎮官員克哈德卡和德國考古學家費約赫爾首次在這裡發現阿育王柱，柱上的文字說明，這個地方就是釋迦牟尼佛誕生地。一八九九年，印度考古學家木克赫約在這裡挖掘發現佛母摩耶夫人廟遺址，出土的文物中有一塊生動地描繪釋迦太子誕生情景的浮雕。一九三二年至一九三九

年，印度考古局再次對這裡進行反覆考核，認定這就是釋迦牟尼的誕生地藍毗尼，並否定了考古人員一度提出的印度境內另一個藍毗尼的假設。

一九六八年，聯合國教科文組織考察並認定藍毗尼為世界歷史文化遺產。一九七〇年，聯合國開發計劃署考察藍毗尼並和尼泊爾政府一起成立了藍毗尼開發國際委員會，總部設在聯合國，加德滿都設分部，藍毗尼設辦事處。藍開委的會員有阿富汗、孟加拉、不丹、緬甸、柬埔寨、印度尼西亞、老撾、馬來西亞、尼泊爾、巴基斯坦、斯里蘭卡、新加坡、泰國、越南等。世界佛教聯誼會也號召所屬包括中國佛協在內的七十多個分會支持藍毗尼的開發。

維瑪拉南達副主席告訴我，按規劃，藍毗尼聖地開發區南北長五公里，東西寬一点六公里，總面積為八平方公里。由三部分組成：聖園區、寺院區和綠化區。聖園區在最南端，由聖園的摩耶夫人廟遺址往北有一中軸線，一直延伸到最北端的世界和平塔。中軸線東側為上座部佛教寺院區，西側為大眾部佛教寺院區。聖園區和寺院區周圍是綠化區。經過多年的努力，藍毗尼聖地建設已初具規模。

維瑪拉南達派了一位名叫班達裡的導遊陪同我參觀。我們先去聖園。老遠就看見一棵菩提樹，枝葉繁茂，鬱鬱蔥蔥。樹旁是一個澄澈的大水池。水池北面是阿育王石柱，柱上有用梵文刻寫的說明，意為：「阿育王於灌頂之第二十年親自來此朝拜。

此乃釋迦牟尼佛誕生之地。謹造石像、立石柱以茲紀念。並特諭准藍毗尼村減免賦稅，每年僅繳納所收入之八分之一即可。」阿育王柱的東面是佛母摩耶夫人廟遺址。啊！眼前的這一切與我多年前在《大唐西域記》裡讀到的情景是如此一致！

《大唐西域記》卷六的一段文字有這樣的內容：「⋯⋯來到藍毗尼看見一個大水池，池水『澄清皎鏡』，池旁『雜花瀰漫』。其北二十四五步有無憂花樹，今已枯悴。此乃佛陀『誕靈之處』。」水池「不遠有大石柱，上作馬像，無憂王之所建也」。後柱遭「霹靂，中折仆地」。

班達里解釋說，玄奘法師當年看到的是一棵枯悴的無憂樹，現在我們看到的菩提樹是後人於六百年前在原地重栽的。玄奘所說的「無憂王」即阿育王，阿育王柱曾遭雷劈倒地，柱子上端的馬像被劈毀，所以今天我們看到的阿育王柱只有柱子沒有馬像了。

班達里深情地說，倘若沒有中國高僧典籍的準確記載，就沒有藍毗尼的發現和開發。藍毗尼與中國的緣分太深了！

離開聖園，我們來到寺院區。導遊介紹說，在大眾部寺院區，決定建寺的有中國、日本、越南、韓國、蒙古、不丹、馬來西亞、新加坡、美國、德國、法國等。在上座部寺院區，決定建寺的有斯里蘭卡、泰國、緬甸、印度、老撾、柬埔寨、尼泊爾等。其中緬甸、泰國、斯里蘭卡、印度、尼泊爾、

日本、韓國和越南的寺廟已經動工興建，有的已接近完成。

我們來到位於寺院區西南部「中華寺」的預留地址。這是一塊正方形的土地，面積二萬五千六百平方米。地上長滿一人多高的茅草，偶有野兔奔逐。導遊說，許多國家都計劃在藍毗尼建寺廟，但我們尼泊爾人最希望看到中華寺早日建成。

繼續往北走，班達里讓我們注意不遠處一座藏寺，只見經幡飄動，人來人往。他告訴我們：這座藏寺得到達賴集團的資助。到寺裡的藏人，既有從西藏過來的，也有從印度過來的。有人在這裡或明或暗地搞分裂中國的活動。我們尼泊爾人不喜歡有人利用我們的國家做對中國不利的事情。我向他介紹了我們在涉藏問題上的立場和政策，感謝他所持的正義立場和友好態度。

這次考察給我的突出感受是，藍毗尼自古與中國有密切關係，這裡今天的發展也需要中國的支持和幫助。

建議與決策

從藍毗尼回到使館，我和楊明清參贊以及研究室、文化處的同志們一起研究中華寺的建寺問題。大家分析了方方面面的情況後認為，中華寺承諾十年而未動工，既有尼方的原因也有我方的原因。現尼方催我國儘快動工，我們宜採取積極態度。

可以說，我國在藍毗尼建寺適應了三個需要。一是人權鬥爭的需要。尼方雖未將中華寺問題與人權問題直接掛鉤，但尼方表示將在日內瓦人權會上支持中方立場時，也表示了對中華寺何時動工的關切。作為朋友，應該「投桃報李」。二是反分裂鬥爭的需要。達賴分裂勢力在藍毗尼地區活動猖獗，有的藏傳佛教寺廟成了達賴集團活動據點。據尼方透露，台灣方面曾試探赴藍毗尼建寺的可能，「台獨」勢力與達賴集團在藍毗尼也有往來。中華寺的興建必將對這些勢力在藍毗尼的分裂活動產生震懾和遏制作用。三是促進中尼人文交流、國際佛教文化合作的需要。據此，駐尼泊爾使館向國內提出報告，建議儘快將在藍毗尼建寺計劃付諸實施。

我們很快收到國內積極明確的答覆。事後我們得知，國務院總理辦公會議專門研究了中華寺問題，肯定了使館的看法和意見，決定再撥款三千三百萬元，連同前期撥款三百萬元，共三千六百萬元作為中華寺的建築費用。由宗教局和中國佛協負責與尼方商定建寺有關條款，適時簽約；派工作組赴尼實地考察，儘快確定設計和施工方案，做好施工前的各種準備，爭取年內動工。

一九九六年四月十八日，李鵬總理在北京人民大會堂與應邀訪華的德烏帕首相舉行會談時，正式告訴對方：中國政府決定撥款三千多萬元人民幣在尼泊爾藍毗尼建一座中國寺廟，支持尼泊爾對藍毗尼的開發，希望此舉有利於增進兩國之間的交流與

合作。

　　結束在北京的訪問後，德烏帕又訪問了西安和深圳。我奉命全程陪同。四月二十三日，就在德烏帕結束訪華即將離境的時候，日內瓦傳來消息，在第五十二屆人權會上，我國在一批主持正義國家的支持下再次擊敗美國的反華提案，尼泊爾投給了我們寶貴的一票。我對德烏帕表示感謝。德烏帕說他也非常感謝中方，他此次訪華收穫很大，包括在藍毗尼建中華寺問題上得到了中方具體而明確的答覆。好事多磨，磨出了好結果，他感到榮幸。

　　一九九六年九月，國內派出第一個建寺工作組赴藍毗尼作實地考察。工作組由宗教局、中國佛協和施工單位浙江省國際經濟技術合作公司聯合組成。工作組告訴我，中華寺總體設計方案已經敲定。設計的初稿由浙江一家古建築研究院提出，宗教局和中國佛協委託懷善法師作了必要的修改。中華寺屬宮廷寺院式，坐北朝南，既符合佛學、堪輿學要求，又具有民族古建築特色。工作組在藍毗尼實地考察後會見了藍開委的負責人，就中華寺設計方案徵求意見並得到對方的認可。

奠基與落成

　　一九九六年九月，尼泊爾首相德烏帕向我提出，十二月一日是藍毗尼阿育王柱發現一百週年紀念日，尼政府和佛教界將在藍毗尼舉行盛大的紀念

大會，邀請世界各國佛教組織派團參加。尼方特別希望中國派高級別代表團出席，同時舉行中華寺奠基儀式。藍毗尼開發委員會負責人也向正在藍毗尼考察的中華寺工作組提出同樣的要求。

我館認為，尼方提議於尼於我都有利。尼方希望借中華寺奠基為阿育王柱發現百年紀念會添彩，我則可借紀念會為中華寺奠基擴大影響。按計劃，江澤民主席將於十二月四日對尼泊爾進行國事訪問，中華寺的奠基也可為這次重要訪問作鋪墊。因此，我們建議國內對尼方提議予以積極考慮。

國內完全同意使館的意見，積極克服時間緊等方面的困難，如期完成組團和奠基前的有關準備工作。

代表團由六十五人組成，國家宗教局局長葉小文為總團長。下設兩個分團：一是工作團，由中央統戰部、國家宗教局、國家民委、外交部、財政部、中國佛協等部門的幹部組成；一是法務團，由各名山長老、住持和法師組成。

一九九六年十一月二十九日，中尼雙方關於中國在藍毗尼建造中華寺的協議簽字儀式在加德滿都尼泊爾文化部舉行，中國佛協副會長阿嘉、藍開委副主席維瑪拉南達在協議上簽字，中國國家宗教局長葉小文、尼泊爾文化大臣巴爾·巴哈杜爾出席見證。

十二月一日，中國代表團抵達藍毗尼，首先出席阿育王柱發現一百週年紀念會，接著舉行中華寺

奠基儀式。尼泊爾文化大臣、各國參加阿育王柱發現一百週年紀念會的代表團團長和高僧大德、部分駐尼使節以及僧俗群眾兩百多人出席和觀禮。

儀式按佛教儀軌隆重舉行。鼓樂齊鳴，梵唄裊繞，花雨繽紛，一派祥和喜慶氣氛。我邀上尼泊爾文化大臣以及緬甸、韓國、斯里蘭卡等幾個國家大使，和葉小文局長、中國佛協領導以及高僧大德一起為中華寺基石培土。吉祥的泥土拋向空中又緩緩落下，一塊鑄造了十年的基石穩穩地鋪在了藍毗尼的土地上。一位高僧對我說，中華寺奠基可謂「精神飽滿、法喜充滿、功德圓滿」！

世界媒體，特別是尼泊爾、印度、斯里蘭卡、泰國、緬甸、新加坡等國家和地區的媒體對中華寺奠基作了廣泛報導。輿論評稱，「中國在藍毗尼動工建寺是對尼泊爾開發藍毗尼的有力支持」，「對那些關於中國違反人權、沒有宗教自由的誣衊是一個有力的回擊」。

儀式結束以後，葉小文局長即召集宗教局、中國佛協和施工單位的領導和有關人員開會，告誡大家：「中華寺是我國在國外建設的第一個寺院，是一項非同一般的特殊工程，一定要高質量按時完成任務。這是為佛教做事，要把功德放在首位，作行善積德想，把中華寺建成優質工程、形象工程、良心工程。」

經過一番必要準備後，一九九七年三月七日，中華寺開始施工。浙江公司的工人和技術人員努力克服交通運輸困難、材料短缺、食品匱乏、天氣炎熱等不利條件，吃苦耐勞，頑強拚搏，工程進展順利。宗教局和佛協悉心指導、認真監督，使工程質量得到了保證。

一九九八年六月，我奉調回國擔任外交部亞洲司司長。臨行前，我最後一次赴藍毗尼檢查中華寺的建設情況。當時，山門、大雄寶殿、寮房、迴廊等都基本完工，中華寺的雄偉英姿已經顯現出來，開始贏得周圍寺院朝觀者和遊人的讚賞。我心裡感到踏實和愉悅。

一九九九年一月，中華寺竣工，驗收合格，並被評為優良工程。驗收報告中有這樣的文字：「從遠處眺望，萬綠叢中，中華寺掩映其間，紅牆黃瓦，熠熠生輝，壯麗非凡」；「從近處看，大殿巍峨壯觀，氣勢雄偉，雕樑畫棟，金碧輝煌」；「東西配殿擁立兩旁，院落寬暢而協調，後院的禪堂和生活區則顯得十分幽靜」。字裡行間反映出驗收人

二〇〇〇年五月二十七日，尼泊爾首相柯伊拉臘（右）為中華寺落成剪綵。左為中國駐尼大使曾序勇。

員的滿意心情。

　　二〇〇〇年五月二十七日，中華寺舉行落成典禮。尼泊爾首相柯伊拉臘出席。中國方面有國務委員司馬義·艾買提、國家宗教局葉小文局長和中國佛協副會長一誠法師、副會長兼秘書長刀述仁等出席。司馬義國務委員發表講話，稱讚中華寺凝聚了中尼兩國佛教界的友誼，是中尼友好的又一座歷史豐碑。

　　柯伊拉臘首相在致辭中對中華寺的落成表示熱烈祝賀，稱讚中華寺為尼中友好關係增添了一塊新的基石。他對中國政府和佛教界支持藍毗尼開發表示誠摯感謝。

中國在尼泊爾佛祖誕生地藍毗尼修建的中華寺全景（供圖：中新社）

　　我駐尼泊爾大使曾序勇出席了中華寺落成典禮。本來國家宗教局和中國佛協也盛情邀請我參加這場活動，但當時我手頭有重要事情實在走不開。曾大使深知我的關切，在電話裡向我詳細介紹了慶

典盛況。中華寺的建設在我擔任大使時開始，在他的任上完成，我們都為此感到欣慰。

駐錫與管理

中華寺建成後，是否由我國僧人常駐和管理，從一開始就存在兩種意見。一九九六年四月，國務院有關會議的決定是撥款建寺，寺院建成後交由尼泊爾方面管理。我駐尼泊爾使館始終堅持建寺並管理的意見，認為只有駐人和管理，才能保證中華寺真正成為中國佛教陣地，發揮介紹中國佛教文化、開展對外佛教文化交流合作，並在佛教領域反對分裂、維護祖國統一的作用。

後來我得知，有關職能部門也是贊成使館意見的。一九九八年九月，國家宗教局牽頭再次將這種意見呈報國務院，國務院最終作出決定：一俟中華寺建成即派僧人常駐和管理。人員的派出和經費籌

措均由中國佛協負責。

　　一九九九年三月，中國佛協派出第一批常駐中
華寺的僧人，他們主要是中國佛學院的學僧，帶有
打前站性質。

　　二〇〇〇年三月，中國佛協正式任命懷善法師
為中華寺首任方丈，並於五月二十七日將方丈升座
結合中華寺落成、佛像開光一併舉行典禮。中華寺
自此步入正常運作的軌道。

　　懷善出生在廣西全州，二十世紀六〇年代畢業
於廣西工學院水利工程專業，一九八〇年獲得工程
師職稱。一九八五年在南嶽上封寺拜寶曇法師為
師，後又師從本煥長老、一誠長老、佛源長老。一
九九〇年任江西省佛協副會長、萍鄉市佛協會長、
寶積寺住持。一九九五年調中國佛協，受命負責對
北京佛牙塔地宮和塔院的改造設計。一九九六年受
命赴尼泊爾負責對藍毗尼中華寺的總體設計。二

○○二年九月起，任中國佛協副秘書長。

在懷善方丈的帶領下，常駐中華寺的僧人團堅持早晚課誦、暮鼓晨鐘；堅持農禪並重，打掃衛生，挑水種菜；堅持對外交往，結交藍毗尼各國僧團，參加藍毗尼的國際法會和參禪活動；堅持維護和完善寺內設施和財產。中華寺很快就在藍毗尼樹立了良好的形象和聲譽，獲得廣泛好評。

二○○九年七月，我和亞洲司江偉副處長等一起出差尼泊爾，再訪藍毗尼，拜訪了懷善法師。法師領我們上香禮佛，參觀殿堂、寮舍、庭院、菜地和施工中的擴建工程，並以禪茶瓜果款待。他以豁達、前瞻的態度向我們簡要介紹了十多年來中華寺的風雨歷程，對種種磨難一語帶過，說得最多的是「因緣殊勝，實屬難得」「既為佛子，當盡佛事」，常駐藍毗尼的經歷是「人生中最美妙的樂章」。他特別向我們提及，中華寺與各國在藍毗尼的常駐僧人往來密切，建立了友誼，相處融洽。過去每年二、三月份藏傳佛教都會在藍毗尼舉辦為期兩個月的法會，達賴有一次曾親往講經。自中華寺建立以來，達賴不來了。懷善說，一定要像葉小文局長說的那樣，做「苦行僧、文化僧、和合僧」，一定要把中華寺辦成中國佛教的窗口、中國文化的窗口、中國人民友誼的窗口，成為佛陀誕生地的一顆璀璨明珠。

回到加德滿都以後，我與當時我國駐尼泊爾大使邱國洪交換意見後一致認為，中華寺的興建和派

僧人常駐管理是完全正確的。中華寺正在成為中國佛教和中國形象的展示窗口、中國佛教文化對外交流與合作平台、維護國家統一和民族團結的前沿陣地。而且，從初步實踐經驗看，中華寺還可以成為我們鍛鍊和培養僧人隊伍的一所學校。

前景

二〇一二年初，我到北京廣濟寺拜訪懷善法師。

中國佛教協會總部設在廣濟寺。懷善法師自二〇一一年五月從藍毗尼中華寺方丈的崗位上任滿回國以後，就一直住在這裡。他以中國佛教協會副秘書長的身分參與處理會務，特別是與中華寺有關的各項事宜。他還不時跑跑尼泊爾，與尼佛教復興會、藍開委、尼中友好協會、尼中文化交流協會以及一些政要、名流都有聯繫。他告訴我，尼政府對開發藍毗尼有一些新設想。主要是：

解決交通問題。計劃修一條由加德滿都至藍毗尼的高速公路，也考慮建高速鐵路。同時增加飛往藍毗尼的航班，並考慮條件成熟時開通直達藍毗尼的國際航班。

解決朝觀者和旅遊者的住所問題。鼓勵各國在藍毗尼的寺廟開設和增加客房。在藍毗尼增建一批中低檔的旅遊賓館。

除釋迦牟尼誕生地藍毗尼之外，還計劃開發迦

毗羅衛國都城、佛陀舍利塔、淨飯王與摩耶夫人墓等一批佛教遺址，形成以藍毗尼為中心的佛教聖地群。

資金來源主要靠吸引外資。目前，已有東南亞、東北亞包括港、台地區的佛教徒企業家表現出濃厚的興趣，有的正在進行有關項目洽談。

「問題是，尼泊爾政局動盪不止，政府頻繁更迭，各政黨之間存在嚴重矛盾和分歧，這會不會影響藍毗尼開發政策的一貫性？」我表示了一種擔心。

懷善法師取出一罐上好的鐵觀音，親自煮水泡茶。禪茶一味，談興更濃。法師說，從他所接觸到的尼泊爾政府官員和政黨領導人的談話看，在開發藍毗尼問題上，無論執政黨和反對黨都持積極態度。這也是情理之中的。藍毗尼的開發既符合國家和民眾的利益，也符合各政黨利益。看來，各政黨都願意舉這面旗幟。

我說，尼泊爾佛教復興會主席洛克達爾森先生曾表示，要把藍毗尼建設成佛教徒心中最神聖的地方，就如同麥加之於穆斯林、梵蒂岡之於天主教徒一樣，您覺得如何？

懷善法師說：佛教有四大聖地——佛陀誕生地藍毗尼、佛陀悟道成佛地菩提伽耶、佛陀初轉法輪地鹿野苑、佛陀圓寂地拘屍那迦。藍毗尼在尼泊爾，其餘三個地點在印度，但都處在恆河流域，相距都不遠。二〇〇七年七月，我從藍毗尼出發先後

朝觀了佛陀悟道、布道、圓寂三大聖地以及其他佛陀聖蹟，身心受到一輪淨化與昇華。遺憾的是這些聖蹟沒有得到很好的管理和保護，令人有些沮喪和壓抑。但一回到藍毗尼，心中的不快便一掃而空。這裡已經有十八個國家建立起三十四座各具特色的佛寺，均由本國僧人常駐管理。每月的月圓日，各國寺院的常住人員都自發到摩耶夫人廟組織一場法會，不同國度、不同種族、不同膚色、不同語言的僧侶集體誦經，將從這裡發源而傳播到世界各地與當地文化相融合後的佛教又帶了回來。這是回報「四恩」——佛恩、國土恩、眾生恩、父母師長恩，也是「烏鳥之情」。尼泊爾計劃在十年內將藍毗尼建設成世界級的中等城市。世界佛教組織提出要將藍毗尼建成世界佛教中心。人們看好了這塊風水寶地，各國在這裡建的寺廟都體現本國經濟實力，儘可能地融入本國文化特色，從某種意義上說，藍毗尼也是「世界之窗」。從建設規模上說，藍毗尼已經超過麥加和梵蒂岡。藍毗尼正在發展中。藍毗尼必將成為全世界佛教徒心所嚮往並踴躍朝觀的聖地。

我說，佛教產生二千五百多年來，幾度興衰沉浮，您對佛教的前景如何看？

懷善法師說：佛教的興亡從來同地區和世界的變化緊密相連。當今世界正在發生著深刻變化，中國、印度等新興力量國家迅速崛起，人們說 二十一世紀是亞太世紀。在這個大背景下，佛教也出現

一個新的發展勢頭。本衲預期，二十一世紀也將是佛教復興的世紀。

「那麼，您對藍毗尼中華寺的前景如何估計呢？」我進一步請教。

懷善法師說：去年五月，印順法師接替我出任中華寺新一任方丈。印順法師師從本煥長老，而後擔任深圳弘法寺方丈，曾就讀於北京大學和泰國朱拉隆功大學佛學院並獲得相應學位，年輕有為，在中國佛教界高僧大德和僧眾的支持幫助下，必能帶領常住僧人把中華寺越辦越好。中華寺將繼續在辦教育人、維護祖國統一、促進中尼友好與開展國際合作中發揮積極作用，也將在藍毗尼開發和佛教振興中作出貢獻。中華寺有著廣闊的發展前景。

在我們的談話即將結束的時候，我對懷善法師說，今日聽君一席談，勝讀十部書。法師忙說，我還有書相贈。說著遞過剛剛出版的兩部新著《佛陀故鄉駐錫記》和《印度朝聖記》，前者是他二〇〇四年回國治病期間寫成，記述了他住持中華寺的經歷、見聞、感受和經驗。後者是他二〇〇七年赴印度朝覲後寫成，詳細記錄了各處聖蹟的真實情形，對了解佛教很有參考價值。中國佛教協會副會長刀述仁居士為《佛陀故鄉駐錫記》作序，高度評價懷善法師前後十六年為中華寺建設和佛教事業篳路藍縷執著奉獻，感謂「大道之行，常以孤者力行為最，而去國懷鄉，矢志不渝近可歌可泣者，舍懷善法師其誰？」並評價該書是「一本集史料性、知識性、趣味性等為一體的可讀性很強的著作」，「十分難得珍貴，讀來令人歡喜，令人發思」。我如獲至寶，深表謝意。

揖別懷善法師，我走出禪房。

在料峭的寒風中，我仰望院子裡參天的國槐，隱隱約約看見枝頭已泛出幾分綠意。

春天來了！她給大地帶來新的生機，也將給中華寺帶來更加明媚的風景。

中尼人民是兄弟

馬維光

（中國駐尼泊爾、印度使館前文化參贊）

二〇一五年四月二十五日下午，聽到尼泊爾發生了 8.1 級地震，我不禁驚呆了！這兩天我正沉浸在一九八四到一九八九年在尼泊爾使館工作期間那些美好的回憶中——親如兄弟的尼泊爾老朋友們、四季如春的加德滿都谷地、尼泊爾獨特的文物古蹟……真想不到一九三四年那樣的災難，突然又一次降臨到我們友好的兄弟鄰邦。

永久的懷念

尼蘭詹·巴特拉依老先生 二十世紀五〇年代在中國北京大學進修中文，我也曾在北大學習過外語，可謂是校友。後來他在尼泊爾駐華使館長期工作，在尼外交部任駐外大使等高官，退休後仍致力於在中國翻譯出版他寫的《尼泊爾與中國》一書。他首先要將尼泊爾原文譯為英文。當時我也已退休，有幸組織此書的中譯和出版。經與社會科學院的王宏緯、劉建等老友合作，該書終於在二〇一〇年問世。書中提綱挈領地梳理了兩國的主要交往史，極具參考價值。外交

馬維光與《尼泊爾與
中國》作者尼蘭詹‧
巴特拉依先生

部和我國駐尼泊爾使館有關同志對本書所附兩國所簽
的外交文件予以校訂。該書能榮獲中國人民對外友協
陳昊蘇會長作序和病中的季羨林教授題詞，也屬十分
幸運之事。巴特拉依的公子和孫子也都留學中國。公
子阿努伯‧蘭金‧巴特拉依那時任阿尼哥同學會（尼
留華同學會）的主席，經常來京。我退休後，仍與他
們保持聯繫。

　　我的耳邊至今仍不時響起「馬先生、馬先生」
那纖細、親切的呼喚聲，那是前皇家文學院副院長
班格戴爾先生每次見面時從遠處就傳來的熱情的召
喚。我倍感親切，卻又有些難於承受，他畢竟是一
位有身分、有造詣的長者！他是作家，寫過長篇小
說，反映尼泊爾打工仔在海外的艱辛生活；又曾留
學法國，學習美術，是尼泊爾一位知名的畫家。他
曾送我一幅描繪尼山區茅草屋景色的油畫，背景雪
山，風景獨好，帶有晦暗的色調，顯示尼泊爾仍處

馬維光與尼泊爾前皇家文學院副院長班格戴爾（右）

於貧困的境地。尼泊爾儘管有「東方瑞士」之稱，有上佳的自然風光，但仍為世界最不發達的國家之一，不禁令人感嘆。西方工業文明的富有是建立在東方農業文明基礎之上的。院長有著一副蒙古利亞人的面孔，是一位和藹可親的老人，對中國的事有求必應，事必躬親。在中國辦畫展，他展前仔細檢查，往往揮筆親自題寫展名。接待中國雜技團、歌舞團，安排中國藝術考察人員，他都鼎力協助，親自過問。他於二十世紀末辭世。

　　另一位難忘的長者是前尼中文協主席覺蒂先生。他是尼泊爾知名的覺蒂商貿集團的掌門人。其父輩一代開啟了藏尼貿易，他父親被當地人們稱為「白帽子」，在西藏頗有人緣。這位覺蒂先生晨九時必定上班，運籌帷幄公司各項事務，對促進中尼交往也樂此不疲。他是尼瓦爾族，上座部佛教徒，也是佛教復興會理事會成員，少有的素食者。

讓阿尼哥形像永駐北京

　　工藝師阿尼哥是尼泊爾人的驕傲，是中尼友好
交往的象徵。經與北京白塔寺寺廟管理委員會商
洽，寺方與阿尼哥協會雙方決定在寺內白塔旁樹立
一尊阿尼哥等身銅像，阿尼哥協會負責在尼鑄造。
二〇〇二年銅像竣工，雙方舉行了落成儀式和尼泊
爾工藝展示活動。現在，阿尼哥以一個漂亮的尼泊
爾青年形象，豪邁地佇立在大白塔前，眺望著南方
的故國。巴特拉依先生在《尼泊爾與中國》一書中
認定，阿尼哥是尼瓦爾人的釋迦族，他也依照忽必
烈和國師八思巴的意願當過僧人，後又還俗，出入
佛門屬自然之事，因為他們本是佛陀家族後人，生
就的佛教徒。帕坦（據稱是阿尼哥的故鄉）有一座
金碧輝煌的「金廟」佛寺，完全由釋迦族男子的志
願者們輪流侍奉經管，終生「侍佛」，這可能是釋
迦族人的一個古老的傳統。

　　阿尼哥修建了北京妙應白塔寺和五台山的大佛
塔，其塔式稱為「奇白」，我國考古專家認為這一
類型的塔源於尼泊爾，加德滿都之西的斯瓦揚布大
佛塔是其典型。慶幸此次「4‧25」地震中這一古
塔尚存。

　　佛教造像是阿尼哥和尼泊爾藝術家們的另一特
長。尼泊爾造像工藝的精湛之處不僅在於其形體優
美，更主要的是其面部栩栩如生的端莊與安詳，這
也是佛教虔誠信徒孜孜以求尼泊爾佛像的原因。我

曾隨湖北兩名美術工藝教師在尼考察過這種工藝。注模澆灌均不複雜，全部手工，關鍵是打磨和繪製，都在於造像師的「藝術感」。代代相傳的面部彩繪和燙金的傳統工藝確實很高超，但盡在「不言」中。這些師傅也大都屬釋迦族。在五台山和國內的佛廟中，不少神像來自尼泊爾。

北京白塔寺專家告，阿尼哥還善於繪畫，曾畫過忽必烈和察芯皇后的頭像。白塔寺在今後的擴建復原計劃中，擬做一複製品展出（據稱原作流於台北故宮博物院）。阿尼哥一三○六年逝世，元朝為其樹碑立傳。

文殊師利是加德滿都保護神

我和阿努伯‧巴特拉依曾三訪五台山，同吃同

住，吃僧齋，游佛殿，瞻佛像，尋找宣揚文殊大師
與尼泊爾誕生的神話——文殊師利從「大中國」五
台山來到加德滿都谷地，劈山洩去當時為一座大湖
的湖水，使之成為可居之地，尼泊爾由此誕生。我
們與五台山廟方達成協議，在最高處「中台」安置
尼泊爾鑄造的一尊文殊坐像，展示尼佛像工藝的水
平，並紀念尼泊爾家喻戶曉的這一美麗傳說。文殊
師利的神話和阿尼哥在中國修三塔（北京白塔寺、
五台山大塔和藏區金塔）和造像的諸多業績，表明
中尼兩國之間自古具有兄弟般的情誼和文化交流。
一九八四年三月李先念主席對尼進行國事訪問時，
尼國王就在文藝晚會中安排了《阿尼哥》和《文殊
師利》兩個舞蹈節目，歌頌中尼友好。

　　文殊師利的神話故事已寫入佛教的《斯瓦揚布
往事書》經典中，在斯瓦揚布大佛塔旁的小山上修
有紀念文殊的廟宇，山石上還有文殊大師來此留下
的足印一對。二十世紀五〇年代，中國文化代表團
訪尼時，郭沫若先生曾饒有興趣地查看了這一史
蹟。人們幾乎把此看作史實。為此，尼泊爾政府曾
請日本地質專家對此進行考察，結論自然是：史前
谷地確為大湖，湖水自然洩出。神話不過是人們試
圖對自然力的一種駕馭的願望，這裡與中國的文殊
聯繫在一起，實屬尼泊爾人民對中國人的友好情誼
使然，但也彰顯出中尼兩國人民在古代確有過親密
的關係。

　　中國從一九五七年開始為尼泊爾提供留學生獎

學金，至今阿尼哥同學會僅註冊會員已有三百多名。他們不斷為尼泊爾的建設服務，還積極促進中尼友好。前同學會主席阿努伯‧巴特拉依也從事組織中國產品交易會和通信技術交流工作。阿尼哥協會執委哈利仕針灸大夫，能說一口「兒化」的京腔漢語，對中醫有很深的理解，關心中國的發展，能與中國友人在感情上同涼熱，逢年過節必發來短信祝賀。作為執委，他也參加了阿尼哥協會「立像」的部分工作。但願他們在此次地震中平安無恙。

二十世紀八〇年代，在使館一次國慶招待會上，時任阿尼哥同學會主席的沙吉亞突然頭部纏滿藥布繃帶與會，看來傷勢不輕。原來，他頭一天不慎從二樓失足掉下摔傷，本應休息，但不願缺席失禮，帶傷應約。據說沙吉亞後來去了加拿大，行前他曾到新德里中國駐印度使館（那時我已調任印度）找過我，不巧我外出，從此失去了聯繫。在我有生之年，我一直期望再見到他，回憶像親兄弟一樣在加德滿都相處的日子！

班禪訪尼並出席世界佛教大會

一九八六年十一月，世界佛教聯誼會第十五屆大會在加德滿都舉行。中國派出了以中國佛教協會榮譽會長十世班禪副委員長為首、趙朴初會長為副團長的龐大的佛教代表團與會，並順訪尼泊爾。尼方十分重視。據悉，達賴叛國集團陰謀在會議期間

從事幹擾破壞活動，引起人們的警覺。大會由尼泊爾佛教復興會組織。聯合國藍毗尼開發計劃的尼方負責人洛克達爾森是知名的佛教人士，我經常拜會他，聽取藍毗尼開發總體計劃和對中國參與的期望。他也在大會組織處工作，好朋友之間辦事自然十分順當。佛教復興會主席甘露喜比丘會議之前曾專門拜會過屠國維大使。

在會議開幕當天的分列式上，各國代表團和尼泊爾各地佛教徒在音樂的節奏聲中高舉各自的旗幟，意氣風發地在主席台前正步走過。尼泊爾全國各地來的群眾，特別是加德滿都谷地的農民，男女

十世班禪大師在中國駐尼使館。

老少精神抖擻、步伐整齊、雄壯威武地走過主席台，顯示出尼泊爾佛教徒的高度組織性和群眾性。他們絕大多數並不出世，仍是熱心生活的勞動者。可以看出，尼佛教徒的人數遠高於官方的占人口百分之八的數字，可能要翻一番。班禪大師如願以償地乘坐直升機朝拜了佛陀的出生地藍毗尼園。尼中文協主席覺蒂請來多尊巨大的神像，分立會場兩旁，聲樂齊鳴，依藏傳佛教方式舉行歡迎十世班禪大師的盛大法會。第十五屆世界佛教聯誼會大會和中國代表團的訪問取得了圓滿成功。

聯合登上世界頂峰

一九八八年五月，中尼兩國登山健兒曾創下南

北雙登跨越珠峰的偉績。第一個登頂的是尼泊爾運
動員，首先跨頂到北坡。那天早上有霧，近中午天
空放晴，世界人民從電視屏幕上不但目睹了中尼運
動員從南北兩側跨越頂峰的壯觀景象，還通過他們
頭盔裡的攝像機鏡頭俯瞰世界，獲得「一覽眾山
小」的勝景。這是繼一九五三年五月尼泊爾人丹
增．諾爾蓋及澳大利亞人希拉里首登珠峰成功和一
九六〇年中國王富洲、貢布、屈銀華首次從北坡登
頂成功以後，可以載入史冊的又一壯舉。次日，我
們在駐加德滿都使館歡迎我國的這些登頂英雄
們——次仁多吉、李致新、大次仁、仁青平措。我
們看到這些英雄們被烈日燒灼發紫的面孔，徵得了
他們的簽名。尼泊爾運動員安格．普巴、昂．拉克

巴、拉克巴・索納等在西藏受到了熱烈的歡迎。中尼合作達到了一個「頂峰」。

中尼人民是兄弟

古老多樣的尼泊爾歷史和文化，是我經常請教一些尼泊爾朋友的話題。前已提及的前阿尼哥協會主席巴哈杜爾・沙吉亞是使館的老朋友，釋迦族人，「生就的佛教徒」。他和夫人所生的一男一女，面貌都帶有蒙古人的特徵。他經常請我們夫婦參加他們的一些節日活動。釋迦族屬尼瓦爾人，講尼瓦爾語，有他們自己的節日、風俗和習慣。一次，他帶我參觀了他被選為族長的就職儀式。他的正式著裝讓我大吃一驚——長袍、馬褂、禮帽、斜披紅綢帶，幾乎是曾流行一時的中式禮服。他住在一般稱為「巴哈爾」的小區內——內有小庭院、佛堂、住房，二層磚木結構的樓房，塔式斜坡的大屋頂，居住著釋迦族人同族姓的多戶人家。中世紀異族異教攻入印度後，佛教徒逃入尼泊爾，巴哈爾居民小區就成為逃難者的臨時棲居地，因而也就逐漸變為保護和傳抄佛教經文的中心；尼瓦爾人的蘭查、布奇莫拉這些美麗的書寫字體就用於傳抄金剛乘密宗經典和咒語。尼泊爾也就這樣成為保存和繼承佛教傳統的中心。中世紀到近代使用的尼瓦爾語曾創造了兩個王朝的燦爛文化，國人有必要學習些尼瓦爾語，對其古代文化一探究竟。

中國駐尼泊爾使館歡迎登山英雄歸來。

尼中文化協會的秘書長、尼瓦爾人巴迦查里亞
（意為「金剛師」）不厭其煩地反覆給我解釋斯瓦
揚布大佛塔供奉的五佛以及始出佛、現世七佛的意
義。經他介紹，我也曾看到佛陀生日那天在斯瓦揚
布大佛塔旁，十餘名金剛師一律穿上繡有漢字
「壽」字的綵緞長袍，頭戴五佛冠，手持金剛鈴，
跳起佛教密宗的澤利雅舞蹈。塔上方高懸繪有文殊
大師劈山洩水、造就加德滿都谷地的彩幅。我聽說
北京景山五亭曾供奉過五佛，讓我馬上聯想到斯瓦
揚布大佛塔，兩處都位於全城的小山制高點上，都
供奉五佛，全然是巧合嗎？

　　佛教在尼泊爾有些印度教化。一般受過教育的
人，並不成日經咒不離口、虔誠跪拜侍神，他們是
將宗教習俗視為一種生活方式。雖說全民信教，無
論印度教徒和佛教徒，他們都以出生的家庭而論，
沒有嚴格的戒律儀軌，總的來說生活頗為寬鬆和愉
悅。

　　尼泊爾的建築藝術十分接近我國的磚木結
構──由四個大三角形形成大屋頂，多由木柱斜向
支撐於下面磚木結構的牆體上，稱為「塔式」結
構。這種「塔式」大屋頂和磚木結構是尼泊爾建築
的主要形式。加德滿都的濕婆廟、新老王宮，平原
地區賈納克普爾的羅摩和悉多成婚紀念堂，都具有
四方的木製或金屬的大屋頂，下部為磚木結構，頗
近似中國漢、唐宮殿和館舍的形制。

　　加德滿都有一個「大木樓」，全為木質結構，

據稱為一棵大樹建成，極具代表性。一般木結構上都有雕刻。巴德崗民居一個僻巷裡有一個不大的窗櫺，由孔雀開屏圖案構成，這一扇窗極具美學的價值，是尼泊爾木雕的代表作。有趣的是，一些大門前還有雙獅雕刻。中國流行的龍鳳形象也間有發現。印度形式的廟宇叫「西卡拉」，由向上的數個尖頂組成，比較少見。

加德滿都的「加布」即農民習慣挑擔子，吃類似包子的「饃饃」，與中國人相似的習俗何其多！從人種上看，一些族人自稱，他們的祖先來自中國。經考證，我國專家證實尼泊爾邊境的夏爾巴人是西夏党項人的後裔。僅此而已？！調研工作恐怕還遠沒有開始。

從 二十世紀八〇年代我作為文化專員派駐尼泊爾使館工作，至今已有二十五年，尼泊爾一直魂牽夢繞地活在我的心中。不消說，皚皚的雪峰、美麗的山川、怡人的氣候令人留戀，更重要的是我不

感覺生活在異國他鄉，而是在親切、友善的尼泊爾朋友當中。用「兄弟」一詞來比喻他們再恰當不過了。我真的感覺，中尼兩國不僅有古老的交往歷史、手足般的情誼，而且人民間有某種血脈淵源。二十五年後的今天，我更加確信這一點。

　　四月二十五日的大地震也震撼了我們的心，使我們這些處在地震板塊上的人們更加警覺，要求我們更加聰明，站在更高的起點上面對大自然的挑戰，攜手合作。我們是英雄的人民，親如兄弟！在「一帶一路」的建設中，我們要穿越喜馬拉雅山，橫跨聖河，走向大洋，把中亞和南亞緊緊聯結起來，變成人間天堂！

廣播緣

鄒肇軍

（中國國際廣播電台尼泊爾語部原主任）

一九六八年八月，我由北京廣播學院（現中國傳媒大學）外語系畢業，分配到中國國際廣播電台的前身——中央廣播事業局（現為國家新聞出版廣播電影電視總局）對外部，籌辦對尼泊爾廣播。一九七五年六月二十五日，我和其他同事一道，親手開創了中國對尼泊爾廣播。

常言道：沒有聽眾的廣播是失敗的廣播。我無論作為尼泊爾語部的普通一員，還是後來擔任語言部主任，這一名言始終銘記於心。我們視聽眾為上帝，盡心打造了深受他們喜愛的無線廣播和網上節目。廣播使我和眾多尼泊爾聽眾結下了不解之緣。

一個小插曲

尼泊爾的英文拼寫為 Nepal，代表著 never ending peace and love（永無止境的和平和愛——這是尼泊爾人給自己國家下的定義）。她是群山的國度、佛陀的誕生地，是我們的近鄰，善良友好、勤勞樸實的尼泊爾人民是我們的朋友。中國國際廣播

電台是跨越喜馬拉雅山架設在中尼兩國人民中間的空中友誼橋樑，我們的尼泊爾聽眾則是這座空中橋樑的友好使者。

在近四十年的廣播生涯裡，聽眾朋友對「嫦娥姐姐」（我的播音用名）的名字和聲音已經非常熟悉。一九九二年，我隨中國文聯代表團訪問尼泊爾，記得有一天參觀加德滿都老王宮，我正在給代表團講解時，突然迎面走過來三個小夥子，他們雙手合十、笑容滿面地對著我說「納瑪斯德」（尼泊爾語「你好」），我很驚訝地回答「納瑪斯德」後笑問他們是誰，他們問：「您是嫦娥姐姐嗎？」我更驚訝了：「你們怎麼知道的？」其中一個男孩答道：「我們是中國國際廣播電台的聽眾，我們天天都聽你們的廣播，您的聲音我們已經非常熟悉了。」因為我當時還需陪代表團參觀，因此約他們晚上到我住的賓館敘談。

晚上，他們如約而至。他們告訴我，他們都是特里布萬大學的學生，同學中有好多跟他們一樣也是我們的聽眾，每天他們都要聚在一起收聽 CRI（中國國際廣播電台）的尼語廣播。他們很喜歡我們的節目，很喜歡聽我播音，也很喜歡我主持的「中國西藏」和「聽眾信箱」專題節目等。此外，他們還談了很多對我們節目的想法和建議，我們聊得非常投機，真是一見如故，有一種相見恨晚的感覺。這三位聽眾畢業後回到各自家鄉，仍然沒有中斷和我們的聯繫，並在當地發展了眾多 CRI 的聽

眾，連他們的孩子和家人也都成了 CRI 的忠實聽眾。直到現在，我已經退休多年，可他們始終沒有忘記我這位中國姐姐，隔三岔五地就會給我來個郵件表示問候。

第一次聽眾聚會

一九九五年十一月底，我赴尼泊爾特里布萬大學進修，時間為六個月。在此期間，我見到了許多可愛的聽眾。

這年十二月二十四日，我應邀參加了加德滿都地區的第一次聽眾聚會。聽眾聚會由曾經於一九九〇年應國際台邀請來華訪問過的普拉喀什‧巴布‧博迪爾主持，現在他是國際台尼語廣播在尼泊爾落地電台台長以及國際台在尼工作室的負責人。不過，當時他還只是個剛滿二十歲的外地農村青年，在加德滿都的一個志願者協會工作。他從一九八〇年就開始收聽國際台尼泊爾語廣播，並與我們保持了經常性的通信聯繫。他於一九八六年五月一日率先在尼泊爾成立了中國國際廣播電台第一個聽眾俱樂部。在他的鼓舞下，其他聽眾紛紛傚傚，短短的幾年時間裡，聽眾俱樂部就像雨後春筍般地發展起來，遍布尼泊爾全國城鎮農村。

這次聽眾聚會是由普拉喀什發起召集的，下午三點，聚會開始，地點在普拉喀什的辦公室。與會者共十一人，都是我們的老聽眾，他們平時其實並

不相識，是國際台尼泊爾語廣播讓他們走到一起來了。大家一見面分外高興，他們當中有報社記者，有中學教師，有國家工作人員，儘管職業不同，但是他們對 CRI 的熱愛和支持都是相同的。

在聚會過程中，他們對我們的節目提出了許多寶貴建議和意見之後，就集中到一個話題，即要求召開 CRI 聽眾俱樂部全國代表大會。早在一九九一年，普拉喀什就寫信給我們詳細闡述了在尼泊爾成立全國聽眾俱樂部的必要性及其重要作用（當時在尼泊爾全國已經有了一百多個大大小小的聽眾俱樂部了），其他聽眾俱樂部主席也分別來信提過類似要求。由於我從一九九〇年起就一直擔任尼泊爾語部主任直到退休，因此這些情況我很清楚，但是都因各種原因，一直未能如願。此次恰逢我本人在尼泊爾，聚會提供了一個彼此交換意見的好機會。

會上，大家從重要意義到每個具體細節，包括會旗、會徽、資金、聯繫方式等方方面面都進行了熱烈討論，最後在如何進一步擴大 CRI 在尼泊爾的影響、如何使尼泊爾語廣播更深入人心、如何協助尼泊爾語部更進一步提高節目水平以及如何舉行尼泊爾 CRI 聽眾俱樂部全國代表大會等問題上達成了共識。會上，還成立了 CRI 聽眾俱樂部全國代表大會籌備委員會，普拉喀什任籌備委員會主任，並一致推舉我為該委員會的指導。

我與聽眾的第一次聚會歷時三小時，在依依不捨的告別聲中結束。聚會結束後，與會的聽眾在普

一九九九年四月，鄒肇軍（前排右４）同尼泊爾聽眾俱樂部代表們在一起。

拉喀什的帶領下，積極發動各自俱樂部的成員參加活動。在他們的努力下，一九九六年五月十八日，尼泊爾聽眾俱樂部召開了第一次全國代表大會，二百名聽眾從全國各地跋山涉水匯聚到了加德滿都。會議通過民主選舉，選出了以普拉喀什為主席的十一人全國委員會，並下設各個分會。從那時起，該委員會一直積極開展活動，團結全國各地的聽眾俱樂部，為加強中尼友好、為密切與 CRI 的聯繫作出了很大的貢獻。儘管他們一再邀請我一定要參加第一次大會，但由於我小女兒當年要考大學，我必須儘快回國，因此台裡派其他同志去參加了。會議非常成功，在尼泊爾產生了轟動效應，尼泊爾幾家新聞媒體都作了報導。

一九九九年四月十七到十八日召開了第二次全國代表大會，我和我的同事蘇豪前往。會議由普拉喀什主持，尼泊爾前首相曼·莫漢·阿迪卡里親自為大會點燃吉祥聖火，尼泊爾電台、《廓爾喀日報》等各大新聞媒體都派出了自己的記者，並在顯著位置給予了報導。

二〇一〇年九月，尼泊爾聽眾俱樂部召開了第四次全國代表大會，當時我在美國，新當選主席拉曼什·巴特拉依給我發郵件，向我詳細報告了大會情況和委員會成員名單。儘管我已經退休，早已不參與這些事情，可是直到現在，仍然有許多聽眾常常跟我聯繫，向我訴說他們的想法。

二〇一四年七月，尼泊爾語部年輕的主任張玥訪尼回來後告訴我，有好多聽眾一見面就提嫦娥姐姐的名字，都請她問候我，她還說：您在聽眾中的威望真高啊！聽眾對我的情誼令我真的非常感動。

尼泊爾東部之行

一九九六年一月，我利用學校放寒假的機會，來到了曾兩次到過的尼泊爾東部遜沙利縣。

（一）

聽眾克里希南·阿查里雅在我到達的第三天就聞訊來到我的住地。阿查里雅是一位二十多歲的英俊小夥子，當時是伊達哈利商學院二年級的學生，

他收聽國際台尼泊爾語廣播已有十來年了。一九九三年他成立了「CRI 榜樣聽眾俱樂部」，並利用假期到鄰縣去宣傳國際台，親自促成在各村成立了十多個「CRI 榜樣聽眾俱樂部」分會和二十幾個支會。他向我談到了自己從國際台的廣播中學到的知識和受到的教育，對進一步改進我們的節目提出了自己的一些想法。他還高興地給我看了他在國際台舉辦的知識競賽中獲得的獎品（絲質桌布、收音機、T 恤衫等）。他說：這些獎品我都捨不得用，我專門用一個玻璃櫥櫃來展示，我要讓其他人也來跟我一起分享快樂的同時認識 CRI，收聽 CRI。

（二）

克里希南‧夏爾馬是我們的老聽眾，一九九四年曾應邀來中國訪問過。他居住在距離加德滿都東南五百公里外的達朗市，一九九一年他組織成立了達朗市 CRI 聽眾協會。他一直把自己當作 CRI 的一員，為加強 CRI 與聽眾的友誼和聯繫做了大量工作。他親自到我的駐地邀請我參加達朗市 CRI 聽眾協會為我舉行的歡迎會。一九九六年一月十五日，那天天下著雨，我以為大雨會阻止聽眾們的出行，可是當我來到會場時，熱烈的氣氛讓我熱淚盈眶。達朗市 CRI 聽眾協會和達朗市 CRI 婦女聽眾協會約六十多人冒雨在門口用尼泊爾迎接貴客的傳統方式歡迎我，又是獻花，又是行合手禮，「納瑪斯德」（尼泊爾語「你好」）的聲音不絕於耳，當時的情

景確實使人感動萬分。克里希南告訴我，若不是因為下雨，還會有更多的聽眾參加，目前聽眾協會的成員早已超出達朗市的範圍，擴大到周圍幾個縣的城鎮鄉村了。

歡迎會由聽眾協會書記、當時正在度蜜月的巴爾提烏·沙拉特主持。克里希南主席回顧了達朗 CRI 聽眾協會近年來的活動情況，他說：「我們成立 CRI 聽眾協會不是為了某種經濟目的或進行某種活動，而是為了收聽 CRI 的尼泊爾語節目，並且能在一起交流收聽體會。我們協會自一九九一年成立以來活動一直非常積極，如積極向 CRI 提建議已成了協會的一項經常性的義務；為增加 CRI 的聽眾努力做工作；幫助鄰村、鄰縣的聽眾成立新的俱樂部；兩次發起召開 CRI 地區俱樂部聯席會議，為擴大 CRI 在尼泊爾東部地區的影響發揮了自己的作用。此外，我們還以 CRI 的名義開展植樹、獻血、清掃街道等活動，今後我們還將繼續加強同 CRI 的聯繫。」遺憾的是，克里希南為了生計，幾年前去了比利時，從此與我們失去了聯繫，但是，對他作為 CRI 的朋友，為 CRI 所作過的貢獻，我們是永遠不會忘記的。

（三）

特別值得一提的是達朗市 CRI 婦女聽眾協會，協會當時有成員三十八名。按傳統習慣，尼泊爾婦女一般都是在家相夫教子，對外界事物不感興

鄒肇軍（前排右2）和尼泊爾聽眾俱樂部成員們在一起。

趣也很少過問。該協會主席熱瑪‧夏爾瑪夫人是一位大眼睛、高鼻樑、苗條、漂亮、幹練的尼泊爾婦女，她一直收聽我們的廣播，並且組織其他姐妹一起收聽。在她的帶領下，幾十個尼泊爾婦女自發成立了達朗市CRI婦女聽眾協會。該協會自成立之日起活動就非常活躍，在當地小有名氣，所有成員都參加了國際台每次舉辦的知識競賽，有些還得了名次得了獎，為尼泊爾婦女贏得了榮譽。她後來隨丈夫去加德滿都居住，臨行前將協會交給了副主席比姆拉，安排好工作後才放心地離開。她去加德滿都後，仍然一直保持著每天收聽CRI尼泊爾語節目的習慣。

（四）

　　在尼泊爾東部之行期間，我還參加了「比拉特納加爾市 CRI 聽眾友好論壇」組織的歡迎會。會場設在一個聽眾家的院子裡，院子約有兩個籃球場大，男女老少坐滿了整個院子，說實在的，好多人我都不認識，但是他們個個臉上都洋溢著真誠善意的笑容，歡迎我這位遠道而來的客人，親切地叫著「嫦娥姐姐」，並問候「納瑪斯德」（你好），歡笑聲此起彼伏，熱烈異常。主持人拉曼什是尼泊爾的聽眾俱樂部主席中較積極的一位，當時他還是一名中學生，活潑可愛。他多年來堅持每天收聽國際台尼語廣播，並定期寄來收聽報告，還經常給我們寄來自己寫的詩歌、故事等，與我們保持著不間斷的通信聯繫。由於他的突出表現，後來被我們選為第一批通訊員，二〇一〇年又被選舉為尼泊爾聽眾俱樂部全國委員會主席，任期滿後，現為該委員會顧問。

　　在遜沙利居住的一個月時間裡，我還見到了許多熱愛、關心 CRI 的聽眾朋友，他們一次次特地到我的住處看望我。他們那真誠樸實、友善單純的眼神，至今還會常常浮現在我眼前。

我心依舊

　　廣大聽眾對 CRI 所表現出來的友好感情和熱情支持是無法用筆墨敘述的，只有身臨其境才能感受

得到。

　　二〇〇五年底我年滿六十，是法定的退休年齡，恰逢中國廣播電視技術進出口公司援建尼泊爾國家電視台項目完工後培訓需要尼文翻譯，他們找到了我，於是我以個人身分來到了尼泊爾。

　　當尼泊爾聽眾俱樂部全國委員會第一任主席普拉喀什（他現在是該委員會的顧問）得知這一消息後，立即帶領許多人來到了我的住處。一番噓寒問暖後，大家七嘴八舌地暢聊開了，重逢後的喜悅之情溢於言表。普拉喀什回憶起我們初次在加德滿都見面的情景時說：「其實當時我們聽眾期望成立尼泊爾全國聽眾俱樂部委員會的願望非常強烈，但是我們相互間並不熟識，彼此之間也未聯絡，如果沒有您一九九五年留學時將我們召集到一起，我們又怎能走到一起？更談不上商討有關籌辦成立委員會的事情了。因此我可以這樣說，沒有您嫦娥姐姐，就沒有我們尼泊爾全國聽眾俱樂部委員會。現在您退休了，但是你給予我們的幫助和指導，我們永遠不會忘記。」最後他們商定，十二月二十四日星期六上午在俱樂部全國委員會辦公室召開歡迎會。

　　二十四日那天天氣晴和，我懷著愉快的心情提前來到了全國委員會辦公室，誰知屋子裡已經坐了不少聽眾。見我進屋，他們立即站了起來，雙手合十，「納瑪斯德」之聲此起彼伏。在那裡，我看到了許多熟悉的身影，也看到了不少陌生的面孔，他們一一向我作了介紹。其中一女三男竟然是從西部

城市博克拉專程過來跟我見面的。陸續趕來的聽眾已經將四十多平方米的一間屋子占滿了，凳子不夠，好多人只能站著。十一點鐘，普拉喀什宣布歡迎會正式開始。這其實就是一個歡樂聚會，大家圍在一起說說笑笑，興奮異常。我自己花錢買了不少零食小吃和飲料，我們邊吃邊聊。

他們有的講述自己收聽 CRI 尼泊爾語廣播的經歷和體會；有的希望了解關於國際台以及尼泊爾語部的近況；有的則對我退休後要離開尼泊爾語部表示遺憾和不捨，並關切地問我今後的打算。我也問了他們個人的一些狀況，大家像一家人似的無拘無束，吃著聊著，愉快的笑聲不時穿越窗子飄向遠方。

不知不覺中，時間已經過去了四五個小時，還是普拉喀什提醒大家時間不早後，大家才收住話頭，依依不捨地下樓話別。我站在馬路邊跟他們一一告別，目送他們離去，心頭不免感慨萬分：多麼好的聽眾！多麼可愛的年輕人！

除上述幾個小故事外，我還跟其他好多聽眾都有過密切聯繫和接觸，他們對尼泊爾語廣播的關心和支持、對中國和中國人民的友好感情一直是我工作的動力和對我的鞭策。現在，雖然我已經退休快十年了，但是當初跟聽眾在一起的幸福時光仍然時時在腦海裡閃爍，我始終視聽眾為朋友，對聽眾我心依舊。

中國武官的文事

張建明

（中國駐尼泊爾使館前武官、中國美術家協會會員）

　　二〇〇〇年夏日，當我走進加德滿都這個山國之都時，我的身分是中國駐尼泊爾大使館陸空軍武官。自然，我在尼泊爾的各項工作，都該與「武」相關。但是，後來我國一高級軍事代表團來尼訪問，卻又牽出了我的一系列關於中尼友好的文事。

畫家身分曝光

　　二〇〇一年二月，中央軍委副主席、國務委員兼國防部長遲浩田上將率團訪問尼泊爾。這是在我任期內接待的第一個、也是最高級別的軍事代表團。遲副主席一下飛機就對我說：「張武官，我好像在哪兒見過你。」我說：「是的。待到賓館後再向您詳細匯報。」

　　在加德滿都最好的賓館蘇爾蒂飯店安頓好後，我就接待工作向遲副主席作了匯報，然後說：「首長任總參謀長時，曾在軍事博物館總參畫展上單獨接見過我，並同我照了相；後來我同總參其他四位畫家去上海舉辦『總參五人畫展』，是首長為我們

張建明武官（中）向
遲浩田副主席（左2）
和尼國防大臣談自己
的創作想法。

題寫了展標。」遲副主席說：「我想起來了。」接
著問我：「還畫嗎？」我解釋說因來尼前後為了熟
悉工作，已經好長時間沒有動筆了，對外也沒有暴
露畫家的身分。遲副主席聽後說：「要畫，不能丟
掉。要用畫來交朋友，促進中尼文化交流。」還
說：「我要給你曝光。」

　　當天下午，遲副主席在同尼泊爾國防大臣阿查
裡雅先生舉行正式會談前，先是介紹了代表團主要
成員，接著說：「還有張建明大校，是我們軍隊有
名的畫家。我們把他派到貴國來當武官，這對於加
強中尼兩國的軍事交流和文化交流都是很有好處
的。」此語一出，在座的中尼雙方人員都有些驚
愕。大概是誰也沒有想到我這個武官還是畫家，而
且為遲副主席所熟知。

　　當晚出席阿查里雅先生舉行的歡迎晚宴，遲副
主席再次將我介紹給這位國防大臣，說：「我們國
家派出的大使、武官很多，但畫家武官就這一

個。」並對我說：「你要用中國的藝術形式來表現尼泊爾風光。」阿查裡雅先生非常高興地說：「我國古代有個阿尼哥，為中國留下了北京的白塔寺。你也應該為尼泊爾留下中國的藝術。」兩國國防部長都這樣看重藝術，我很受鼓舞，連連答應：「我也希望這樣。說不定以後我會在這裡舉辦一個畫展，把我的作品展示給尼泊爾人民。」

在後來的訪問活動和參觀遊覽中，遲副主席又多次語重心長地囑咐我不要丟掉畫，要把看到的這些美好的東西記下來，將來畫成畫，為加強中尼兩國的友誼多作貢獻。

遲副主席這樣關心、鼓勵我的美術創作，我很感動。在最後一天陪同遲副主席共進晚餐時，我把這幾天來形成的一些想法作了匯報，得到遲副主席首肯。由此，我在做好軍事外交工作的同時，又有了為促進中尼友好而做文事方面的醞釀、籌備和落實，而且這文事一直持續到我卸任回國以後。

小小藝術展引起大反響

我是先當畫家、後任武官的。我自幼喜畫，大學學的卻是外語，畢業後到軍隊總部機關做宣傳文化工作。二十世紀七〇年代初，開始美術創作。在多次參加全國、全軍、北京市等國內美術大展後，於一九八〇年初加入了中國美術家協會，實現了當畫家的夢想。在卸任宣傳處長後，回歸業務幹部隊

伍，出任駐外武官一職。

　　來到尼泊爾後，喜馬拉雅山南麓的異國風情立即引起我極大的創作興趣，但由於時間、條件及其他多方面原因，我從國內帶來的筆墨紙硯一直未動。但遲副主席的指示我一直牢記在心，在做好軍事外交工作的同時，我還從一個藝術家的角度對尼泊爾進行了比較全面、深入的觀察、了解和研究，並拍攝了大量照片，積累了多方面的創作素材。後來我發現其中一些藝術照片還能夠單獨成為一個系列，並自認為達到了可以展出的水平，於是從中挑選出一些進行了放大和裝裱。

　　二〇〇二年七月三十一日晚，為了慶祝中國人民解放軍建軍七十五週年，我駐尼使館在加德滿都蘇爾蒂飯店舉辦了盛大的「八一」招待會，同時還於現場舉辦了以「一山相連的中國和尼泊爾」為題的張建明藝術展。這次藝術展，也是為落實遲副主席關於要我為中尼兩國軍事交流和文化交流多作貢獻的指示，並在徵得國內同意後舉辦的。藝術展分兩個部分：第一部分為「錦繡中華」，展出了我在國內創作的中國山水畫作品二十五幅；第二部分是「美麗的尼泊爾」，展出了我在尼泊爾工作之餘拍攝的尼泊爾風光攝影作品二十五幅。

　　這是首次在「八一」招待會現場同時舉辦藝術展，在各界來賓中引起了較大反響，不僅出席人數多，而且場面活躍、熱烈。尼泊爾皇家軍隊希爾元帥、參謀長拉納上將等軍警將官、政府要員、各界

希爾元帥（中）參觀
藝術展後同張建明武
官夫婦合影。

朋友、尼泊爾美術家協會主席、攝影家協會副主
席、其他一些著名畫家以及部分駐尼使節等近三百
人出席招待會並觀看了藝術展，除了當面交口稱讚
外，還紛紛留言。尼軍二號人物塔帕中將留言：
「這是一個令人驚嘆的繪畫和攝影作品展。」尼軍
參謀長拉納上將夫人、塔帕中將夫人和馬拉准將夫
人聯名留言：「我們尼泊爾人都不知道我們的國家
有這麼美麗，從你的攝影作品中我們看到了。感謝
並祝賀您！」埃及駐尼泊爾大使侯賽因留言：「作
者對中國和尼泊爾兩國的美麗有著深刻而豐富的洞
察力。我對大校的才華深表驚訝。」還有如「這是
一個非常好的藝術展覽，不僅有助於加深中尼兩國
人民的友誼，而且有助於人們從中學到很多東西」
等很多留言。

對於此次招待會和藝術展，尼泊爾主要媒體很
關注，聞訊後主動趕到現場採訪。當晚，尼泊爾電

視台破例在尼語新聞和英語新聞節目中對我慶祝建軍七十五週年招待會和藝術展作了報導。八月一日，《新興尼泊爾》《加德滿都郵報》《今日時空》等大報在顯要版面刊登了新聞、特寫、照片等，對招待會和藝術展都作了積極報導，這也是過去所不曾有過的。

一個攝影師的廣場

「八一」招待會後，「中國武官是位藝術家」「張大校能畫又能攝影」的興論便在加德滿都的外交圈裡和尼泊爾的上流社會中形成。我也遵照遲副主席以畫交友的指示，把在國內創作的一些國畫作品和展覽過的攝影作品作為禮品送給尼泊爾軍警高級將領和其他一些朋友。他們都視若珍寶，非常高興，從而進一步增強了雙方的友誼與感情。許多尼泊爾朋友為我後來的軍事外交活動和攝影活動提供了機會與方便。

八月下旬，巴德崗市市長和尼泊爾農工黨主席共同邀請我去巴德崗市觀看和拍攝巴德崗人歡度牛節時的隆重而熱鬧的場面。九月份，我在參觀尼泊爾國家博物館時，其中的繪畫館裡本來是不允許拍照的，但館長對我說：「你不受這個限制，隨時可以來這裡拍照。」十月份，在尼泊爾德賽節期間，我又受到尼泊爾皇家軍隊的邀請，觀看並拍攝了宰牲祭祀場面。在拍攝尼軍舉行德賽節慶典活動時，

警方還為我提供了極大便利。

　　十月十二日是德賽節中很重要的一天，相當於我國春節的大年初一，按慣例，尼軍要在加德滿都市中心的通迪凱爾廣場舉行盛大慶祝活動，國王和王后都要出席。上午，我從駐地出發，一路步行，邊看邊拍攝加德滿都市民在街頭、在廟宇歡度節日的各種場景。中午時分，當我趕到廣場時，廣場的欄杆周圍早已被當地居民圍得水洩不通。他們都是等待觀看下午在此舉行的慶祝活動的。過去每每在此舉行重大的慶典活動，民眾都可以在欄杆外自由觀看。但自尼國內安全局勢日益惡化後，警方不再允許民眾緊圍在欄杆外，而必須退到廣場外環路的外側去。

　　慶典活動開始前，警方出動了大批警員，反覆把欄杆外的人群往外清。擠在人群中的我，自然也被勸離。但當我說明身分，並表示只有在這裡才能拍些照片時，即有警員請示了他們的上司後告訴我，他們的上司知道我喜歡拍照片，因此同意我留在這裡。就這樣，當裡三層、外三層的人群被清走後，偌大的廣場周圍一下子空曠起來，而在這空曠的廣場周圍，除了尼泊爾警察外，就我一個人被留了下來。這對於我來說實在是太方便了。由此，我得以眼無遮攔、自由自在地觀看並拍攝尼泊爾皇家軍隊慶祝德賽節以及國王與王后參加這一活動的全過程。

我的「五個一工程」

在圓滿完成本職工作並受到國內嘉獎後，二〇〇三年暮春我奉命卸任回國並退休。行前，尼泊爾軍方為我舉行了隆重的歡送儀式。我在答詞中表示，回國後，我將把我對尼泊爾的觀察、了解和研究，通過我的筆告訴更多的中國人，讓他們也喜歡尼泊爾這個友好的近鄰。我這樣說，源於內心的一個暗誓，同時也是為了繼續落實遲副主席的指示。

赴任前，當我知道要去尼泊爾從事軍事外交工作後，想儘快了解和熟悉尼泊爾各方面情況的慾望一下子膨脹起來。於是，到處尋找相關書籍、報刊和資料。可惜的是，所獲實物實在是少之又少，即便有之，也是簡而又簡。於是我就暗下決心，回國後一定要寫一本全面介紹尼泊爾的書。

根據在尼期間所積累的各方面素材，為在國內宣傳、介紹尼泊爾這個神祕山國和友好鄰邦，我制定了自己的「五個一工程」規劃：撰寫、發表一批文章，出版一部文圖專著，出版一本攝影畫冊，創作、發表一批國畫作品，舉辦一次美術攝影作品展覽。

為了能趕在二〇〇五年八月前向中尼建交五十週年獻禮，在回國後的兩年間，我寫作與繪事並舉，撰文與發稿兼顧，雖然忙碌，卻也按部就班地落實著個人規劃。最終，多種原因導致攝影畫冊擱淺，但文圖專著出版了兩部，而兩部專著中還附加

了七百餘幅圖片，也算彌補了攝影作品未能結集出版的些許遺憾。

這兩部專著，一為《尼泊爾王宮》（軍事誼文出版社），側重介紹尼泊爾歷史；一為《喜馬拉雅山那邊——走進尼泊爾》（中國工人出版社），以三十萬字、四百餘幅圖的篇幅翔實、準確、形象地記述了這個著名「山國」的方方面面：既有對其山川風物、文物古蹟和政治形勢的介紹，又有對其獨特的民俗、民情、宗教與節慶的詳述，同時還歌頌了古往今來的中尼友好。這本書出版後，北京的一對要去尼泊爾旅遊的母女細細讀過，非常高興，特意找到我說：「您這書可是本尼泊爾寶典喲！」還有東北一位年輕人，一天晚上給我打來電話，說他輾轉打了二十多個電話才找到了我，還說在他最想了解尼泊爾情況時看到了這本書，非常感謝。最後還要我幫他出個主意，看看去尼泊爾做什麼生意好。

從軍事武官到文化使者

為慶祝中國和尼泊爾建交五十週年，在原工作單位和中國駐尼使館的支持、幫助下，二〇〇五年六月中旬，應尼泊爾中國研究中心的邀請，我重返加德滿都，在尼泊爾藝術理事會展館舉辦了「尼泊爾風情」美術攝影作品展，兌現了當年我對中尼兩國國防部長的承諾。

這次藝術展，共展出我回國後創作的三十一幅

國畫作品和二十幅在尼工作期間創作的攝影作品。同時還展出了《喜馬拉雅山那邊——走進尼泊爾》和《尼泊爾王宮》兩部專著，以及一批發表在《世界知識畫報》《世界博覽》《解放軍報》《中國藝術報》《中國攝影報》《中國旅遊報》《羲之書畫報》等報刊上的有關尼泊爾的文章、照片和國畫作品。

　　大概是因為我曾經的武官身分，也因為我的作品是第一次以中國畫的藝術形式來表現尼泊爾風情，因而，藝術展受到尼泊爾文化藝術界和各大媒體的廣泛關注和高規格禮遇。

　　當天開幕式前，有兩件事情出乎意料：一是因頭天布展時一本《尼泊爾王宮》展覽樣書不知被誰拿走，於是主辦方派了一人專門看管兩部樣書，只可翻看，不許帶走；二是尼泊爾文化大臣巴吉拉賈亞先生主動出席。事先，主辦單位並沒有告訴我嘉賓中有文化大臣，因此當巴吉拉賈亞先生早早來到現場時，我看見這位過去曾經多次接待過我的帕坦市市長，趕忙上前握手歡迎、感謝。因他不會說英文，身邊一時又沒有中尼文翻譯，所以沒能交談。

　　直到開幕式結束後，上海《文匯報》駐尼記者小覃高興地向我祝賀說：「您這開幕式規格很高啊，文化部長都到了！」我才知道原來的帕坦市市長現已履任文化、旅遊和民航大臣一職。真感謝這位老朋友的細心關注和蒞臨捧場。

　　開幕式上，中國駐尼使館政務參贊王文天先生、尼泊爾中國研究中心主席雷格米先生、尼泊爾

皇家文學院第一執委麥納裡先生先後講話，尼泊爾文藝界最富聲望的教授、皇家文學院副院長（院長為國王）特裡帕蒂博士作為主賓為藝術展致辭、剪綵，並在參觀展品後親筆留言：「偉大的藝術，精彩的照片。」他還認真翻看了我的兩部專著，當即向我表示希望能入藏他們學院圖書館。

藝術展開幕前後，尼泊爾主要報紙和其他媒體都作了預告或報導。國家級尼文日報《拉吉達尼》報導的開頭別有意味：「按職業來說，張建明先生是使用武器的。但今天我們看到的，卻是他用筆創作出的有鮮活內容的藝術品。」國家級英文日報《新興尼泊爾》刊發長文評介：「這些準確地描繪了尼泊爾人民生活、文化和自然美的美術作品及攝影作品，展示出藝術家對這些主題的深入理解，引

尼泊爾文化、旅遊和民航大臣巴吉拉賈亞先生早早來到開幕式現場。

起了觀眾的共鳴。」最流行的尼文日報《坎提普爾》
則把開幕式上的照片刊登在了報紙頭版。中國新華
社駐加德滿都記者也先後以「張建明美術攝影作品
展在尼泊爾舉行」和「傾倒加德滿都的美術作品」
為題，發了兩篇專稿。

　　展會期間，尼泊爾藝術家協會主席阿瑪特亞先
生盛情邀請我與加德滿都藝術家們見面、座談，並
接受部分媒體的採訪。展會撤展當日，特里帕蒂副
院長帶領皇家文學院的八位院領導為我舉行了隆重
的贈書儀式，並邀我參觀了他們的圖書館、大禮堂
等設施。在這些活動中，他們說：「你作為一個武
官，回國才兩年就出了這麼多作品，了不起！以如
此多種形式全面、詳細地向中國人介紹尼泊爾的，
在中國人中你該是第一位，因此你的藝術展和專著
對於尼泊爾來說都具有歷史性。你過去是軍事武

官，這一次你是文化使者。」他們還希望能以藝術展為契機，加強兩國藝術家之間的交流，為促進中尼世代友好多做工作。

　　一次次隆重熱烈的場面，一個個熱情洋溢的講話，讓我感動並深受鼓舞。我明白，他們的歡迎、誇獎與肯定，並非僅僅對我一個人的，而是包含著對中尼世代友好的認同、期望與讚頌。我在每一次的答詞中都深致謝意，並真心地表示願做中尼友好之橋上的一磚一石。我也承諾，回國後將繼續為中尼文化交流做些實事。當在加德滿都機場與前來送行的尼泊爾朋友揮手告別時，一項新的計劃已在我的腦海中形成。

　　我本想，如果能正式組織一個中國美術家代表團擇機訪問尼泊爾，而後邀請尼泊爾美術家組團回訪中國，這將實現中尼美術家代表團互訪的突破。回國後，我向中國美術家協會主席劉大為先生報告了此事，他很爽快地表示贊同與支持，並委託我具體辦理相關事宜，經費問題則由美協負責解決。

　　正當我開始細化方案，準備一步步落實該項計劃時，天有不測風雲，由於我個人身體原因，不得不終止該項活動，因此未能實現組團訪尼的願景，留下永遠的遺憾。

　　然而，我時時關注著中尼兩國的文化交流與友好活動。二〇一二年九月，作為尼泊爾文化節重要項目的「中國尼泊爾繪畫藝術展」在京舉行；二〇一四年十一月，由國際生態安全合作組織與尼泊爾柯伊拉臘基金會共同舉辦的一場中尼畫家交流活動在加德滿都舉行。得知這些消息後，我都感到無比欣慰。

　　我相信，中尼民間的文化藝術交流活動會日益頻繁，中尼兩國的世代友好將更加牢不可破。

在尼泊爾開辦孔子課堂的日子裡

劉鴻祥

（中國國際廣播電台尼泊爾語專家，原尼中廣播孔
子課堂中方負責人）

　　二〇〇九年十月，我受國家漢語國際推廣領導
小組辦公室和中國國際廣播電台委派，赴尼泊爾籌
建中國國際廣播電台尼泊爾廣播孔子課堂。對我來
說，尼泊爾並不是一個陌生的國度。我曾在國內長
期從事與尼泊爾相關的工作，在尼泊爾的大學裡師
從尼著名學者進修過尼泊爾語，還在中國駐尼泊爾
大使館工作過一段時間。但是，籌辦廣播孔子課堂
卻是一件全新的工作。

　　孔子課堂旨在通過漢語教學來推廣中國文化、
介紹新中國的成就，以增加國外民眾對中國文化和
中國情況的了解，提升中國的國際形象和國際地
位，加強中國和世界人民的友誼。基於此，到尼泊
爾伊始，我就充分利用熟練掌握當地語言、熟悉該
國情況的便利和優勢，對當時尼方的情況作了較為
深入、細緻的調查。

　　我首先拜會了尼泊爾前和平與重建部部長、尼共（毛派）中央政治局委員、立法會議議員扎納爾登．夏爾瑪先生。他表示歡迎我到尼泊爾開設教授中文的孔子課堂，並願意盡全力幫助我。他說：「加德滿都很大，這兒不但旅遊業人員、飯店經營者、記者、工商業者要學中文，我們搞政治的人也需要學習中文。希望您儘快安排在加德滿都開辦廣播孔子課堂，我和女兒都會來學習，我黨的高級幹部也都有興趣學習中文。」

　　尼泊爾信息電訊部官員阿努伯．尼帕爾先生對我說：「現在誰掌握了中文，誰就能找到好的職業。我個人認為學習中文的前景是非常好的。加德滿都各界人士以及國際台的成千上萬聽眾和友好組織的官員都希望學習中文。因此，我也希望在加德滿都儘快地開辦廣播孔子課堂。為辦好課堂，我願鼎力相助。我願意提供學校來開辦中文課程。」他還對中國在信息技術、交通、水利、電力、醫療和教育領域給尼泊爾提供的無私援助表示衷心的感謝。

　　長期在中國工作過的尼泊爾知名學者、中國問題專家、尼泊爾國家文學院前院士郭賓達．帕塔先生和我在他家中作了一次較為深入的談話。他希望能通過調頻廣播把中國國際廣播電台尼泊爾語的節目覆蓋到整個尼泊爾，這樣可以使更多的人了解中

國。他說：「我作為語言專家在中國國際廣播電台工作了很長時間，我覺得為了更大範圍地推廣中文，應該在尼泊爾開設孔子課堂。在加德滿都已有友誼調頻台在轉播國際台的節目，加德滿都的聽眾很多，對他們來說，學習中文很重要，這更有利於他們戳穿西方媒體傳播的關於中國問題的謊言。因此，我誠懇地請您向中國政府有關部門轉達在加德滿都開設廣播孔子課堂的請求。最後，我坦誠地告訴您，我會盡一切努力來支持和協助廣播孔子課堂的開辦。」

在尼泊爾中國研究中心主席馬丹・雷格米先生的寓所，剛從中國觀摩建國六十週年活動歸來不久的他興致勃勃地對我說道：「中國在各個領域都取得了舉世矚目的成就。我們尼泊爾人把中國人民取得的巨大成就當作自己的成就而感到驕傲和自豪。我知道中國在全世界開辦了許多孔子學院，為了更好地學習和了解中國取得的發展和成就，學習中文是很有必要的。您在國際台服務了很長時間，對尼泊爾非常了解，我相信您能成功地辦好孔子課堂。希望您在加德滿都開設一個出色的教授中文的孔子課堂。我祝願加德滿都的孔子課堂能把尼中友好關係進一步推向民間層面。」

通過調研我還發現，隨著尼泊爾旅遊事業的發展，大批的中國遊客湧入尼泊爾，而中國的改革開放以及對外經貿的發展有力地推動了尼中貿易，做中國生意的尼泊爾商人越來越多。二〇一一年是尼

泊爾的旅遊年，赴尼的中國遊客激增，中文導遊的
缺口很大，在尼泊爾想學中文的人越來越多。

　　就在廣播孔子課堂緊鑼密鼓的籌辦過程中，不
少尼泊爾人向我打聽學習中文的事宜。有一次我去
中國東方航空公司駐加德滿都辦事處訂機票時，在
那兒工作的尼方僱員聽說我是孔子課堂的工作人
員，就立即圍上來說課堂一開課不要忘了通知他
們，他們要去報名上課。一些中資公司的尼方僱員
也紛紛打聽開課信息。就連當地賣茶葉的小店老闆
也向我打聽開課時間，他也表示想學中文。一些尼
泊爾的留學中介機構也向我諮詢，可不可以把去中
國留學的學生先送到我這兒來學中文。他們的熱情
深深地感動了我。

　　雖然辦一所廣播孔子課堂存在著許多困難，但
是通過調研分析，我清晰地看到尼泊爾無論是上層
人士還是平民百姓都有學習中文的良好願望，無論
是經濟的發展還是尼泊爾支柱產業旅遊業的發展，
都帶來了學習中文的巨大的潛在需求。他們的殷切
期望和迫切心情給了我克服困難的巨大力量。

課堂建立

　　基於以上情況，在中國國際廣播電台尼泊爾聽
眾俱樂部全國委員會的大力協助下，我經過認真挑
選、反覆斟酌，最終選擇了兩所學校作為我們的合
作夥伴來開辦廣播孔子課堂。一所是加德滿都旅遊

參加開課典禮的勝利
紀念中學的師生們

和飯店管理國際學院，一所是加德滿都勝利紀念高級中學。兩所學校都位於加德滿都市中心的迪裡巴扎附近。

　　加德滿都旅遊和飯店管理國際學院是尼泊爾一所比較大的專業學院，有五百多名學生在校學習。我和該校的校董納蘭德拉先生深入交談過三次並到學校參觀過兩次。我們之間達成了由校方提供辦公室及教學場地、我方提供教材和教學設備來開辦孔子課堂的協議。該校的學生家境都比較殷實，學生自身的素質也比較高，懂英語，很多人希望學習中國的語言和文化，這樣我們也獲得了較好的生源。

　　另一所學校加德滿都勝利紀念高級中學是政府辦的公立學校，學生從一年級到十年級超過了二千人，規模比較大。它為孔子課堂提供了生源和良好

的教學場所，同時也為我們提供了辦公和圖書館用房。

通過我和尼泊爾行政助理及志願者老師們共同不懈的努力，二〇一〇年春夏之交，尼泊爾廣播孔子課堂終於開課了！我們在加德滿都旅遊和飯店管理國際學院安排了該校二、三年級六個班共計二百四十名學生學習漢語，由我們的志願者老師用「漢語三〇一句」教材進行授課，每週共有十六個課時。在加德滿都勝利紀念高級中學，我們將一至五年級學生編成兩個班，再加上十一、十二年級的兩個班共計四個班，有一百名學生，使用「快樂漢語」教材，每週上十二個課時的課。從此，在尼泊爾，中國國際廣播電台廣播孔子課堂的漢語教學工作正式開始了。

學習中文很有難度，尼泊爾學生第一次接觸中文很不適應，但他們的熱情很高。這極大地鼓舞了任課的中國教師，增強了他們辦好孔子課堂的信心。家住加德滿都邦斯巴裡的學生苟熱沃·鮑戴爾表示：「漢語是世界上除英語外使用人口最多的語言，也是聯合國的工作語言之一，因此，我要努力學習漢語。」他說自己是學飯店管理專業的，尼泊爾政府已宣布二〇一一年為尼泊爾旅遊年，為了屆時能更好地為中國遊客服務，他要積極學習漢語。

家住加德滿都圖姆瓦拉西的學生妮麗瑪·辛格說：「雖然中國是尼泊爾的近鄰，但由於缺乏漢語知識，以前對中國的了解也不多。我學漢語就是為

了更多了解中國和中國人民,更好地獲得有關中國製造的現代化和高質量產品的知識。」尼泊爾學生積極熱情、開朗好學,孩子們就是傳遞中尼友誼的使者,就是未來的希望。

隨著時間的推移,我們的廣播孔子課堂也在健康地成長著。到了二〇一一年的夏秋之交,我們在加德滿都旅遊和飯店管理國際學院安排了八個班共計三百二十人學習漢語,每週上二十四到三十二課時。在加德滿都勝利紀念高級中學,除了原來的四個班以外,應學校的要求我們又為該校教師開辦了中文培訓班,每週上三個課時。另外根據需要,還單獨開設了一個成人班,由我來執教,使用「長城漢語」教材,每週上三課時。學員中有媒體工作者、商人、旅遊業者和銀行職員等。在這裡,我熟練的尼泊爾語專業特長發揮了良好的作用,我的教學深受學員歡迎。

廣播孔子課堂除了開展正常的漢語教學工作

外，還積極參加中國駐尼泊爾大使館舉辦的兩屆
「大使杯」漢語大賽。第一屆大賽時，課堂的志願
者老師馬智和張仲認真地為參賽選手準備了要朗讀
的中文資料，每天抽出課外時間來為學生輔導，幫
助他們糾正讀音，努力背誦。正式比賽時，小學組
男生朗讀的是《相信未來》，女生朗讀的是《再別
康橋》，中學組男生朗讀的是《小河》。

　　第二屆「大使杯」漢語大賽時，我們派了十五
名選手參加了成人組的比賽。比賽含語言大賽和才
藝表演兩部分。李超和李冰兩位志願者老師顧不上
休息，每天抽出大量課外時間來為參賽的學生進行
輔導。她們還精心編排了太極拳舞蹈教尼泊爾學生
表演，並輔導學生學唱了中國歌曲《無與倫比的美
麗》《小情歌》。尼泊爾學生帶著極大的興趣和熱情
認真學習了舞蹈和歌曲。他們在才藝大賽上表演了
精心準備的這兩個節目。

　　兩次比賽大大激發了同學們學習漢語的積極
性。他們紛紛表示，雖然只學習了幾個月的中文，
但是已經深深地感受到了中國文化的博大與厚重，
以後一定要好好學習，將來做尼中文化交流的橋樑
和友好使者。

劉鴻祥同中尼廣播孔
子課堂的尼泊爾學生
在一起。

文化推廣

　　為了配合廣播孔子課堂的正常漢語教學工作，
方便尼泊爾民眾更多了解中國，進一步增進中尼兩

國和兩國人民間的友誼，我們在加德滿都也不失時機地搞了一些中國文化推介活動，給我留下深刻印象的是這麼兩次活動。

一次是二〇一〇年五一節前夕，我們在加德滿都皇冠廣場飯店舉辦了新中國國慶六十週年閱兵和焰火晚會的文獻片展播，尼泊爾新聞、教育界和商界的八十餘名記者、教師、學生和商人等觀看了影片。電影展播結束後，他們抑制不住內心的激動和感慨，紛紛向我以及孔子課堂的其他工作人員表達心聲。

尼泊爾全國性記者組織「尼泊爾新聞平台」主席格甘・比斯塔先生對我說：「我們的親密鄰邦中國六十年來在經濟和軍事領域取得了前所未有的空前發展。通過這部文獻片，整個國際社會可以看到中國日新月異的變化，以及中國所擁有的強大軍事力量。」

尼泊爾聽眾俱樂部全國委員會委員凱姆拉吉·塞塔伊先生說：「六十年來，中國在經濟和科學領域取得的進展完全超出了一般尼泊爾人的想像。像這樣的文獻片應該經常在尼泊爾播放，以便讓更多尼泊爾民眾進一步了解真實的中國。」

　　加德滿都「青年之聲」電台記者迪爾塔拉吉·普沙爾先生說：「全世界都在為中國的飛速發展而震驚，作為近鄰的尼泊爾，應該從中國的發展中獲取儘可能多的益處。」

　　中國國際廣播電台的老聽眾拉莫爾·蘇貝迪先生說：「六十年的時間內，世界上任何國家做不到的事，完成不了的經濟發展，新中國卻做到了，完成了。這真是個奇蹟啊，中國太偉大了！」

　　加德滿都勝利紀念高級中學九年級學生比爾·巴哈杜爾·達芒說：「中國的發展不僅僅是表面的，從文獻片中可以看到中國政府為了人民的利益做了很多實事。」同樣，該校八年級女學生莫妮莎·斯瑞什塔和索妮婭·達芒表示，在文獻片中看到的中國實際景象比在收音機和電視機裡聽到和看到的感受更深、更真切。她們眼中流露出無比的嚮往，夢想著也能把尼泊爾建設得如此美麗和富裕。勝利紀念高級中學的助理校長帕沃娜·吉特爾卡爾夫人握住我的手一再感謝地說：「太好了！太好了！這樣的文獻片教給我們學生很多新的知識，也給了我們進一步深入了解中國的機會。」

　　一部文獻片在尼泊爾人心中引起的深深震撼，

也讓我感受到中華燦爛文化的巨大魅力。它極大地鼓舞了我，增強了我辦好廣播孔子課堂的信心，也給了我更多的克服困難的勇氣。

還有一次是在二○一○年六月三十日，當時尼中廣播孔子課堂在加德滿都舉辦了歡迎中國國際廣播台代表團暨廣播孔子課堂開課典禮。參加典禮的加德滿都勝利紀念高級中學的學生和中國國際廣播電台的聽眾們用熱烈的掌聲和美麗的鮮花隆重歡迎以一亞中心童拉格書記為首的中國國際廣播電台代表團一行四人。尼聯共（毛派）中央政治局委員卡爾基，尼著名學者郭賓達·帕塔，尼泊爾文學院副院長庚嘎·普拉沙德·烏帕萊蒂，尼泊爾著名文學出版社社長納蘭德拉·拉吉·普拉沙伊，資深幽默藝術家莫登達斯·施瑞斯塔，資深歌手、音樂家森普·拉伊，尼中青年友好協會主席普拉喀什·巴布·鮑戴爾等貴賓出席了典禮。出席典禮的還有二百四十名中學生，加德滿都及尼泊爾全國各地的聽眾代表一百二十名，六十餘名教師、法律工作者、記者及社會工作者等。現場氣氛熱烈而隆重。

大會特邀嘉賓童拉格書記和卡爾基委員共同點燃了充滿尼泊爾風情的三盞象徵吉祥的聖火，典禮正式開始。首先由我作為大會主席、廣播孔子課堂中方負責人發言，闡述了中國國際廣播電台廣播孔子課堂在進一步促進中尼兩國人民之間的相互了解及進一步加深兩國間業已存在的友好關係上的重要作用。

童書記在致辭中表示，「廣播孔子課堂不僅是一個教學平台，更是中尼兩國人民進一步加強友好交往的文化平台。」

最後，尼聯共（毛派）中央政治局委員卡爾基在發言中說：「幾千年來，偉大的中國人民通過艱苦的努力、奮鬥、執著，用自己的血汗創造了偉大中國的光榮自豪的歷史和文化。為了了解和學習這些歷史和文化，學習中文是很有必要的。」

兩年來，孔子課堂從調研到成立，再到運行，一步步地健康發展。面對著這些為了中尼友誼，對開辦廣播孔子課堂給予大力支持的官員、學者，勤奮工作的老師，積極熱情的學員，我克服困難，埋頭苦幹，認真地做好每一項工作，不遺餘力地奉獻

劉鴻祥和勝利紀念中學師生合影。

著自己的光和熱。

中尼友誼

　　不知不覺中，兩年的工作時光很快就過去了。在這期間，我深深感受到尼泊爾人對中國和中國人民的友好情誼。這裡不能不提我的尼泊爾行政助理拉曼什·巴特拉依先生。他是中國國際廣播電台尼泊爾語廣播的忠實聽眾，多年來一直從事著尼中友好的工作，積極地宣傳中國睦鄰友好的對外政策和各個領域的建設成就，為促進尼中友誼作出了許多貢獻。我一抵達尼泊爾，他就毅然決然地辭去在自己家鄉一個調頻廣播電台的總編輯職務，投身到廣播孔子課堂的工作中來。他作為廣播孔子課堂的行政管理官員，參加了課堂建設的全過程。

　　課堂籌建初期，為了落實工作計劃，他四處奔走，聯繫教學點，有時一天要看幾個學校，都顧不上吃飯。課堂建立圖書室時，他東奔西跑，聯繫來了最便宜的沙子、水泥和磚等建築材料，招來了熟練的工人，自己親自監工，沒有幾天工夫，就裝修出一個大方、簡潔、實用的圖書室。再把中國國家漢辦贈予的幾千冊圖書往裡一放，儼然成了勝利紀念高級中學的一個新景觀了。每次搞大型活動，他都衝在前面，從活動內容的設計、場地的挑選到活動的具體執行，他都認認真真、一絲不苟。為廣播孔子課堂的建立，為了我能順利開展工作，拉曼什

傾注了無比的熱情和全部的精力。

　　還有值得一提的是我的房東，名叫斯瑞什塔，是一位旅遊業從業者。他們全家人對我十分友善，充分體現了尼中兩國人民的友誼。在我居住的套間裡，他們給我配置了舒適的大床，軟軟的沙發，電視、冰箱、液化氣、電飯煲、微波爐、太陽能熱水淋浴……一應俱全，使我的生活十分方便。有時我工作晚了，和藹可親的房東太太會把可口的飯菜給我送來；我外出活動要晚回家時，他們便吩咐專人給我留門。平時他們對我總是噓寒問暖，逢尼泊爾節日他們親朋好友歡聚一堂時，總是邀請我參加，感受熱情奔放的氣氛，分享他們的幸福與快樂。房東對我的照顧是無微不至的，我內心十分感激。我回國探親或開會，也常帶些中國的茶葉和兒童食品贈予他們，看著孩子們歡樂的笑臉，我由衷地高興。在尼期間，我和房東一家始終和諧相處，彼此留下了許多美好而愉快的記憶。

　　有一次在從寓所前往學校的路上，我遇到了一位名叫班迪的尼泊爾老人，二十世紀六〇年代末期他是尼泊爾乒乓球協會的秘書，曾帶領尼泊爾乒乓球代表團多次訪問過中國。開始他還以為我是日本人，但聽說我是來尼泊爾開辦孔子課堂的中國人以後，熱情地邀請我到他家做客。記得當時他端上了醇香可口的奶茶，高興地和我攀談起來。他特意拿出了珍藏多年的黑白照片相冊，指著照片激動地說起當年周恩來總理接見他們的情景。看得出來，老

人家非常懷念那些美好的日子。他深情地說，中國是一個偉大的國家，周恩來是一位偉大的領袖。言談話語之間，流露出對新中國老一代領導人的無限崇敬。就這樣，我們一邊瀏覽著他珍藏的老照片，一邊暢談著中尼之間真誠的友誼，從歷史上的阿尼哥一直談到我在尼泊爾開辦的廣播孔子課堂。他一一向我道來，語言是那麼的溫馨，情感是那麼的真摯，不知不覺時間已過去了一個小時，我不得不起身告辭。老人戀戀不捨地把我送出了家門，還一再叮囑，以後請常來他家坐坐。

而今，離任回國已有好幾年了，每每想起在尼泊爾開辦廣播孔子課堂的日日夜夜，親切感油然而生，諸多往事歷歷在目，在我的腦海中久久不能離去。我總想著，如果能再有機會去尼泊爾，再做一點有益於中尼人民友誼的工作，那該有多好啊！尼泊爾廣播孔子課堂真是個宣傳中國文化和建設成就的極好窗口，是中尼友誼的七彩虹橋啊！

難忘哈利仕先生

張建明

（中國駐尼泊爾使館前武官）

在中國駐尼使館工作生活近三年，我結交了許多尼泊爾各界朋友。哈利仕是我到尼泊爾後認識較早、至今也難以忘懷的一位。

我清楚地記得，在我剛到加德滿都後不久，有一次參加尼方歡迎我國一個新聞代表團訪尼的活動。在加德滿都河谷巴德崗市禮堂裡，尼中雙方代表講話，翻譯是一位膚黑、臉方、體胖的尼泊爾人，他一口流利標準的中國普通話讓我大吃一驚，想不到尼泊爾還有如此精通中文者。會後，在巴德崗市市長辦公樓會客廳裡飲茶小聚，我的座位正好緊挨著這位尼泊爾翻譯。互致問候後，我誇他中文講得好。他自我介紹說曾在中國留學八年，學的是醫學，現在是醫生，並不是專職翻譯。說著，他遞過一張名片，上面印著：Dr. H. C. Shah。我說：「您是沙阿先生？」他笑了笑說：「那是我的姓。我的英文名字是 Harish，還有個中文名字。」他頓了頓，掏出筆又在那張名片上寫下了三個漢字：哈利仕。由此，我牢牢地記住了這位尼泊爾人和他的中國名字，後來也像在尼工作的中國人那樣，不叫

哈利仕先生（中）在中國駐尼使館舉行的建軍 75 週年招待會上。

他沙阿，而稱他「哈先生」。

　　過了不久，在為慶祝中尼建交四十五週年而舉辦的中國西部圖片展開幕式上，我又見到了哈利仕先生。他告訴我，這個圖片展是尼泊爾「阿尼哥協會」負責籌辦的，他是這個協會的副主席。說起在中國的學習和生活，他津津樂道，如數家珍，就連某日在某處買了一個煎餅果子，吃起來是什麼滋味，都記得清清楚楚。「看過西四的白塔嗎？」我問。「當然啦，要不我們同學會的名字怎麼能叫『阿尼哥協會』呢！」那回答，乾脆而自豪。

　　阿尼哥是中國元朝時期尼泊爾著名的建築藝術家、雕塑家，生於一二四四年。他在不滿十七歲時就率八十餘名尼泊爾藝匠來到中國，先在西藏，後入京城。他的才能為當時元朝的皇帝所賞識，在中國為官四十五年，官至光祿大夫、大司徒等，被封為「涼國敏惠公」。他到過中國的許多地方，在北京、南京、承德、五台山等地建造了許多極具尼泊

爾風格的建築。其中保存至今、為北京人所熟知的西四妙應寺白塔，就是阿尼哥一二七一年的傑作。此外，他在塑造佛像以及繪畫、人物刺繡等方面也表現出了非凡的才能，曾在元朝宮廷內開辦過一所藝術學校，培養了大量的傑出人才，對後世影響極大。

哈利仕先生告訴我，阿尼哥是尼泊爾人的驕傲。為了紀念這位偉大的中尼兩國人民的友好使者，曾到中國留過學的十多位尼泊爾人於一九八一年自發地成立了以阿尼哥的名字命名的協會，其宗旨是進一步加強中尼兩國間的傳統睦鄰友好關係，並把這種關係推動至一個多領域、多方位、廣泛深入民間的新水平。該協會成立之初，由於當時尼國內政局原因，尚不能公開，只能在地下活動，直到一九九〇年後才正式登記註冊。

二十多年來，阿尼哥協會的組織不斷發展，現在已有二百餘名成員，每年都要組織一些豐富多彩的活動，涉及範圍之廣、參加人數之多，引起了尼泊爾社會的關注，成為一個非常活躍的尼中友好民間組織。聽了他的介紹，我說：「現在到中國留學的尼泊爾人越來越多，阿尼哥協會的隊伍一定會繼續壯大。」哈先生微笑著連連點頭。

隨著在一些外交場合的接觸增多，我們互相有了進一步的熟悉與了解。後來哈先生也邀請我們一些中國人去他家做客。他夫人總是做一些帶有中國風味的尼泊爾飯菜來招待我們。在他家小樓的平台

北京白塔寺內的阿尼
哥塑像

上，眺望著喜馬拉雅山脈，我們一起追憶源遠流長
的中尼友好；在他家的廳堂裡，我們面對他從中國
帶回的一些紀念物品，聽他回顧在中國的留學經歷
和畢業回國後的工作。

他是一九七七年到中國留學的，先在北京語言
學院學了十個月中文，後又在北京中醫藥大學學
醫，讀完本科又讀研究生。他說，他非常喜歡中
國、喜歡北京，因此也非常珍惜在中國留學的機
會，不僅在專業學習上刻苦努力，而且積極參加各

種社會活動，是一個活躍分子。他多次向我談起，他的作業曾作為範文在板報上張貼；一九七八年「五一」節，他打著紅旗從語言學院步行到天安門廣場參加聯歡活動；一九八四年李先念主席訪問尼泊爾前夕，他撰寫的有關中尼友誼的文章發表在《人民日報》上；他的照片上過《人民畫報》，中央電視台還曾三次播放過有他的鏡頭⋯⋯每當說到這些往事，哈先生總是滿臉的歡笑、驕傲和自豪。

　　一九八五年，哈利仕畢業回國，就職於尼泊爾國家教學醫院。在最初的五年間，他在當地尼文報紙上開闢專欄，共撰寫、發表文章七十二篇，向尼泊爾人民介紹中醫、中藥和針灸，第一次比較系統地讓尼泊爾人民了解了中國的傳統醫藥。後來，他還開設了針灸門診，並以治癒病例作為宣傳，進一步擴大了中醫藥在尼泊爾的影響。同時，他仍念念不忘中國、念念不忘北京，一有機會就到中國去。每次訪華歸來，他都會喜氣洋洋地對我講述他在北京與老師、同學們的重逢和中國、北京的巨大變化。他說：「中國，是我的第二故鄉。每次重返北京，都有一種回家的感覺；每當見到老師和同學們，就像見到了自己的親人一樣。」

　　我在中國駐尼使館任職期間，哈先生是尼泊爾國家教學醫院的主治醫生，同時他自己還開著兩家診所。我也曾到他的一處診所去請他診病、買藥。他每天一處下班後又要趕到另一處上班，工作日程總是安排得滿滿的。但對於組織一些尼中友好活

二〇〇五年，張建明與哈利仕夫婦在加德滿都重逢。

動，他仍是非常盡心儘力。我也發現，在阿尼哥協會組織的諸如慶祝中國國慶招待會、中國電影節、中國攝影展、中國圖書展、中國教育展、西藏藝術展、友好論壇、科技研討會、中國產品貿易洽談會、中國知識競賽等等活動中，都活躍著他的身影。阿尼哥協會領導班子每兩年通過無記名投票進行一次換屆選舉，哈先生是當屆主席、副主席中唯一一位連任者，這說明他的工作能力與工作熱情得到了大家的首肯。

每次同哈先生見面，總見他一臉的微笑。那笑容，透著憨實與自信。但他也有不笑的時候。二〇〇三年二月一日是中國的春節，而二月六日則是尼泊爾的春節。一月二十九日晚，阿尼哥協會在加德滿都犛牛飯店舉行了盛大的尼中迎春聯歡活動。中國駐尼使館館員、駐尼中資機構代表、留學生及

阿尼哥協會成員等二百餘人歡聚一堂，共慶春節。中國駐尼使館吳從勇大使和阿尼哥協會主席巴特拉依先生分別緻辭後，尼中雙方表演了文娛節目。哈先生不僅在聯歡會上忙前忙後，還和中國駐尼使館文化處的小史一起擔任了聯歡會的主持。他一會兒說尼語、一會兒說英語、一會兒又講中文，而且還時不時地說出些地道的北京俗語和一些詼諧幽默的中國俏皮話，引起滿堂歡笑，就連小史也忍俊不禁、連連笑場。可他則一臉的正經，就像我國的相聲演員一樣，更加令人忍俊不禁。那場面給我留下深刻印象。

二〇〇五年六月中旬，當我重返加德滿都舉辦個人藝術展時，哈利仕先生偕夫人早早來到開幕式現場。老朋友重逢，分外高興，執手不盡言。第二天，他們夫婦又專門在加德滿都王宮大道一家中餐飯店宴請我和老伴。在飯菜上桌前，我冒昧地請他為我翻譯幾份尼文報紙上關於我舉辦藝術展的報導文章，他慨然答應，立即逐字逐句作了口譯。席間，他談的最為有興致的是，已將兩個孩子都送到了中國上大學，女兒在北京，兒子在天津，學習的都是漢語和醫學，並且姐弟倆都取了中國名字。我說，您這是要讓子承父業啊！他說：是的，中國的醫學應該在尼泊爾發揚光大，中國和尼泊爾世代友好的睦鄰關係更應該傳承下去。說著，他又笑了，依然是那麼自信與憨實。

行文至此，那次重聚已過去整整十年了。十年

間，我經常憶起並同老伴談起哈利仕先生。特別是今年四月二十五日尼泊爾發生大地震後，更多了一份對尼泊爾朋友們的擔心與牽念。當在網上看到五月二日《人民日報》關於「中國無私幫助尼泊爾抗震救災贏得國際社會讚譽」的報導中提到哈利仕先生也接受了該報記者採訪時，我知道哈先生平安無事，心才釋懷。在網上關於哈利仕的多篇報導中，我也知道了他如今不僅已是阿尼哥協會主席，而且還是尼中文化教育協會主席，並且還有了官方職務——尼泊爾衛生部公共衛生司司長。頭銜多了，職位高了，說明他所鍾情的中尼友好事業和從事的醫學事業都有了很大發展。我相信他的熱情與能力。他會為他的祖國和中尼友好作出更大貢獻的。

我也期待著能有機會再與他重逢。

飛過喜馬拉雅山

周百義

（湖北長江傳媒公司副董事長、湖北省
編輯學會會長）

我們見到了尼泊爾政要

我參加過很多國家的書展，也到過一些國家出席各種研討會，但二○○九年率中國編輯代表團出訪尼泊爾，卻出乎意料地見到了很多尼泊爾的政要。

出國之前，中國編輯學會負責人告訴我們一行四人，尼泊爾編輯家協會與中國編輯學會雙方每年互訪一次。至於去了見誰，做什麼，雖然身為團長，我因為剛從武漢趕到北京，一點也不知道具體任務。

到了尼泊爾的次日，尼泊爾編輯家協會的會長高塔姆先生一行早早地來到了我們下榻的「犛牛與雪人」賓館，我才知要去見一位政黨領導人，就是二○○九年五月卸任的前總理普拉昌達。

關於普拉昌達，我們在國內已經知道一些他的情況。他是尼泊爾共產黨的領導人，一九九六年，

尼共（毛派）宣布退出議會，開展人民戰爭，走農村包圍城市的道路。毛派游擊隊與政府軍展開了十年的游擊戰爭。據我手頭的一本尼泊爾旅遊指南介紹，政府軍與游擊隊的衝突中有一點三萬人死亡。二〇〇五年二月一日，國王宣布解散政府，自己親自控制政權。二〇〇六年四月，尼主要政黨組成的「七黨聯盟」與尼共（毛派）聯合發起反國王街頭運動。國王妥協，宣布恢復議會，還政於政黨。大會黨主席柯伊拉臘出任首相。二〇〇八年制憲會議選舉順利舉行，普拉昌達領導的尼共（毛派）成為議會的第一大黨。二〇〇八年八月，制憲會議選舉普拉昌達為尼泊爾聯邦民主共和國首任總理。十年前被政府懸賞捉拿的「游擊隊長」成為總理府的新主人。然而，普拉昌達在執政七個月後的二〇〇九年五月四日黯然辭職，又成為最大的在野黨的領袖。他辭職距我們這次訪問只有三個多月的時間。

　　豐田面包車在加德滿都狹窄而凸凹不平的街道上行駛了約十幾分鐘，我們在鄰近郊區的一幢四層高的小樓前停下。雖然有人在等待我們，但小院的鐵門緊閉。有穿迷彩服的士兵與警察在把守，有一個很小的窗戶對外。在並不高的院牆上，有一個小崗亭，沙袋後面露出一桿烏黑的步槍。

　　有人雙手合揖迎接我們，口裡輕輕唸著「納瑪斯德」（你好）。我們先上了三樓，但人多容不下，只好又換到二樓。二樓房間也很小，大約二十平方米。中間放了三個木質茶几，對面是一幅讓人眼熟

的紅底鐮刀錘子旗幟。

坐定後，一位留有鬍子、戴著眼鏡、表情嚴肅的男子從樓上下來，他就是普拉昌達。

握手寒暄後，我先開口，說中國人民都了解他，他是一位傳奇人物。到了尼泊爾，我們哪兒沒有去，第一個拜訪的就是他。說到這裡，他嚴肅的表情略有放鬆，然後告訴我們，他去年參加中國的奧運會閉幕式時，曾經見到了中國領導人胡錦濤與溫家寶。他感謝中國政府和人民對他的支持。他談到了他辭職的背景、當前尼泊爾政局的複雜，他希望尼泊爾新憲法能儘快制定出來，希望能組織聯合政府重新執政。我引用中國最流行的術語告訴他，只要他代表人民群眾的最根本利益，人民會擁護他的。我希望如果我下一次再訪問尼泊爾，他能夠在總理府接見我們。說到這裡，他笑了起來，說你的觀點是最科學的。

我們交談了大約有五六分鐘，然後，我們向他贈送禮物。禮物是吳琳小姐從新聞署裡帶來的，是一幅仿製的中國畫，畫上是幾枝荷花。普拉昌達很高興，他說他的乳名就是荷花的意思，問是不是我們知道？我說，這是天意，我們事先並不知道，這大約是心有靈犀一點通吧。聞此他笑得十分開心。同時，我們也向他贈送了一幅絲綢的披巾，請他轉送給他的夫人。

晚上六點，按照事先的安排，我們又驅車到總理官邸。因為是週六，總理在家休息。

周百義（左3）向尼泊爾前總理、尼共（毛派）主席普拉昌達（右2）贈送中國國畫《荷花》。

　　進了一道緊閉的門，是一個空曠的院落，停著一些車子。後來我們才知道來的是媒體的記者，其中有一位是 ABC 電視台的。裡邊還有一道門，有幾個人在把守。進了這道門，一位年輕的小夥子迎上來，他是總理的新聞秘書。

　　在一個很寬敞的大客廳裡，總理馬達夫·庫馬爾·尼帕爾微笑著從旁邊的房間裡走出來。他戴著一頂尼泊爾花帽，笑容可掬地與每位來賓握手。雙方坐定後，我先表示感謝，說總理能在百忙中接見中國編輯代表團，這對於中尼人民增進友誼、加強了解都是一件重要的事情。接著總理就談了中尼人民的友誼。西元六〇二年，尼泊爾歷史上的李查維王朝時期，尼泊爾尺尊公主嫁給了藏王松贊乾布。尼泊爾建築師阿尼哥為建造北京妙應白塔寺作出了巨大的貢獻。他還提到尼泊爾悠久的歷史、豐富的旅遊資源與自然資源，如加德滿都是寺廟之都，藍

毗尼是佛祖的出生之地。很多信仰伊斯蘭教的教徒
一生最大的願望是到麥加去一次，如果中國所有佛
教徒也到藍毗尼來一次，對尼泊爾就是很大的支
持。他還介紹了尼泊爾豐富的水利資源、具有特色
的自然風光，希望中國的旅遊者到尼泊爾來旅遊，
中國的企業家到尼泊爾來投資。

　　我對總理表示，祝願尼泊爾人民在新政府的領
導下，能夠政治穩定、經濟發展，走向現代化的道
路，同時我也提到了佛教對中國文化、中國人精神
世界的深遠影響。我們表示回國後會通過各種形式
改變少數國人對佛祖出生地的誤解，呼籲企業家到
尼泊爾來投資。我們向總理贈送了北京奧運會紀念
品京劇臉譜「福祿壽喜」，向他的夫人贈送了絲
巾。總理向我們簽名贈送了他執政後講話的彙編
本，並與我們合影留念。後來，他送我們走出會客
廳，並一一與我們握手告別。

　　總理接見時，很多媒體的記者都到場。當晚，

尼泊爾的幾家電視台播出了會見的消息。次日，尼泊爾政府的英文版《廓爾喀報》、私人辦的尼泊爾語《尼泊爾晨報》等都刊出了總理會見我們的消息。

見到制憲會議主席是在次日上午十時。本來計劃上午八時去見大會黨主席、前任首相和臨時政府總理柯伊拉臘的。我們早早地就起來了，車走了二十多分鐘，突然得了消息，八十六歲的柯伊拉臘身體不適，會見只能取消。

制憲會議為尼泊爾最高立法機構，與總理府在同一個院落。我們坐定後，戴著一頂尼泊爾黑帽的制憲會議主席蘇巴斯·內姆旺從旁邊的一間房子走出來。

與前面幾次會見一樣，雙方先回顧了中尼交往的友好歷史、佛教與中尼兩國人民的關係，最後，他談到了新憲法制訂的艱難。新憲法的制訂需要各個政黨的批准，而尼泊爾有七十多個政黨，其中三個大黨的態度最為關鍵。由於各個黨派之間的取向、訴求有差異，新憲法的制定十分困難，所以成為各方關注的焦點。會見完畢後，我們向主席贈送了禮物，然後合影留念。

十時三十分左右，我們還去了在同一個院子的信息與通訊部，並和部長合影留念。

那濃得化不開的情誼

見到迪文德拉·高塔姆先生，我是絲毫沒有思

想準備的。當時我們正下機排隊準備接受檢疫，突然有人找到翻譯吳琳，把我們帶到貴賓室。

　　剛進門，一群人圍上來，照相機的閃光燈頻頻閃爍，一個大鬍子、戴著花帽和眼鏡的尼泊爾老人將一個花環朝我的脖子上掛。原來，尼泊爾編輯家協會的重要成員和中尼友好協會、中國駐尼大使館文化處的同志都來到了機場迎接我們。

　　後來我才知道，給我戴花環的這位老人是尼泊爾編輯家協會的會長迪文德拉‧高塔姆先生——一位資深的尼泊爾老報人，一個為中尼友好而孜孜不倦努力的友人。我們在尼泊爾的六天中，除了休息，這位老人一直在陪伴著我們。

　　遺憾的是在尼泊爾的幾天中，我沒有對老人進行專門的採訪。但從他的兒子蘭姆‧高塔姆那兒，我斷斷續續了解了這位從業四十年的老報人的一些事蹟。

　　一九七二年，完成學業的高塔姆先生進入新聞界，創辦了《尼泊爾日報》，堅持正義的道德觀和新聞的獨立性。他的報紙發行量蒸蒸日上，但由於得罪了當局和某些權貴，他被以莫須有的罪名關進了監獄。這一關就是九個月，他及家庭不僅在事業上受到了重創，心理上也受到了極大的壓力。報紙因為他的離去而發行量下降，以致於被迫停辦。但是，他在獄中接受調查的同時也對監獄展開了反調查。當我們臨別時，老人送我們每人一本他的英文版《反調查》一書，這是他九個月監獄生活的收

穫。目前，老人還辦著《尼泊爾郵報》這份刊物，在新中國成立六十週年之際，這本紅色封面的刊物是慶祝中華人民共和國六十週年的特刊。

老人任職的尼泊爾編輯家協會與中國的編輯學會在職能上有一些區別。尼泊爾編輯家協會的成員不僅包括出版社的編輯，還包括報紙、期刊、電台、電視台的編輯記者。這些編輯記者都是尼泊爾知識分子中的菁英，他們參加編輯家協會並不是從事業務交流，而主要是作為非政府組織，對社會生活的方方面面，包括對政府進行監督。正是由於有了高塔姆先生的威望與影響，我們才得以安排會見了尼泊爾的主要政要和尼泊爾的重要媒體。

我們先去的是尼泊爾電視台。尼泊爾電視台也在政府大院中。台長是一個滿臉鬍子苴的中年漢子。隨後，總編輯與分管技術的副總經理也來了。雙方寒暄後，談到中國中央電視台對尼泊爾電視台的支持、節目的交換、雙方技術人員的交流，說了些希望今後加強聯繫，希望中國多支持之類的話。之後，我們向台長和總編輯、副總經理贈送了禮物。接著，副總經理就帶我們去參觀由中國政府三年前援建的播出機房。

機房是座五層高的樓房。在大樓的入口處，鑲嵌著一塊銅牌，上面寫著中英文對照「中華人民共和國援建」字樣的銘牌。走進由中國施工建設的這座大樓，看著門上依然留著的中文指示牌，我們心中升起一種自豪感。副總經理帶我們從配電房走到

播出機房，走進演播廳和播出帶的存放室，再看看昂然而立的播出天線、院子裡的一草一木，我們像走進家裡一樣親切。

一天中午，我們拜訪了尼泊爾通訊社。有人在門口迎接我們，送給我一束鮮花。這是用野菊花和冰川時代遺留的蕨蒸在一起的花束，充滿了清香和遠古的氣息。接著，迎上來的是巴爾·克利斯納·查巴干主席，一個眼睛裡充滿著渴望的人。他給我們每人都獻上了一條金黃色的哈達。

會議室不大，一張原色的長方形會議桌，上面裸露著樹的紋理。我坐在靠牆的地方，緊挨著主席。司儀介紹並主持會議，先是由一位資深的記者介紹尼通社的歷史，然後由主席致歡迎辭。歡迎辭早已寫好，他拿著打印的尼泊爾語的講稿，很認真並充滿感情地講述著。中文的翻譯是曾在中國讀過書的哈利仕醫生，他的妻弟、女兒都在中國讀過書，目前也都在中國工作。主席講到了與中國新華社的友誼，回憶著新華社對他們的支持並一條條地列舉。彷彿這樣還不能傾訴完對中國的感激之情，主席話講完，說再正式舉行一次歡迎儀式。一位女士再次向我們每人獻上一條金黃色的哈達。

再後來是互贈禮物。很可惜，我們這時因為已經去過很多地方，手頭已沒有什麼像樣的禮物了。一小盒茶葉，我說，千里送鵝毛，禮輕情義重。翻譯小吳說我都準確地給你翻譯過去了。尼通社主席拿出一個扎得很緊的黑塑料袋，一層層地解開，是

一個紙盒，最後露出一個玻璃盒，裡面閃爍著金色的光芒。主席十分虔誠地捧出一個佛像，他說，這是我們讓人從釋迦牟尼出生地藍毗尼請來的。後來，我把這尊佛像也捧上了飛機。因為這不僅僅是釋迦牟尼的化身，也是尼通社幾百員工的心意。

我們參觀了尼通社的辦公室，說實在的，辦公條件與中國的任何新聞機構都無法相比。但他們的臉上都洋溢著工作的幸福與快樂。正如中國駐尼使館的同志不止一次告訴我的，這個國家不要看生活條件比較差，但幸福指數還是很高的。我想，尼通社人臉上的幸福指數就足以說明問題。

午飯仍在編輯家協會第一次招待我們時的拉納家族舊居里。這是一個統治尼泊爾一百多年的家族，財產早已收歸國有，裡面除了牆上懸掛著顯示那個時代主人昔日威風的油畫外，只有熙熙攘攘的遊客。

飯仍是尼泊爾的傳統套餐，米飯、面條外加土豆、黃瓜、青菜、西紅柿，三兩塊煎炸的魚塊，有些像中國的盒飯。有紅酒、啤酒，但很少見白酒。餐桌的後面是表演尼泊爾節目的姑娘。姑娘們赤腳表演一種尼泊爾節目，有二人舞，也有三人舞、棍棒舞。姑娘們很清純，清澈的目光像剛摘下的櫻桃，閃爍著晶潤的光芒。

吃飯時，巴爾·克利斯納·查巴干主席不停地詢問一些關於中國的發展與未來、對尼泊爾的看法之類的問題。

最後一個參觀的新聞媒體是尼泊爾政府機關報，相當於我們國內《人民日報》的機構。這是一個報業集團，辦有尼泊爾語的《廓爾喀報》和英文版的《新興尼泊爾》，同時還辦有三份期刊。儘管是報業集團，他們並沒有像樣的會議室，會見是在報社主席維扎卡·查和茲的辦公室裡。房子比較大，報社的主要負責人都來了。歡迎儀式上，主席的稿子是事先已經準備好的，顯得很莊重。

　　簡短的儀式後，我們一行去參觀他們的印刷車間和編輯記者辦公室。一台主要的四色印刷機是十幾年前北京印刷機械廠製造的，還有就是印度生產的機器。辦公室很狹小也很舊，但主人仍很耐心地帶我們參觀了所有的樓層。晚上，在招待晚宴上，報社主席曾問我參觀後的感受，我有些猶豫，不知是否該如實告訴他。於是我用了一個外交辭令，我說設備儘管不夠現代化，但員工們都很敬業。他聽後很高興。

　　這天晚上，我們又來到了具有尼泊爾特色的博震·格里豪酒店。剛來的第二天晚上，尼泊爾旅遊協會曾經請我們來這兒品嚐過尼泊爾大餐和欣賞鄉間的舞蹈。

　　脫了鞋，走進一大通間，圍繞著一個可以任意延長的條形餐桌，人們席地而坐。首先是一小盞尼泊爾人鄉間自釀的糧食酒，侍應生將銅壺高高地舉起，一道白色的銀練傾瀉而下，濃洌的酒香頓時撲鼻而來。一個溫熱的大銅盤，米飯、面條，外加土

豆、野豬肉、魚塊、青菜，由侍應生一一分送。我估計這是尼泊爾招待客人最為隆重也最為昂貴的，飲食健康而合理。飯後，一般會送一份用奶酪拌的水果沙拉。

席間有尼泊爾鄉間的各種舞蹈表演。儘管我們聽不懂尼泊爾語，但從小夥子與姑娘們的姿勢與神態，可以看出這是在表達愛情的追求與友誼的忠貞。還有一種舞蹈是姑娘們頭頂著一盞燈，婀娜的腰肢做著各種優美的姿態。但無論身體怎麼舞動，那盞燈始終頂在頭上。後來，幾位姑娘邀請我們共同跳舞。我和小吳走上席中的空地，與尼泊爾姑娘跳起當地的民族舞。這時，所有的朋友都站了起來，大家一同拍手，一同唱著同一首尼泊爾民歌，全場洋溢著友誼的旋律。

舞畢，主席拿出一個用禮品紙包裝的小禮品，我們解了好一陣兒才打開。原來，是一面用兩個三角形拼成的尼泊爾國旗。我告訴主席維扎卡·查和茲先生，我會將這面旗幟放在我的家裡，當我看見這面旗，就會想尼泊爾朋友，想起主席先生與他的同事對中國人民的深厚情誼。

幾天中，無論是在城市還是在鄉村，尼泊爾朋友都用最誠摯的方式在接待我們，有時熱情得讓我們不知所措。

我們曾離開加德滿都，去往另一個古都巴德崗。這兒曾是馬拉王朝時期的首都，有眾多的寺廟和王宮遺跡。讓我難忘的是這座城市主人的熱情。

在巴德崗市歡迎中國
編輯協會代表團大會
主席台上

還在加德滿都時，這兒的記者協會主席曾專程趕到
首都，送交了一份正式的邀請函，歡迎我們去訪
問。

這天，高原的陽光十分熱烈，主人的熱情比這
陽光還要熱烈。在杜巴廣場，市政府一位官員先向
我獻上用柏枝和鮮花紮在一起的花束，還給了頂尼
泊爾人常戴的黑色帽子，給了隨行的女士一人一個
繡花的錢包，裡面裝著一個挽頭髮的竹簪。我們參
觀了五層廟、濕婆神廟、王宮遺址等。時間已十二
點多了，麵包車載著我們向一個建築馳去，門口有
很多人迎上來。我以為中午在這兒吃飯。結果走進
建築，才發現階梯會議室裡已經坐滿了人。會議室
的上方，懸掛著歡迎我們的標語。

我們坐在主席台上，市記者協會主席講話，尼
泊爾農工黨國際部主任講話，沒有同聲翻譯。小吳
不時地告訴我，他們表示堅決支持中國關於西藏的
政策，反對少數國家干涉中國內政。我雖不能完全
聽懂，但從台下的鼓掌聲中，我可以感知聽眾的熱

情程度。

　　輪到我講了，雖然事先沒有準備，但我脫口而出，從尼中人民的友誼，講到中國的發展，從佛教對中國文化的影響，談到中國人的精神追求。我希望尼中人民共同發展，建設現代化的社會。前前後後，都仰仗小吳給我翻譯。會上，我們又互贈禮品，我們送給主人的是一幅山水畫，主人送給我們的是尼泊爾人精緻玲瓏的木製小工藝窗戶。我想，他們一定希望這扇窗戶是中尼人民心靈的窗口，大家互相了解、互相關照，讓中尼人民世代友好繼續傳承下去。

　　我們這次訪問尼泊爾，尼主要媒體給予了跟蹤報導。在我們到達尼泊爾的第二天，英文版的《尼泊爾晨報》就刊載了我們到達的消息，以致於當天會見總理時，總理說他在報上已經看到了這個消息。我們會見總理，見議長，見信息與通訊部長，包括我們參觀電視台、通訊社和報社，當地的媒體與刊物都進行了連續報導。連我們到巴德崗之前，當地的尼泊爾語報紙都已經提前報導。

　　在尼泊爾的最後一天，主人帶我們來到了距加德滿都有一個小時車程的植物園。這兒參天大樹掩映，珍稀植物薈萃，不過，讓我們十分激動的是，主人早就作好了準備，在一塊綠草茵茵的山坡上，讓我們每人栽下了一棵像徵著中尼友誼的樹。主人還告訴我們，來這兒栽樹的，還有中國人民尊敬的鄧小平先生、李先念主席、林佳楣女士。後來，在

偉人栽下的那些已經茁壯成長的紫杉樹旁，我們每人鄭重地留影，以紀念已經逝去的先賢。

　　與這些偉人相比，我們幾位太微不足道了，但我們也想像得到，在主人的心目中，我們都是尼泊爾人民的朋友，我們不是某一個具體的人，我們代表的是中國的編輯，代表著每一個中國人。

　　給小樹培土、澆水，掛上每一個人用英文、尼泊爾文寫就的銘牌，這一切對於我們太陌生了，但在尼泊爾，他們卻給了我們這樣的禮遇。今生今世，且不說在尼泊爾訪問難忘的六天五夜，就衝著這幾棵我們親手栽下的樹苗，我們能不再來一次尼泊爾，再看一眼自己親手栽下的樹嗎？如果我不能來，也一定要讓我的孩子、讓我的朋友代我們來喜馬拉雅山的南麓，看看在尼泊爾青山之中的中尼友

在尼泊爾國家植物園
種植紀念樹。

在巴德崗市,與當地
政府官員在一起。

誼樹。

　　青山常在,綠樹長存。歷史與現在共存的尼泊
爾,我們來了,我們又走了。離開尼泊爾後,尼泊
爾編輯家協會、尼泊爾人民對我們的熱情接待,還
一幕幕閃現在我的眼前。老報人高塔姆那雙慈祥的
眼睛、濃密的鬍子,一直印在我的腦海中。在這位
執著地追求民主與和平的老人身上,我們看到了尼
泊爾人的堅毅與善良。我知道,無論是我們去,還
是別的中國出版界的朋友去,他都會一如既往地傾
注滿腔的熱情,因為翻過喜馬拉雅山,就是我們正
在日益強大的祖國。

友誼的詩篇

蘇豪　賈潔

（原中國國際廣播電台尼泊爾語部譯審、副譯審）

此刻，又一次翻閱著眼前的這本詩集——《尼泊爾，請告訴我》，一旁放著二〇一二年十二月一日在加德滿都舉行的「尼中友好周」開幕式上尼泊爾副總統帕爾瑪南達・查親自為詩集主持發行儀式時拍下的照片。詩集的內容主要是傾情謳歌中國和尼泊爾之間源遠流長的傳統友誼，並採取中文和尼泊爾文雙語對照的形式，發行至今受到了多方的關注，引起不少人的閱讀興趣。作為詩集的譯者，能夠通過自己的辛勤付出，為中尼兩國的友誼大廈增磚添瓦，我心中當然感到快慰，而有關這本詩集的前前後後，更是心中永久的美好回憶。

那是在一九八六年四月，應中國文學藝術界聯合會的邀請，尼泊爾皇家文學院派出的作家代表團來華進行友好訪問。在北京舉行的一次交流活動中，中尼雙方的多位詩壇名流興致勃發，你一首我一篇地開懷吟誦。我們作為翻譯在現場服務，親身感受了這情真意切、才思橫溢的熱烈互動，更有幸結識了一位激情、睿智的老者——呂劍。呂老早在一九三八年就開始寫詩並以新詩創作聞名，新中國

成立後曾任重量級刊物《詩刊》和《中國文學》的編委，是我國老一輩的著名詩人。

　　不久，我們應邀去呂老家中作客，交談中老人拿起一疊手寫的詩稿遞給我們，蒼勁有力的字體展鋪開一首首或長或短的詩文：《訪尼泊爾》《大山的緣分》《鄰居》《尼泊爾，請告訴我》……字字樸實、句句激情，全都是讚頌中尼人民兄弟情誼的感人之作，一下子吸住了我們的眼，俘獲了我們的心。原來，就在此前不久，一九八五年十一月，呂老作為中國文聯代表團的成員訪問了尼泊爾。那裡的人民是如此淳樸、熱情，那裡的山水是如此秀麗、壯美，興奮和感懷極大地激發起詩人多年未現的創作衝動，一路行來，詩作連連：《加德滿都的孩子》《香格里拉之晨》《琵琶湖》《候日出觀魚尾峰》……短短數天內，竟然寫就二十首左右。呂老懇切地說：「回國後這些詩已在國內的幾家刊物上

發表過一部分，但我的意願是把它們也呈獻給尼泊爾人民，讓兩國更多的民眾、更多的讀者來了解、稱頌、傳播中尼友誼！」呂老希望我們把他的作品由中文翻譯成尼泊爾文，介紹到國外去。

可是，學習外語的人都知道，翻譯詩歌無疑是一件十分困難的事，榮獲諾貝爾文學獎的智利當代著名詩人巴勃羅・聶魯達形容說，這就如同要將一張蜘蛛網不變樣地從一個地方移挪到另一個地方。因此，儘管我們被呂老的這些詩作深深打動，也特別感謝老人對我倆的信任，但一時間還是比較忐忑。我們倆於一九六三年高中畢業後考入北京廣播學院（現在的中國傳媒大學）外語系開始學習尼泊爾語，應該算是全國第一批由正規高校培養的尼語人才。四年後我們被分配到中國國際廣播電台，深感自豪地成為中國國家電台開辦尼泊爾語廣播的首批工作人員，從新聞及專題節目的播音、譯稿等工作開始，幾十年裡主要就在廣播戰線上工作、磨煉、成長。與此同時，我們也被中央和地方上的許多單位借調過，有機會給中尼兩國的領導人以及涉及政治、經貿、文化等各個領域、各個層次的代表團當過翻譯，也曾在中國駐尼泊爾大使館和中國政府的援建項目工作過幾年。實事求是地說，我們已具備一定的專業水平，但現在要來翻譯詩歌，尤其是由中文譯成尼文（這畢竟不是我們的母語），我們必須得慎而又慎。

我們先從虛心學習開始，閱讀了大量的尼泊爾

蘇豪（右2）和幫助詩集出版的尼泊爾朋友在一起。左1為著名詩人拉姆巴布·蘇貝迪，左2為多巴代爾基金會主席拉姆拉查·多巴代爾，右1為世界文化網和中國信息中心主席迪帕克。

語詩集，認真地探索尼泊爾文詩歌的寫作技巧，特別是有關排句、押韻方面的知識。幾經努力後，我們先嘗試著翻譯了兩首，交給了當時國際台尼泊爾語部的外國專家帕塔先生，讓他看看行還是不行——像不像尼語架構的詩。帕塔先生閱後大為肯定，鼓勵我們一定要把這件具有開創意義的好事堅持到底。

心中有了一點譜，我們這才又去見了呂老，接過了所有相關的手稿和他的代表作《呂劍詩集》，正式地領受了他老人家的囑託。經歷了一天天下班以後的熬夜苦戰，初譯—修改—定稿，一邊不斷自我充實提高，一邊不斷反覆推敲修改，最終，完成譯作共二十八首。後面幾篇是老詩人早年的佳作，包括《初夏》《鄉思》《草芽之歌》等。

一九八七年，蘇豪前往尼泊爾特里布萬大學進修，期間，在加德滿都的皇家文學院辦公大樓內，見到了時任文學院院長的著名詩人兼劇作家吉米裡

先生。一氣兒看完了帶去的譯稿後，院長興奮地當場拍板，「太好了，就由我們文學院來出版發行！」他立即叫來自己的秘書將詩稿全部複印後留下。可沒有想到的是，過不多久，尼泊爾接二連三地發生了一系列的重大變化，詩集成形的事一拖再拖，等待新的契機耗時漫長，真乃好事多磨啊！

二〇〇五年，慶祝完中國國際廣播電台尼泊爾語節目開播三十週年，在這個心愛的崗位上工作了大半輩子，我們到了退休的年齡，向在收音機前陪伴我們多年的廣大尼泊爾聽眾依依不捨地道別。可是，從十八九歲開始集聚了幾十年的尼泊爾情懷，終究也還是難以放下。很快，我們就以適合自己的新的方式積極行動起來，為促進兩國企業界、文藝界、宗教界之間的交流合做作些力所能及的事情，繼續為中尼友好事業日復一日地忙碌著，至今沒有停息。

就這樣，終於也盼來了完成多年夙願的良機。二〇一二年下半年，我們應邀擔任藍毗尼《十方》朝聖大型文藝演出的外聯顧問，來來去去地在尼泊爾共逗留了三個月左右，得以結識多巴代爾基金會的主席拉姆拉查·多巴代爾。在一次晚宴上，雙方交談甚歡，我們方知拉姆拉查先生竟是歷史上巴德崗聲名一時的當權者、馬拉王朝的國王仁吉特·馬拉的後裔。拉姆拉查先生雖是房地產界的實力企業家，卻特別喜愛並精通歷史、文學，他的基金會一直以來熱心於為文學藝術領域的傑出人士提供支持

及幫助。聽了關於詩集的事，他拿去譯稿閱看後喜出望外地表示：「沒想到我的基金會能有這樣的機緣為尼中文化交流、為尼中人民友誼做一件極有意義的實事，我一定會全力以赴，在你們離開尼泊爾之前，就把一切都落在實處。」

在他的積極努力下，各個環節緊張而有序地運行起來。尼泊爾著名詩人拉姆巴布‧蘇貝迪同意擔任詩集的責任編輯並在一個星期內完成審閱後奉上了《編者的話》——「詩人呂劍在訪問尼泊爾期間寫下的這些詩洋溢著兩國人民之間的濃濃情意，詩句言詞簡樸，字裡行間對友好鄰邦所表達的一片真情感人心田，讓我們讀了還想讀，詩人的睿識，不管給以多高的評價都不會過分。這些詩是由中國朋友蘇豪和賈潔從中文翻譯過來呈現在我們面前的，但令人稱奇的是，我們不像是在讀翻譯作品，而是感覺如同在讀原作，由此可以體會到兩位譯者所經歷過的艱辛。」

尼泊爾語言研究院主席薩蒂亞莫漢‧喬希在尼泊爾是個國寶級的人物，九十多歲高齡但依然忙碌得很。老人家在得到校樣後當夜為詩集趕寫出前言——「在語言文學的發展進程中，作者以各自的母語進行創作是最主要的，而將原著譯成另一種語言時，要做到保持原模原樣、原汁原味則非常困難，因此，翻譯這項工作也是文學寫作領域中的一門特殊藝術，唯有優秀的譯者才能掌握。這些詩以現代中國詩歌的表達方式闡述了詩人的所見所聞、

所思所想，特別是其中對尼泊爾人民和尼泊爾的山山水水所傾注的一片深情，讀來尤為令人感動。這本尼文譯作鮮活地再現了原作中文詩稿中的精髓，可說是為尼泊爾語言文學的寶庫又增添了一件新的瑰寶。」

尼泊爾世界文化網和中國信息中心主席迪帕克先生長年來為尼中友好事業盡心盡力，此番也同樣是忙前忙後、精心張羅。他說：「每一件關係到尼中友誼的事，都應該做得好上加好，時間雖然緊促，但也絲毫馬虎不得。」為此，他特意託人找來了頗具口碑的兩位尼泊爾畫師，一位設計封面——

一九八六年四月，詩人呂劍（右2）和翻譯賈潔（左1）陪同尼泊爾皇家文學院代表團登長城。

高高聳挺的喜馬拉雅雪山，一左一右矗立著加德滿都的斯瓦揚布大佛塔和北京阜成門內由尼泊爾傳奇工匠阿尼哥主持建造的白塔；另一位則契合詩的意境，為每首詩插圖作畫。儘管因為中文和尼泊爾文的雙語對照比較麻煩，但一遍遍的打字、排版、校對、修訂，環環相扣、一氣呵成，這麼多人在爭分奪秒，這麼多人在默默付出。

終於，用紙上佳、印製精良的詩集真的就放在了我們面前，夢想成真，喜極而泣！從創寫、翻譯到編輯、發行，中尼雙方所有參與的人都是真真正正的「志願者」，而這一切都是為了詩中寫到的「心心喜相印，友誼重千金」。

更大的喜訊接踵而來。詩集剛剛印好，就得知了尼泊爾副總統帕爾瑪南達‧查將親自為詩集主持發行儀式的消息。恰逢「尼中友好周」開幕儀式隆重舉行，我倆身著盛裝，先是為嘉賓的發言作現場口譯，接著就是那滿心期待的驚喜一刻：尼泊爾國服裝束的副總統先生，在保安人員的護擁下笑容可掬地登上主席台；輪到我們了，手捧放置兩本詩集的托盤快步向前，副總統解開彩紙包裝取出詩集，一正一反高高並舉著向台下各方環旋展示──這就是尼泊爾正式的高規格書刊首發禮儀嘞，竟然幸運地讓我們受用了。我們當然清楚地知道，實際上，此乃尼泊爾國家領導人對尼中傳統友誼的重視，反映的是尼泊爾舉國上下希望尼中人民世代友好的強烈願望。

二十天後，原創大型歌舞《十方》在佛祖釋迦牟尼的誕生地藍毗尼隆重上演，被當地媒體讚譽為「前無古人，後無來者」的這次中外佛教文化交流活動取得了圓滿成功，我們帶著雙重的收穫和喜悅回到了北京。經過一番周折聯繫到了呂老的家人，被告知時年九十四歲的老人早已住進養老院，神智不再清楚，也失去了語言功能。但我們無論如何也要把成書讓他老人家看到啊！

　　站在老人的面前，畢竟過去了這麼多年，片刻間的恍惚、茫然，但是，當他看到了詩集，看到了詩人生平介紹中所附的照片，一下子激動地抓過蘇豪的手以光禿的牙床啃了又啃、親了又親。他的夫人說，「這是在對你表示感謝呢！」蘇豪淚眼模糊地大聲回應：「呂老，其實應該是我們大家要向您表示感謝，感謝您用真情寫下了這些永載友誼史冊的詩篇！」

　　二〇一三年九月二日，我們收到中國國家圖書館頒發的《捐贈證書》——「蘇豪先生，賈潔女士：承惠贈《尼泊爾，請告訴我》一種三冊，所贈書籍，悉數收訖。深荷厚意，特發此證，以資謝旌。」

　　此刻，又一次翻閱著眼前的這本詩集，一旁還放著尼泊爾世界文化網代表尼方各界人士在詩集出版發行之日頒發的榮譽證書以及贈送的紀念禮物——佛塔模型。我們永遠難忘那些值得紀念、值得回憶的一切，我們會繼續努力，爭取能讓更多的

人一起來高誦中尼友誼的詩篇。

　　附其中的一首：

喜馬拉雅山

中國和尼泊爾之間，
橫亙著一座大雪山。
它不應稱兩國的界山而應稱共山，
因它不為兩國相隔而為兩國相連。
山下的奔濤連著兩國的大地，
峰頂的流云連著兩國的青天，
雄偉的山脈地上地下連綿千里，
像兩國人民的情誼纏綿又纏綿。

全世界仰望著這座友誼紀念碑，
它巋然高矗在地球的最高之巔。

尼泊爾老將軍的珍藏

張建明

（中國駐尼泊爾使館前武官）

　　拜訪尼泊爾人，無論是去他們的家裡還是去辦
公室，都可以看到許多照片。這些照片，一般都裝
在鏡框裡，大到一兩米，小到三四寸，或簡陋、或
豪華，或古老、或現代，或木質、或金屬，或一牆
數框、或滿牆都是……總之，家家如此，但又家家
不同。

　　我印象最深的是在國王榮譽侍從官西瑪少將家
中，那是二○○二年五月的一天。一踏進他家門，
就發現滿眼都是照片：走廊、樓梯、客廳等幾乎所
有的牆上都掛滿了照片，茶几、桌子、書櫃等幾乎
所有的家具上都擺滿了照片。這些照片大大小小，
都是他個人在不同時期、不同場合與不同高官、名
將、顯貴在一起的留影。這是我第一次在一個家庭
中看到這麼多照片。他的家，簡直就是一個照片的
世界！

　　老將軍拉著我一一觀看這些照片，並不厭其
煩、津津有味地講著照片背後的一個個故事，彷彿
是在回顧幾十年走過的足跡和多彩的人生。

　　當步入他家客廳，我立刻就被掛在迎面牆上正

中的一幅大照片吸引住了。那是一幅裝在精緻鏡框
裡的黑白照片，懸掛在賈南德拉國王和王后的彩色
標準像下，足見這張照片在主人心目中占有多麼重
要的位置。照片高約三十釐米，長約一米多，是我
在尼泊爾期間所見到的尼泊爾人家庭照片中少有的
大照片之一。照片上方的一行中文字「中尼邊界條
約簽字儀式」讓我眼前一亮。

　　能在異國他鄉看到標有中文的照片，實在難
得，我興趣大增。但礙於禮節，我還是先把這一興
奮點壓了下來，同主人寒暄之後便聊起了別的。

　　我們坐的沙發就在大照片的下方，聊著聊著，
話題漸漸轉向了這張照片。主人說：「這張照片是
一九六一年十月我們尼泊爾王國的馬亨德拉國王在
訪華期間同你們中國的劉少奇主席共同簽訂中尼邊
界條約時照的。」說話間，老將軍似乎一下子情緒
高漲起來，情不自禁地起身，用手指著照片上的人
物，向我介紹：「這是馬亨德拉國王陛下，這是劉

少奇主席，這是周恩來總理……」我也跟著站了起來，順著他的手指，一一尋找、辨認著照片上的人物。

簽訂中尼邊界條約，在中尼關係史上是一件大事。過去，由於種種原因，中國和尼泊爾兩國之間長達一千多公里的邊界從沒有正式標定過。一九五五年八月一日，中華人民共和國與尼泊爾王國正式建立外交關係後，兩國都很尊重當時的傳統習慣邊界線，和睦相處。為了正式解決兩國邊界線存在的某些出入、科學地劃出和正式標定整個邊界線，也為了鞏固和進一步發展兩國的友好關係，兩國遂在和平共處五項原則的指導下，於一九六〇年三月由中國政府周恩來總理和尼泊爾政府畢·普·柯伊拉臘首相共同簽訂了《中華人民共和國政府和尼泊爾國王陛下政府關於兩國邊界問題的協定》。

一九六一年九月二十八日至十月十五日，應中國劉少奇主席和周恩來總理的友好邀請，尼泊爾王國馬亨德拉國王陛下在王后的陪同下對中國進行了國事訪問。期間，劉少奇主席和馬亨德拉國王一致認為：「正式解決中國和尼泊爾之間的邊界問題，符合兩國人民的根本利益。」因此，雙方本著公平合理和互諒互讓的精神，通過友好協商，順利和全面地解決了兩國邊界問題，並於十月五日由劉少奇主席和馬亨德拉國王共同簽訂了《中華人民共和國和尼泊爾王國邊界條約》。

眼前的這張黑白大照片，正是當時簽訂條約時

的場面。前排伏在桌子上簽字的，左邊是馬亨德拉國王，右邊是劉少奇主席。在後面和兩側，則是一排排人密密匝匝地擠站在一起。在我方人員中，除了劉少奇主席和周恩來總理外，還有許多老一輩領導人和知名人士：朱德、董必武、陳毅、王光美、沈君儒、班禪額爾德尼、羅瑞卿、郭沫若、黃炎培、謝覺哉、彭真……我用目光掃過照片上每一張面孔的同時，心裡也在默默地數著人數，大致數來，竟有近七十人之多！這張照片場面之大，是新中國同尼泊爾王國友好發展史上的一個重要見證。

中尼邊界條約共有五條，其中第一條有十三款，詳述了中尼邊界的劃分界線。而這界線的劃定多是以喜馬拉雅山脈諸峰山脊、高山河流或兩河分水嶺為界。

中尼邊界條約的簽訂，意義十分重大。當年十月十三日，《人民日報》發表了社論《歡呼中尼和平友好邊界的誕生》。十月十六日，《人民日報》發表的中尼兩國政府聯合公報中說：「按照已經簽訂的邊界條約，兩國之間的全部邊界線已經以傳統習慣邊界為基礎，根據平等互利、友好互讓的原則正式劃定。有關兩國邊界的一切懸而未決的問題已經獲得雙方都滿意的解決。」中尼兩國在邊界條約的序言中也指出：「堅信兩國全部邊界的正式劃定，並且鞏固成為一條和平友好的邊界，不僅是中尼兩國友好關係進一步發展的里程碑，而且是對鞏固亞洲和世界和平的貢獻。」中尼邊界條約簽訂

張建明武官與西瑪少
將合影。

後，北京市各界舉行大會，熱烈歡迎馬亨德拉國王
和王后一行訪華和隆重慶祝中尼邊界條約的簽訂。
會上，北京市彭真市長和馬亨德拉國王先後發表了
熱情洋溢的講話。

　　馬亨德拉國王和王后這次對中國的訪問，是新
中國建立後尼泊爾國王首次訪華。隨同國王訪華的
尼方人員還有香蒂公主、外交兼內政大臣吉里博
士、尼軍拉納元帥等。老將軍當時還很年輕，是代
表團的一名工作人員。他至今仍清楚地記得當年隨
同國王訪問北京、廣州、西安、洛陽、武漢、南

京、杭州、上海等地和參加中尼邊界條約簽字儀式時的情景。他說那是他第一次訪問中國，對中國留下了非常美好的印象；在那次訪華返回尼泊爾後不久，他收到了這張大照片，非常高興，立刻張掛在屋中迎面顯眼處，並一直精心保存了四十多年。每當看到這張照片，他都感到非常親切和令人回味，不由得想起當年訪華時的情景、想起中尼友誼。說著，老將軍用手指了指照片左上側一個頭戴尼泊爾國帽的年輕人說：「這就是我當年的樣子。」

聆聽著老將軍的介紹，我又一次上下打量著這張照片。忽然，我看到照片右下角還有一行中文「中國都錦生絲織廠」。再仔細看那照片的質地，原來這不是一張普通的紙質照片，而是絲織的。我的心中又油然而生出一番感慨：「這照片，都四十多年了，現在在中國恐怕也很難找到了，實在是太

西瑪少將珍藏的部分照片

珍貴了！」

「是的，中尼友誼真是太珍貴了！」不知是老將軍沒有聽清我說的意思，還是他有意把這「珍貴」由照片轉移到了中尼友誼上。於是，我們的話題也就隨之轉移，又回到了尼泊爾國王訪華和中尼關係上。

中尼兩國正式建交後，兩國關係迅速發展：中國的黨和國家領導人周恩來、鄧小平、李先念、趙紫陽、李鵬、江澤民、朱鎔基等都曾訪問過尼泊爾；繼馬亨德拉國王一九六一年首訪中國後，比蘭德拉國王先後十次訪問中國，賈南德拉國王在登基前和登基後都曾訪問過中國；中尼兩國黨、政、軍之間的團組互訪和民間往來更是日益頻繁……在尼泊爾國王十多次的訪華中，老將軍是唯一一個曾經陪同馬亨德拉國王、比蘭德拉國王和賈南德拉國王三任國王訪問過中國的尼泊爾人。說到這些往事，我和老將軍都有一個共同的認識，那就是中尼兩國邊界條約的簽訂，是兩國友好往來進一步活躍的一個堅實的基礎和良好的開端，因為從那時起，中尼兩國間不再有任何懸而未決的問題。

當我起身準備告辭時，那張長長的黑白絲織照片再次映入我的眼簾。我握著老將軍的手說：「這張珍貴的照片，您是可以把它傳之後代的。」老將軍很自豪地說：「我會把這張照片保存好、傳下去的；我們國家也會把這照片保存好、傳下去的。」他告訴我，在哈努曼多卡老王宮的馬亨德拉國王紀

念館裡，也保存並展示著一張與此相同的絲織照片。

後來，我在陪同國內一個代表團參觀馬亨德拉國王紀念館時，真的看到了那幅與老將軍家掛著的相同的大照片。紀念館的負責人還停下來專門對這張大照片作詳細的講解。看得出，尼泊爾人民和尼泊爾政府都把中尼兩國世代友好的睦鄰夥伴關係看得異常珍貴。

寫到這裡，我突然想起了當年彭真市長的一段話：「我們為中尼兩國和平友好的邊界線歡呼！連綿不絕的喜馬拉雅山，從來不是中尼兩國友誼的障礙，今後更將成為我們兩國友誼的紐帶。」

是啊，中國和尼泊爾，是一山相連的友好鄰邦。這山，就是舉世聞名的喜馬拉雅山脈。山的這邊是中國，山的那邊是尼泊爾。

從西藏到北京

——令人難忘的旅程

迪文德拉‧高塔姆

（尼泊爾編輯家協會會長）

曾序勇　譯

我從事新聞業迄今已經四十五年。我們訪問南方鄰國印度很容易，但訪問中國卻不那麼方便。我第一次訪問中國是在二〇〇五年，那是在尼泊爾和中國建交五十週年之際，中華人民共和國政府邀請我率代表團訪問西藏。

親眼看到西藏的變化

通過這次訪問，我認識到中國政府邀請我們訪問是很有遠見之舉。那些深陷惡毒反華言論的人，可能對西藏提出種種疑問。如果你聽信這些論調，你會認為西藏是一個「黑暗的孤島」。但是，當我們乘坐中國國航班機不到一小時就來到拉薩的時候，親眼所見令我們感到驚訝：那裡的基礎設施非常漂亮，猶如我們從飛機上俯瞰喜馬拉雅山一樣壯觀。

我們一下飛機，就受到西藏自治區新聞辦公室

副主任謝英的歡迎。從機場到拉薩用了兩個小時（當時尚未修建公路隧道）。我們乘車沿著布拉馬普特拉河（即雅魯藏布江）前行。在前往拉薩的公路邊，山岩上刻有一尊佛祖的巨型石雕像。我們在拉薩逗留了兩天，同西藏高級官員舉行了多次會晤。

兩天后我們前往那曲，這裡離拉薩有二百公里，海拔比拉薩還要高一千米。在那裡我們看到了農村的生活，還看到了當時正在修建的青藏鐵路。

我們到達那曲的時候，那裡下起了雪。我們走進一戶人家，起初從外面看那所房子像個牛棚，可裡面裝修得很漂亮。一位約六十五歲的老大娘接待

西藏自治區新聞出版部門負責人會見尼泊爾編輯家協會代表團。

了我們。我們同她隨便聊天，看到牆上掛著帶框的
中國領導人毛澤東的照片。她說洛薩節（藏曆新
年）的時候她去過拉薩。她有一百二十頭犛牛。她
還說現在的生活與過去大不一樣了，「我們從來沒
想到今天有這麼快的發展」。自從修了鐵路，這裡
的經濟和社會面貌發生了顯著變化。

在那裡，人們的主要收入來源是養犛牛。那曲
的草場被劃分為三部分，讓草場輪休和放牧。當我
們訪問那裡時，許多建設項目正在施工，如獸醫院
和鐵路等。雖然這裡只是一個發展中的小鎮，居然
也有一個娛樂城。

對那曲的短暫訪問之後，我們又回到拉薩，遊
覽了許多世界遺產。我們遊覽了著名的布達拉宮。
我們還參觀了「佛祖之家」大昭寺，這座具有一千
三百年歷史的寺廟經歷了火災的破壞，但寺廟的木
製棟梁仍保留完好，而其他設施則大都是新建的。
我們還看了尺尊公主從尼泊爾帶來的佛像，這些佛
像仍保存在這座寺廟裡。

在拉薩的最後一天晚上，當時的西藏自治區新
聞出版局局長宴請了我們。晚宴上，他談到已故國
王比蘭德拉曾三次訪問西藏，他參加過接待工作。
我告訴他，比蘭德拉是訪問西藏的第一位尼泊爾國
家元首。

國王當年在西藏看到的與我們現在所看到的已
經大不一樣了。尼泊爾在拉薩設立總領事館已近
六十年。加德滿都和拉薩有著悠久的歷史和貿易關

係。尼泊爾曾長期在拉薩派駐官員來促進兩地的貿易和其他關係。西元一八五六年，尼泊爾在拉薩設立了律政事務處，一九五六年改為尼泊爾總領事館。在總領館院裡，樹有一尊尼泊爾著名詩人巴努巴克塔的塑像。

從我第一次訪問拉薩至今已經十年，那時在宴會和會見中我們都談到毛主席把中國與尼泊爾連接起來的夢想，但願這個夢想在未來幾年變成現實。

第二次訪華──從西藏到北京

二〇〇七年，我又應中國編輯學會的友好邀請，率領尼泊爾編輯家協會代表團前往拉薩、北京、上海和成都進行一週的訪問。在這幾個城市，我們受到了高規格的接待，白天很緊張，晚上則很放鬆。我們從加德滿都抵達拉薩機場的時候，受到

中國編輯學會會長桂曉風（左6）會見尼泊爾編輯家協會代表團。

西藏自治區新聞出版局領導的歡迎。同他一起的翻譯來自新聞出版總署，在去北京前一天，被派來當我們的聯絡員幫助我們。

　　這是我第二次拉薩之旅。兩年前我來的時候，從機場到拉薩花了兩個小時，但是這次我們乘車通過一個大約三公里的隧洞，這個隧洞穿過一座將雅魯藏布江與拉薩河谷隔開的山，使旅程縮短了近一個小時。到了拉薩，我們住在西藏賓館。晚上，我們去觀看了著名的布達拉宮一帶的夜生活。然後，西藏自治區新聞出版局局長旺堆次仁帶我們去參觀了拉薩的新式火車。兩年前我們來西藏時，鐵路還在修建之中，而這次我已經坐進一節車廂裡了。我們都很高興有機會乘火車旅行，這讓我們對鐵路修到尼泊爾抱有更多的期待。

　　第二天上午，接待方安排我們遊覽拉薩市，先參觀了一個博物館，接著帶我們去了第七世、十三世和十四世達賴喇嘛的夏宮。然後我們去參觀世界遺產布達拉宮。這裡是吸引來「世界屋脊」西藏的旅遊者的中心。西藏除了河流，基本上是一個乾旱的高原，但值得讚許的是，中國人正在努力擴大這裡的綠色植被。

　　當天，我們離開拉薩到了北京。在機場迎接我們的是中國編輯學會副會長。我們住在離天安門廣場很近的和平賓館。第二天，我們會見了中國編輯學會會長桂曉風，會見地點在他的辦公室，氣氛很友好，彼此交換了禮品。然後我們去了位於故宮裡

尼泊爾編輯家協會代表團參觀北京白塔寺。

的一家餐廳用晚餐。這家餐廳只接待特殊的賓客，他們用傳統的方式歡迎我們。

第二天早上，我們出發去遊覽著名的長城。路上我們先參觀了正在為二〇〇八年北京奧運會建造的體育場和奧運村。到了長城後，發現那裡擠滿了來自外國和中國國內的遊客。

次日，我們遊覽了天安門廣場附近的故宮。這裡是過去中國的皇宮，猶如加德滿都的哈努曼多卡宮。之後，我們參觀了阿尼哥本人建造的白塔寺。這座塔式寺廟建築內安放著釋迦牟尼佛像。參觀完白塔寺，中午在新聞出版總署黨組成員王立英舉行的午宴上，我說：白塔寺是尼中友好關係的偉大象徵。尼泊爾人參觀白塔寺是免收門票的，這令我們真的感到自豪。在白塔寺的博物館裡展出了阿尼哥的銅像，還有比蘭德拉國王、吉·普·柯伊拉臘首相來此參觀時的照片。這些照片已成為這座博物館

的一部分。我們將來也一定要把這段友好歷史傳承下去。

參加北京國際書展

晚上，北京國際書展組委會主任在人民大會堂舉行宴會，歡迎參加第十四屆北京國際書展的各國來賓。在宏偉的人民大會堂舉行宴會都是特殊的安排。在這次晚宴上，我被安排在五個「保留」桌的一個席位上。我座位周圍都是包括幾位部長在內的各國出版界的特殊賓客。尼泊爾代表團受到的禮遇給我們留下了深刻的印象。晚宴後，我們乘地鐵返回飯店，沿途還參觀了夜市。

第二天，我們參加了國際書展。前一天，我們已經把從尼泊爾國內帶來的各種書刊雜誌在展覽館

尼泊爾編輯家協會代表團參加北京國際書展。

中國編輯學會會長桂曉風（左3）宴請尼泊爾代表團。

放好。來自世界各地富有的著名出版商租用這裡的展館來展示他們的出版物。我們的中國主辦方把以新聞出版局的名義預定的展位提供給我們，給了我們極大的幫助。我們把從尼泊爾各家出版商和作者那裡購買或索取得到的書籍運到這裡，代表尼泊爾展出。在國際書展開幕式上，我很榮幸地被安排在主席台上。開幕式之後，我們就離開北京去了上海。

　　在上海，我們也同樣受到熱情接待。我們參觀了上海譯文出版社，登上了東方明珠塔和金貿大廈。第二天，我們從上海到了成都，然後從成都經拉薩回到加德滿都。我們心中充滿對友好的中國人民的熱愛和敬重。這次訪問中國，正值中國政府和人民以極大的熱忱籌備奧運會。我們親眼看到中國的飛速發展。

　　我又一次有機會訪華是參加第十九屆北京國際

書展。應中國編輯學會邀請，尼泊爾編輯家協會代表團於二〇一二年八月二十四日至九月一日訪問了中國。由我率領的十人代表團乘港龍航空公司航班飛到香港，然後轉往廣州。在廣州，兩國的新聞出版集團進行了會晤，相互交流了經驗。我們在廣州遊覽了為紀念中國近代民族民主革命的開拓者孫中山而建的一個公園，參觀了博物館和黃埔軍校。

幾次訪華都給我留下了美好而深刻的印象，我將努力為加強尼泊爾與中國之間的誠摯友好關係盡綿薄之力。

迪文德拉‧高塔姆與中國新聞出版總署副署長鄔書林在一起。

緬懷與比蘭德拉國王的兩次會見

王宏緯

（中國社會科學院研究員）

　　一九九三年九月中，我收到尼泊爾駐華大使馬拉教授閣下（H.E. Prof. B. C. Malla）的請柬，邀我出席為歡迎尼泊爾國王比蘭德拉攜王后艾什瓦爾雅訪華舉行的招待會，心中甚為高興。

　　比蘭德拉一九四五年十二月二十八日出生於加德滿都，早年在大吉嶺聖約瑟公學學習，一九五九年進入英國的伊頓學院，後來又先後到東京大學和哈佛大學進修過，視野開闊，學養深厚，思想也較為開放。一九六〇年，年僅十五歲的他即隨父王對英國進行國事訪問；十六歲時隨父王出席貝爾格萊德不結盟國家首腦會議；一九六四年，他結束在伊頓學院的學習，回國途中訪問了蘇聯、伊朗等國。返國後，作為王儲，為了解自己國家各個地區的實際情況，他常常隱姓埋名，徒步到各地微服私訪，吃農家飯、睡農家的小屋或茅舍，有時還在破舊的農村校舍、甚至露天過夜。老百姓不知他是何人，因而毫無顧忌地向他訴說著自己的問題。也許由於有這樣的經歷，比蘭德拉在繼承王位後表現得很親民。

除國內的親民活動外，比蘭德拉在國際上也很活躍。一九六五年，比蘭德拉率尼泊爾代表團赴印尼出席萬隆會議十週年慶祝活動，在那裡會見過周恩來總理、印尼總統蘇加諾和其他領導人；在一九六六年六至七月首次訪華時，在北京會見過毛澤東主席。

一九七二年一月三十一日，比蘭德拉在父王馬亨德拉突然去世後繼承了王位。比蘭德拉國王與其父王最大的共同點是國家獨立意識較強，但他的思想相對開放，在對外政策上更加鮮明並能創新性地推行其父王奉行的中立化方針。例如，他在一篇聲明中稱，尼泊爾不僅是個南亞國家，而且也是個亞洲國家，以此巧妙地淡化與印度在地理上緊密毗鄰的意義，表明希望推動尼泊爾與外部世界發展關係的願望。

比蘭德拉國王作為國家的舵手，數十年來日理萬機，在對不少國家事務的處置上給人們留下了值得記憶的業績。他的一次創新性舉措和一次關鍵時刻的決斷，使他在尼泊爾人民心中樹立了永久的豐碑。

「一次創新性舉措」是指，一九七四年印度吞併錫金增加了尼泊爾的不安，於是比蘭德拉國王在一九七五年二月舉行的加冕儀式上向各國貴賓提出

了「宣布尼泊爾為和平區」的建議[1]。這項建議一提出即迅速得到中國、巴基斯坦、孟加拉、斯里蘭卡和馬爾代夫等國的支持；到一九九〇年為止，先後獲得全球一百一十六個國家的支持（印度是個例外）。這不僅對維護尼泊爾的主權獨立和創造一個有利於發展的和平環境發揮了積極作用，同時也對外國勢力企圖利用尼領土支持「藏獨」勢力進行反華活動在輿論上形成一種強大的遏制。

「一次關鍵時刻的決斷」是指，在一九九〇年二月大會黨與左翼陣線發起聲勢浩大的恢復民主運動時，印、美等外部勢力趁機進行干涉，有些外國勢力私下對比蘭德拉國王進行威逼利誘，由於他們的無理要求有損國家的主權和獨立，比蘭德拉國王斷然予以拒絕。他寧肯向人民群眾讓步，廢除實行二十八年之久的評議會制度，將國家的行政權力交給民選的政府，也不向外國勢力屈服。這樣的國王令人肅然起敬，因而在尼泊爾一定範圍內贏得了「人民國王」的美名。

---

1 和平區建議的主要內容是：1）尼泊爾遵循和平、不結盟與和平共處的外交政策，在平等和相互尊重主權的基礎上，努力發展同各國的友好關係；2）不使用武力威脅他國的安全與和平；3）和平解決國際爭端；4）不干涉他國內政；5）尼泊爾同支持和平區建議的國家相互之間撤棄任何敵對行動；6）繼續履行所有條約義務；7）尼泊爾不同任何國家結成軍事聯盟，不允許在尼泊爾領土上建立針對第三國的外國軍事基地，反之，別國也不應在其領土上建立任何基地反對尼泊爾。

比蘭德拉國王多次訪華，但我一直沒有機會近距離地與他接觸。這次終於能有機會一睹這位學識淵博、思想比較開放、親民和對華十分友好的國王，心中怎能不感到榮幸和高興？

　　我按規定的時間來到尼泊爾駐華大使館，這時接待大廳裡已聚集了不少人，其中有熟悉的學界同行，也有文化藝術界的人士。各界對尼友好人士和前駐尼大使們也陸續到場。

　　大家在寒暄議論著，人雖不多，卻洋溢著一種歡快、祥和與友好的氣氛。

　　不一會兒，有人低聲說，「國王和王后出來啦！」我向大廳正面休息間的旁門望去，看到比蘭德拉國王和艾什瓦爾雅王后在大使的陪同下，一前一後，緩步向大家走來。他們面帶微笑，雍容大方。為使每個人都能有機會近距離目睹國王和王后的風采，大家自覺地站成一個橢圓形。國王和王后熱情地一個接一個地與大家握手。歡迎和問好之辭不絕於耳，「納瑪斯德」（你好）接連不斷，有人向陛下們獻上訪尼時製作的繪畫以表達對那片土地的嚮往和思念之情，有人向陛下們呈送一些中國的藝術品以表示對他們的敬意……時間一秒一分地過去，陛下們終於蒞臨我的面前。在握手時，我主動報上姓名，比蘭德拉國王聽著聽著，眼睛似乎亮了起來，我緊接著將自己的幾本書呈遞給他，請他哂納和指教。比蘭德拉國王接過了書籍，大致瀏覽了一下，便將書籍交給隨從，然後轉過來微笑著對我

說：「你下次訪問尼泊爾時，可以來見我。」由於沒有思想準備，我稍微愣了一下，便提高嗓門回答說：「謝謝陛下，我將努力去那樣做。」

在此後很長一段時間裡，比蘭德拉國王的話一直縈繞在我的耳旁。我當然希望能再次訪問尼泊爾，到納拉揚希提王宮去謁見這位備受人們尊敬的尼泊爾國王。可是，如何實現這個願望呢？我心中一直沒有著落。

大約就在一九九九年中，尼泊爾駐華大使阿查里雅教授（H.E. Rajeshwar Acharya）在一次邂逅中忽然問我是否願意訪尼，並說如果成行，他們希望我在訪問結束回國後能撰寫一本向中國讀者全面介紹尼泊爾情況的書籍。此事正中我的下懷，我給予了肯定的答覆。他還補充說，尼泊爾的資源有限，目前在努力發展旅遊業，如果中國人民對尼泊爾更加了解，他們會願意去尼泊爾旅遊，等等。對此，我表示理解，也表示贊同。

阿查里雅大使自上任以來一直孜孜不倦，為加強中尼之間各方面的友好合作和文化交流不辭勞苦，四處奔波。他知道我已退休多年，按照規定，中國社會科學院不會出資派我出訪。為促成我第三次訪尼，他在多次回國述職時，分別與尼泊爾民航局和加德滿都的旅館業協會進行磋商，促使前者慨然同意給我提供一張上海──加德滿都的免費往返機票，後者為我在訪尼期間提供一個四星級以上的旅館房間。這樣做，既解決了我赴尼訪問的旅費問

題，也消除了接待單位經濟上的困難。

正是在阿查裡雅大使的熱心支持和推動下，尼泊爾特里布萬大學和新近成立的中國研究中心正式向我發出了為期三個月的訪問尼泊爾邀請。

二〇〇〇年八月六日，我再次來到已經闊別十五年的加德滿都，心中感到無比欣慰。

一切安排就緒後，我立即抓緊時間為進一步全面了解這個既熟悉卻又陌生的國度四處奔走：走訪和會見各方面的教授和學者，與有關人員進行座談，訪問圖書館和相關部門，購買圖書，收集資料並就一些疑難問題請教有關資深專家，等等。

九月十九日，作為東道主的中國研究中心在加德滿都組織了一次空前規模的「中尼關係研討會」，由我在會議上作題為「關於中尼關係的幾點思考」的主旨發言。發言受到廣泛的注意：尼泊爾官方最大的報刊《新興尼泊爾》第二天用整版報導了這一發言，中國研究中心則在其機關刊物《友誼》上予以全文發表。

就在當天傍晚，我剛剛用完晚餐，中國研究中心主席雷格米博士即打來了電話。他在電話中不無激動地說：「王教授，王室秘書處通知陛下要在今晚八時接見你。你準備一下，我們來迎你。」我整理了一下，便靜靜地坐在房間等待著友人的到來。不一會兒，響起了敲門聲。除雷格米博士外，曾以專家身分在中國工作多年、榮獲過「友誼獎」的戈文德‧塔帕博士也來了。老朋友見面，心裡真有說

不出的高興。由於他們都拿著稍帶濕漉的傘，我意識到外面正在下著小雨。雷格米博士感到有點歉意，說：「一時找不到車子，好在王宮距離也不遠，我們只好步行啦。」我毫不猶豫地回應道：「能和老朋友在風雨中同行，是一種莫大的緣分。讓我們一塊走！」說著，我們就手拉著手、臂挽著臂，走出旅館，來到王宮前最寬敞的大道上。這裡，既無汽車，也無行人，只有三個老人，哼著無名的小調，打著傘在濛濛細雨中徜徉，真是別有一番情趣。

在接近王宮正門時，我們向西拐了個彎，然後轉向北走，按時抵達王宮的西門。據說，國王的接見廳就在此門內不遠處。這時，我與雷格米和塔帕兩位博士老友握別，在王室秘書的引領下進入了王宮。

秘書將我引入接見廳，似乎就在同時，比蘭德拉國王離開內室緩緩朝我走來，臉上依然帶著那種熟悉而令人感到親切的微笑，儀態從容，雍容大方。我趕忙迎上前去，雙手合十向陛下致問候之意。比蘭德拉國王同我握了握手，示意要我（按通常的規矩那樣）坐在旁邊的木椅上，然後他在對面的沙發落座。

坐定後，我首先向國王呈上我在當日下午結束的「中尼關係研討會」上的發言稿，然後簡要談了談會議的情況，接著向國王匯報自己近來在加德滿都的研究、學習和收集資料的情況，並明確告訴國

王自己在回國後打算撰寫一本向中國讀者全面介紹尼泊爾的著作。對此,國王顯得頗有興趣,邊聽邊頻頻點頭。接著,我趁機向國王提了一些具體問題,他對每個問題均耐心而清晰地作出回答。我們談及的問題較多,記得一個比較突出的問題是關於尼泊爾前人口委員會主席、著名學者哈克‧古隆先生於 二十世紀八〇年代提出的有關南部特萊地區外來移民問題的報告。在談到這個問題時,國王的語氣顯得較為沉重。因為近些年來,尼泊爾國內要求修改一九五〇年《尼印和平友好條約》的呼聲日益高漲,談判一提再提,但實際上毫無進展。對古隆先生在報告中所提出的移民問題,比蘭德拉國王顯然也頗為憂慮,他說:「印度通過在拉納時代簽訂的條約迫使我們接受尼印之間人口自由流動。可是,任何有頭腦的人都可估計到,即使將尼泊爾人口全部移民到印度,那也宛如一支小小的溪流匯入大海,印度依然是印度;印度則不同,只要她將其百分之一的人口移民到尼泊爾,尼泊爾就將可能不復存在了。」我十分理解比蘭德拉國王的擔心,因為錫金被吞併就包含著這方面的因素。此時,我暗自納悶:比蘭德拉國王對尼泊爾未來如此憂心忡忡,不知各愛國政黨及其領導人對此有何感想?

氣氛總不能沉重下去。比蘭德拉國王對尼泊爾的經濟發展甚為關心,於是將話題轉到經濟方面。他對尼中經貿合作感到滿意,但是希望中方多多幫助尼泊爾的發展。我說自己相信中國政府會盡力幫

助尼泊爾的。不過，中國也是個發展中國家，特別是西部相當落後，加之地理條件的限制，目前對尼泊爾的支持和幫助可能有限，但是隨著中國發展的全面提升，將來對尼的支持和幫助肯定會大為加強。在我說話的過程中，比蘭德拉國王很禮貌地微笑著點頭。但在我話說完後，他卻委婉地表示：「我理解中方的困難，儘管如此，我們還是希望中方儘可能多幫助尼泊爾。」我意識到國王對這個問題的重視程度，立即回答道：「我充分理解陛下所說的話，我將盡最大努力將陛下的意見轉達給中國有關當局。」

此時，時針已過九點，我隨即對國王在百忙中的接見表示由衷的感謝，並準備告辭。在我起身時，國王也起身向前挪動了一下，對我叮嚀說：「將來你若有新的作品，希望能送給我。」這話出乎我的意料，我連忙作出肯定的承諾。但在起步離開時，不知怎的又本能地補充了一句：「陛下學識十分淵博，我擔心自己的作品可能會浪費陛下寶貴的時間。」國王的臉上浮現出的依然是那種親切的微笑，他沒有說什麼。不過，秘書在送我到門口時，特地對我說：「陛下的話是認真的！」

回國後，我加快了整理資料、擬訂提綱和準備寫作的步伐，希望能早日將有關尼泊爾的新作呈送給比蘭德拉國王。但是我沒有想到國王那充滿青春活力的寶貴生命，竟然於二〇〇一年六月一日被慘無人道地剝奪了──連他的子女也無一人倖免！

如果比蘭德拉國王有知，當他得悉今天中國學者撰寫的有關尼泊爾的著作已大為增多時，當他看到今天的中尼經貿合作已達到空前緊密的程度時，當他發現今天中方對尼泊爾的援助成倍增長時，他定會含笑在九泉之下的。

我在中國的經歷

馬丹·雷格米

（尼泊爾中國研究中心主席）

曾序勇 譯

　　我願借此機會回憶過去二十多年裡我對中國的
訪問。第一次訪問是在一九九一年十月底，應上海
著名的報紙《文匯報》的邀請，我對中國進行了一
個月的訪問。那次訪問時我們去了中國各地，包括
西藏。那是我第一次到中國，十分激動。我知道中
國這個偉大國家有著豐富多彩的文化遺產，而且這
個世界文明古國之一已經進入現代化的新時代。中
國實行改革和對外開放之後，以驚人的速度發展。

　　我們從香港進入中國大陸後，首先訪問了深
圳。深圳是中國邁向外部世界的橋頭堡，被看作中
國改革和現代化運動的象徵。深圳作為開放的經濟
特區是一個巨大的成功。這座城市正在擴建，儘管
到處是合資企業工廠，但非常幹淨。這個經濟特區
很獨特，到處是綠蔭和噴泉。

　　然後，我訪問了廣州。廣州歷來是一個工商業
城市，也是一個港口城市，是中國最富有的城市之
一，規模僅次於上海和北京。我們住在當時最有名
的五星級飯店——東方賓館。經理告訴我，比蘭德

拉國王曾住在這個賓館的總統套間。我們訪問了各
商業區和一座博物館。位於廣州附近的工業區裡有
許多合資企業，我們參觀了一家中國與澳大利亞合
資的企業，這是一家生產治療心臟病的醫療設備的
高技術工廠。我們還參觀了一家令人印象深刻的中
資企業，這家企業生產草本化妝品，屬於美容保健
產品，沒有任何副作用，我的朋友和家人試用後都
說很好。

　　過去，廣州作為一個商埠沒有香港大。從一九
九一年至二〇一三年，我去過廣州多次，這座工業
城市變得比香港都大了。每年這座城市的面貌都在
發生變化，包括它的機場，如今已經是中國最好和
最宏偉的機場之一。如今，廣州已是面貌一新，到
處是新的房屋、公寓樓和商場。廣州已成為中國三
大主要商業城市之一，成為亞洲和非洲多數國家的
市場。一切都在變化，城市在擴張，尼泊爾和南亞
的商人聚集生活在一個特定的區域。我見到許多定
居在那裡的尼泊爾人，他們開飯店和酒店，甚至出
口中國產品到西方和亞洲國家，其中一些人娶了中
國妻子。在中山醫科大學等中國醫學院校，尼泊爾
留學生越來越多。一位尼泊爾商人告訴我，中國人
給了尼泊爾人許多幫助。

　　我第一次到北京期間很榮幸地訪問了中央黨
校，同黨校學者們的會見令我很受啟發，使我有機
會了解中國理論界對當前和未來中國的看法。我同
他們的爭論圍繞著外國資本和技術大規模進入中國

馬丹・雷格米訪華期間在北京展覽館前同中國朋友合影。

並且已經形成了一個資產階級的情況下共產黨執政的持續性問題。學者們很清楚地看到外國投資和資本主義正在成為中國經濟增長的一個組成部分。他們告訴我，截至一九九一年底，外國投資只占中國經濟總量的百分之十七，其餘是國家所有，共產黨的領導和社會主義經濟不會受到影響。他們還強調外國技術對提高中國人民的生活水平和中國振興的必要性。如今，當我回憶起同他們的談話和他們的回答時，我認識到他們是非常正確的。因為外國投資並沒有摧毀中國的體制，反而幫助中國成為世界第二大經濟體和世界最大的製造工廠，中國人民的生活水平在逐步提高，中國變得越來越富強。

二十世紀九〇年代初，應中國文化部的邀請，我第二次訪華。這次訪問使我有機會近距離觀察中國和平崛起的進程，了解中國社會和友好的中國人民。一九九五年，我還訪問了昆明，這裡很像加德滿都和博克拉，比如它的寺廟和湖泊，氣候也同尼泊爾山區相似。

我們尼泊爾中國研究中心分別於二〇〇〇年和二〇〇七年同中國國際友好聯絡會（CAIFC）和中國現代國際關係研究院（CICIR）建立了聯繫。此後，我們對中國的頻繁訪問大多是應他們的邀請。在這裡我要說，中國國際友好聯絡會和中國現代國際關係研究院每次安排我們訪問時，雙方都進行了極好的會談和交換看法，參觀訪問都安排得非常好，我們受到的熱情款待和尊重令我們難以忘懷。通過在北京交換看法，進行一整天的研討會，會見

中國黨政官員，我們尼泊爾中國研究中心代表團從這兩個機構學到了很多。我們心中一直銘記著每次訪華時中國前副總理兼外長、中國國際友好聯絡會前會長黃華和中國現代國際關係研究院院長崔立如教授對我們的款待。

中國國際友好聯絡會給我們尼泊爾中國研究中心提供機會參觀中國各地，近距離了解中國，並介紹我們同中聯部、外交部等單位接觸。中國現代國際關係研究院作為國家級智庫，也給我們提供了大量機會訪問中國各地，同他們就雙邊、地區和國際問題交換看法。

我們常常想起同黃華先生的會面，向他學習了解中國的對外政策，講述他所關心的尼泊爾形勢。黃華先生作為外長曾兩次訪問尼泊爾，並同尼泊爾外長 K・B・沙阿簽署了關於中尼邊界聯合檢查的議定書。我們同他的第一次會見是在二〇〇五年尼中建交五十週年之際，已屆高齡的黃華先生在人民大會堂舉行晚宴歡迎我們尼泊爾中國研究中心十人代表團。中國國際問題研究院組織了尼中關係研討

馬丹・雷格米訪華期間接受中國朋友贈禮。

會，該院執行副院長等高級官員以及中尼問題專家、前大使等出席了研討會。我向黃華贈送了一個帶玻璃框的佛像紀念品，他很恭敬地接過去並向佛祖鞠躬致敬。他送給我們一本有關他的書——《黃華》畫冊。這本書是由中國福利會、宋慶齡基金會、中國國際友好聯絡會、中國國際友人研究會和中國長城學會聯合策劃出版的。他在書上簽了名，並介紹了他的夫人何理良。何女士本人也很有名望，她英語和俄語都講得很流利，此外她還在一九七七年至一九九三年擔任全國政協委員。黃華和何夫人同我們都很親近。他十分關愛尼泊爾人民，深情地回憶起已故的比蘭德拉國王。

我們在不同時期會見過中國國際友好聯絡會的一些高級顧問，這些會見很有意義並值得回憶。二〇〇〇年，王光英先生在人民大會堂的晚宴上接待了我們中國研究中心代表團。他曾是中國民盟副主席和全國人大常委會副委員長。他談到尼泊爾的政治形勢和尼中關係，還很詼諧地告訴我們如何掙錢。我們還會見了中國全國政協副主席、全國工商聯主席經叔平先生，他在人民大會堂同我們代表團共進午餐，同我們談了幾個小時，希望尼泊爾吸引中國投資，一再表示他準備讓中國企業同尼泊爾人合作建立合資企業。

我們代表團還訪問了中國最負盛名的佛教聖地、也是中國佛教四大聖山之一的五台山。自古以來，五台山就是智慧之神即文殊師利或曰文殊菩薩

的居所。文殊在尼泊爾被視為佛教大師，家喻戶曉，並流傳著有關他的許多故事。傳說從前加德滿都谷地是一個大湖，文殊師利從偉大的中國來到這裡，揮起神劍將山劈開一個峽口，排幹了湖水。還有一個傳說故事說，文殊師利曾在（加德滿都）斯瓦揚布山上默禱，在返回五台山之前獲得了智慧。文殊師利被尼泊爾佛教徒拜為菩薩，印度教徒則稱他為薩爾斯瓦提（智慧之神）。五台山上，由尼泊爾偉大工藝師阿尼哥建造的兩座高峻的白塔吸引著中國人和尼泊爾人。

　　五台山受到全世界佛教徒的尊崇。我們代表團訪問五台山時，向文殊師利敬獻了一個銀質鑲邊的壁龕。陪同我們的一位中國國際友好聯絡會高級官員是共產黨員，他並不信佛，但也同我們一起向寺廟捐款、焚燒昂貴的香燭，表達對文殊師利的敬意。令我們吃驚的是，有些焚燒的香長達一米多，

要花費數百美元。來這裡朝拜的大多是來自大陸、台灣和香港的中國人，他們遵循同樣的規則，即嚴格素食，不喝酒，不抽菸。訪問期間，我們也過著僧人般的生活。

我們離開五台山後，經太原前往重慶，乘船遊覽了三峽。乘坐三層遊輪在長江航行了三天三夜，是一次令人驚喜不已的經歷。這次旅行最令人矚目的是參觀沿江各地的名勝古蹟，還有成千上萬三峽工程移民的新居。我們曾經聽到西方傳媒大叫大嚷，宣稱所謂生態遭到破壞，成百萬人民流離失所。而我們親眼所見並非這樣，政府已有效地把移民安置在安全的地區。我們的長江之行有許多令人欣喜的經歷。

中國每年都要慶祝國慶，每十年要舉行一次大慶。二〇〇三年九月三十日，我們中國研究中心四人代表團有幸出席了溫家寶總理在人民大會堂宴會

二〇〇九年十月一日，馬丹·雷格米應邀出席中國國慶六十週年慶祝活動觀禮。

廳舉行的慶祝建國五十四週年的國宴。二〇〇九年的國慶是大慶，我和中國研究中心秘書長應邀出席在天安門廣場舉行的中華人民共和國建國六十週年慶祝活動。

十月一日早上八時，我們乘大巴來到天安門。十時慶祝活動正式開始，胡錦濤主席在天安門城樓上發表講話，然後是盛大的閱兵，展示了許多重型武器裝備，包括大砲、洲際導彈、短程和遠程導彈、坦克裝甲車等。慶祝活動組織得非常好。閱兵展示了中國的軍事實力，讓世界看到中國的力量。晚上舉行了大型焰火表演，所有中國領導人都來到天安門出席觀賞。

第二天，我們乘時速高達三百五十公里的子彈頭列車去了天津。我們還在停靠在海邊的一艘由中國商人從俄羅斯買來的蘇聯時期的航空母艦甲板上享用了午餐。

我們中國研究中心是在中國駐尼泊爾使館的幫助下於一九九九年成立的，當時的中國大使曾序勇對中心的成立和發展給予了許多關心，我們以十分讚賞和感激的心情懷念像曾序勇大使那樣的外交官。我們研究中心同中國國際友好聯絡會達成了合作協議。中國國際友好聯絡會首任名譽會長是中國前國家副主席王震，會長是前副總理兼外長黃華。我們中國研究中心同中國國際友好聯絡會建立聯繫後，每兩年就訪華一次。我們同中國國際關係研究院建立聯繫後，幾乎每年我都作為團長率中國研究

中心代表團訪華。訪華使我有機會看到這個偉大的國家並受到中國人民和高級官員的熱情友好的接待。我對中國的訪問多達十餘次，訪問了許多著名城市，那不是這篇短文所能詳述的。

我初次去上海時，上海已經開始吸引外資辦合資企業。我參觀了德國汽車製造商在中國設立的第一個企業——大眾汽車廠和其他一些工廠。中方為我們作了很好的安排，讓我們在短暫的逗留期間看到上海不同的地區以及改革開放以來正在經歷的變化。這裡我想提到的是，上海在短短幾年內發生了巨大的變化，不僅是新增了許多百貨商場、飯店、高層建築、宏偉的機場，還有人民生活的變化，他們的生活水平在逐年提高。中國經濟增長非常迅速，上海成為中國最現代、最富裕的城市。二〇〇〇年，中國研究中心代表團在上海時，一位去過美國的代表團成員說，晚上走在南京路上，燈火輝煌猶如白晝，彷彿是在芝加哥。一九九一年才開始規劃發展的浦東，在二十年內變成了上海最發達的地區，修建了機場，二〇一〇年舉辦了世博會。世博會是在中國舉辦的規模最大的展會之一，世界各主要經濟體都修建了它們的展館。尼泊爾展館的負責人沙克亞先生告訴我們，中國館是最吸引人的三大館之一，上海市政府給尼泊爾提供的場地非常靠近中國、印度和美國展館。

浦東在發展，新的高樓拔地而起，上海當代藝術博物館於二〇一三年建成。上海變得越來越現代

馬丹‧雷格米陪同訪尼的中國代表團拜會柯伊拉臘首相。

化，人民越來越富裕。大型商貿中心大量增加。外灘仍然是最吸引人的地方，這裡有經典的中餐館和甜點鋪，令人難忘，許多外國政府首腦都在這裡用過餐。現在，乘高鐵從上海到北京只需五小時。

我們到中國各地遊覽，其中包括一些最美的城市。杭州被中國人稱為「人間天堂」，絲綢和茶葉聞名遐邇，西湖總是吸引著大批外國人。蘇州是一個古老而美麗的城市，被譽為「東方威尼斯」，吸引著大批遊人。我們還多次去過中國的古都西安，其兵馬俑舉世聞名，是世界奇蹟之一。

桂林是一個美麗的城市，安寧而靜謐，處處綠蔭覆蓋，充滿平和的氛圍。這座城市位於中國南方，以其鮮明的喀斯特地貌景色而聞名於世。灕江是清澈的，空氣是清新的。

大連是一個重要的港口城市，我們代表團訪問

期間住在富麗華酒店。我作為團長被安排住在一個很大的豪華大套間，令我有些不安，據說此前曾有政府首腦住過。我們參觀了大連的軟件開發中心，主辦方還特別安排我們代表團參觀不對外國人開放的大連港。那是二〇一一年，中國第一艘航空母艦「遼寧」號正在大連港改裝，安保措施很嚴格，但還是讓我們乘車從遠處觀看了港口。中國朋友告訴我，這對外國代表團是十分難得的機會。

我不能忘記寫寫我對新疆的訪問。那是二〇〇二年，我夫人和私人秘書同我一起訪問，中國國際友好聯絡會高級官員一路陪同。我們在烏魯木齊住了三天。我們參觀了絲織廠，經理說這是中國最好的絲織廠。該廠生產的絲織產品價格極高。我們還同維吾爾族朋友一起吃飯。有的維吾爾族朋友送給我們帽子，送給我夫人頭巾。如今，高速鐵路已修到了烏魯木齊。

中國有其偉大之處，客人總是受到極大的尊重和熱情的款待。中餐是世界上最好的，同樣，中國人作為主人也是最好的。我銘記著中國的偉大，中國人民寬廣的胸懷，他們的文化習俗，以及他們的謙虛有禮。我和我的朋友，還有我的家人，對於中國的款待和熱情都十分感動。

我們曾訪問四川省，那裡的風景同尼泊爾非常相似，譬如梯田、佛教聖地和高山。在峨眉山，主人對我們的招待很特別，他總是讓客人吃完之後自己才開始用餐，他說這是佛教聖地峨眉山地區的傳

統。樂山大佛是一座七十一米高的石雕像，建於唐代，是在懸崖峭壁上雕琢出來的。在成都，我們還參觀了都江堰灌溉工程，附近有這一工程的建造者李冰的塑像。中國尊重創建者的習俗令我高興，也很有感觸。

我們還訪問了甘肅省省會蘭州。在參觀蘭州大學時，副校長接待我們，我們進行了極好的交談。這所大學很重視我們中國研究中心代表團，把我們代表團的照片放到網上，並一直在電子顯示屏上播放。

我們多次訪問西藏。一九九一年拉薩剛剛開始發展，只有一家三星級的假日酒店。如今西藏完全變了樣，拉薩成了一座現代化的城市，二〇一四年有三百萬遊客訪問了拉薩及鄰近的城鎮。雄偉的布達拉宮吸引著所有的人而不僅僅是佛教徒。這座擁有一千多個房間的宮殿建於藏王松贊乾布時期，他於西元六三三年娶了尼泊爾李查維王朝的公主，之後在西元六四一年唐朝的文成公主嫁給了他。大昭寺是由尼泊爾工匠建造的，他們對建造布達拉宮和西藏各地其他佛教寺廟作出了極大的貢獻。西藏在文化、經濟及至政治上曾經同尼泊爾非常親近。佛教是由尼泊爾的佛教高僧介紹到西藏的。西藏過去流行本教，尺尊公主嫁給松贊乾布時，作為禮物帶去了佛教經書和資深的佛教學者。

從一九九一年到二〇一四年，西藏在實現現代化和改善人民生活方面取得了極大的成就。如今，

西藏正成為中國一個欣欣向榮的地區，西藏人民享有很高的生活水平。拉薩以旅遊者的世外桃源著稱，隨著鐵路和公路的連接，拉薩更加具有吸引力。過去拉薩很落後，各種重要的商品都要從尼泊爾進口。現在情況完全變了，西藏人的生活方式也正在發生變化。整個西藏地區要改變可能還要許多年，但中國已經用公路和鐵路把西藏各地連接起來。分散的人口正遷徙到城鎮和較大的安置點。教育機構正在增加，大批西藏學生去內地大學接受高等教育。我們在加德滿都經常會見中國代表團，西藏自治區領導和高級官員也頻繁訪問尼泊爾。過去被尼泊爾人視為落後的西藏人，如今以他們取得的新發展而自豪。最近，一些來加德滿都朝佛的西藏人告訴我，隨著鐵路修到西藏，許多人開始富起來，生活節奏加快。他們都有了私人汽車。回想我首次訪華從拉薩乘飛機回加德滿都，那時拉薩機場只有一個很小的航站樓，我絕不可能想到有一天火車會通到拉薩和日喀則，然後到二〇二〇年將通到靠近尼泊爾邊境的吉隆。屆時，我相信，尼中關係必將達到一個新的高度，取得新的成果。

中國是一個幅員遼闊的文明古國，以其悠久古老的文化遺產、豐富多彩的自然景觀和輝煌鼎盛的歷代王朝而著稱於世。中國共產黨領導的革命結束了封建統治和外國占領。中華人民共和國成立後，這個偉大的國家開啟了恢復往日輝煌、實現國家富強的進程。今天，中國已成為世界第二大經濟體和

世界大國，她同其他大國一起為構建世界秩序發揮作用。

　　兩個世紀以前拿破崙曾經說過：「中國是一頭沉睡的獅子，讓它睡吧。當這頭獅子醒來時，世界都會為之發抖。」習近平主席為消除「中國威脅論」，鄭重宣布：「中國這頭獅子已經醒了，但這是一隻和平的、可親的、文明的獅子。」中國負有巨大的國際責任，她秉持同鄰國構建最良好關係的新理念，在建立國際經濟新秩序方面發揮著主導作用，因而中國已經被視為真正的世界大國。尼泊爾作為中國的親密鄰邦，文化價值觀同中國相近，非常高興看到中國變得更加富強。尼泊爾人民謹對中國和偉大的中國人民表示最良好的祝願。

　　我從一九六〇年學習尼泊爾語開始，就同我們的友好鄰邦尼泊爾結下了不解之緣。一九六四年我被派往尼泊爾參加中尼公路（尼泊爾稱「阿尼哥公路」）的援建工程。一九六五年之後，我又多次被派到中國駐尼泊爾使館工作，前後在尼泊爾度過了十四年，在外交部亞洲司也主管尼泊爾事務多年。一九九八至二〇〇一年，我榮幸地出任中國駐尼泊爾大使。我的外交生涯大多同尼泊爾緊密相連。在數十年的外交生涯中，我為促進中尼友好合作盡了一點綿薄之力，同時也見證了中尼睦鄰夥伴關係的不斷發展和鞏固。

　　值此中尼建交六十週年之際，中國五洲傳播出版社和外交筆會聯合策劃出版《中國和尼泊爾的故事》，我有機會擔任本書主編，同中尼兩國多位作者合作編寫此書，感到非常榮幸。

　　這本書是由十七位中國作者和七位尼泊爾作者共同撰寫的，它本身就是中尼友好合作的產物。本書的中方作者大多在尼泊爾長期工作過，其中有多位中國前駐尼泊爾大使、參贊、武官等高級外交官，有曾在中國國際廣播電台負責尼語節目編輯、播音的專業人士，有參加過對尼經援和文化交流的人員，有常駐尼的資深記者和出訪過尼的新聞出版界人士，還有長期從事尼泊爾研究的學者。他們在不同的崗位上為中尼友好合作作出了自己的貢獻。他們懷著對尼泊爾人民的真摯友情，從不同的側面和視角描述自己親身經歷的真實生動的故事，緬懷和讚頌中尼兩國人民的深厚友誼。

　　本書的幾位尼泊爾作者都是中國人民的老朋友。特別是尼泊爾著名政治家、前首相基·尼·比斯塔，他曾十多次訪華，同中國幾代領導人都有過密切交往，無論在朝在野，對中國友好矢志不渝，為中尼友好事業作出了重要貢獻。他已八十多歲高齡，仍欣然為本書撰文，令我深為感動。其他幾位尼泊爾作

者，包括尼泊爾前駐華公使、駐拉薩總領事、前國王首席新聞秘書、中國研究中心主席、尼泊爾編輯家協會會長、尼泊爾外交學會前顧問等，他們或長期在中國學習、工作過，或多次訪問過中國，都為中尼友好做了大量有益的工作。他們懷著對中國人民的友好情誼，積極撰文回顧和紀念尼中建交六十週年，描述他們同中國的友好交往和所見所聞，熱情讚頌中國的飛速發展和巨大進步，表達對中尼友好合作繼續發展的殷切期盼。我謹在此對他們表示崇高敬意和衷心感謝。

我還要特別感謝尼泊爾珠穆朗瑪文化交流出版公司總裁凱蘭·高塔姆先生，他主動擔任尼方聯繫人，不辭辛勞，積極向多位尼方作者約稿，做了大量聯絡溝通工作，使雙方合作編寫此書的工作得以順利完成。

這本書的編輯出版離不開五洲傳播出版社和外交筆會的總體策劃和指導，這一點自不待言，但我還是要對出版社編輯對我的大力支持和通力合作表示由衷的感謝。

我還要特別向王毅部長和尼泊爾外交部長潘迪表示衷心感謝，他們工作十分繁忙，仍撥冗為本書撰寫序言，體現了他們對促進中尼友好關係的極大重視，大大提高了本書的含金量。

中尼雙方二十多位資深人士撰寫和親歷的這些友好故事，是中尼建交六十年來睦鄰友好合作關係的生動體現和歷史見證。相信中尼兩國的廣大讀者，特別是青年朋友，將從這本書中深切感受到中尼兩國是休戚與共的親密鄰邦，是可以信賴的好朋友、好兄弟。相信中尼友好一定會世世代代傳承下去，並不斷發揚光大。

曾序勇

二〇一五年九月

一帶一路研究叢刊　AA301004

中國和尼泊爾的故事

作　　　者	曾序勇	
版權策畫	李煥芹	
責任編輯	呂玉姍	

發 行 人	陳滿銘
總 經 理	梁錦興
總 編 輯	陳滿銘
副總編輯	張晏瑞
編 輯 所	萬卷樓圖書股份有限公司
排　　版	菩薩蠻數位文化有限公司
印　　刷	維中科技有限公司
封面設計	菩薩蠻數位文化有限公司

出　　版　昌明文化有限公司

桃園市龜山區中原街 32 號

電話 (02)23216565

發　　行　萬卷樓圖書股份有限公司

臺北市羅斯福路二段 41 號 6 樓之 3

電話 (02)23216565

傳真 (02)23218698

電郵 SERVICE@WANJUAN.COM.TW

大陸經銷

廈門外圖臺灣書店有限公司

　電郵 JKB188@188.COM

ISBN 978-986-496-449-9

2019 年 3 月初版

定價：新臺幣 500 元

如何購買本書：

1. 轉帳購書，請透過以下帳戶

　合作金庫銀行 古亭分行

　戶名：萬卷樓圖書股份有限公司

　帳號：0877717092596

2. 網路購書，請透過萬卷樓網站

　網址 WWW.WANJUAN.COM.TW

大量購書，請直接聯繫我們，將有專人為您

服務。客服：(02)23216565 分機 610

如有缺頁、破損或裝訂錯誤，請寄回更換

版權所有·翻印必究

Copyright©2016 by WanJuanLou Books CO., Ltd.

All Right Reserved　　　　**Printed in Taiwan**

國家圖書館出版品預行編目資料

中國和尼泊爾的故事 / 曾序勇著. -- 初版. --
桃園市：昌明文化出版；臺北市：萬卷樓
發行, 2019.03
　面；　公分
ISBN 978-986-496-449-9(平裝)

1.中國外交 2.尼泊爾

574.18374　　　　　　　　108003189

本著作由五洲傳播出版社授權大龍樹（廈門）文化傳媒有限公司和萬卷樓圖書股份有
限公司（臺灣）共同出版、發行中文繁體字版版權。